주자학의 다양한 지평과 현대경학

유교문화연구총서 31 | 비판유학 · 현대경학 총서 5 | 경학방법론 시리즈 2

# 주자학의 다양한 지평과 현대경학

Various Prisms to Study Zhu-Xi's Philosophy and Contemporary Study of East Asian Classics

엮은이 김도일 · 홍린
펴낸이 오정혜
펴낸곳 예문서원

편집 유미희
인쇄 및 제책 주) 상지사 P&B

초판 1쇄 2024년 3월 4일

출판등록 1993년 1월 7일(제2023-000015호)
주소 서울시 동대문구 왕산로 239, 101동 935호(청량리동)
전화 925-5914 | 팩스 929-2285
전자우편 yemoonsw@empas.com

ISBN 978-89-7646-489-7 93150

YEMOONSEOWON 101-935, 239 Wangsan-ro, Dongdaemun-Gu, Seoul, KOREA 02489
Tel) 02-925-5914 | Fax) 02-929-2285

값 22,000원

이 저서는 2021년 대한민국 교육부와 한국연구재단의 지원을 받아 수행된 연구임
(NRF-2021S1A5C2A02089018)

유교문화연구총서 31 | 비판유학 · 현대경학 총서 5 | 경학방법론 시리즈 2

# 주자학의 다양한 지평과 현대경학

김도일 · 홍린 엮음

예문서원

# 서문_ 주자학의 다양한 지평과 현대경학

김도일(유교문화연구소장)
홍린(유교문화연구소 전임연구원)

이 책은 성균관대학교 유교문화연구소의 "경학방법론 연구총서" 3부작 중 두 번째 권으로, 한국연구재단 인문사회연구소의 지원을 받아 2021년부터 시작된 "비판유학·현대경학 연구센터" 프로젝트의 일환이다. 이 프로젝트는 유학이 현대사회의 실제 문제들과 멀어지고 있다는 인식에서 출발한다. 이에 따라, 유학의 기반인 경전 텍스트에 대한 심층적인 탐구를 유지하면서 현대 문제에 대한 비판적 인식과 실질적인 대안을 제시하는 방법론 개발에 중점을 두고 있다. 구체적으로는 유가적 이상을 바탕으로 한 자기 수양 덕목, 예를 들어 "겸손"과 같은 자기 수양 덕목을 탐구하고, 이를 통해 현대사회에서 "조화"와 같은 공적 가치를 실현할 수 있는 정치 모델을 모색하고 있다. 그 기초 작업으로서의 "경학방법론 연구총서"는 "현대경학"이라는 푯말 아래 진행되고 있는 노력의 중간 결과물이다.

지난 1권에서는 현재 학계가 전통시대 경학 연구를 어떻게 이해하고 분석하는지 전반적으로 살펴보았다. 이어서 이 2권에서는 근대화의 영향을 받은 성리학, 특히 주자학 연구에 집중한다. 이 대표적인 전통 학문이 근대 이후 현재까지 동양철학계에서 어떻게 다양한 관점으로 이해되어 왔는지 탐구한다. 이 탐구는 철학적 경학 연구의 다양한 면모를 새로운 시각에서 검토할 수 있는 기회를 제공할 것이다.

본 연구센터의 핵심 목표인 "현대경학"의 관건은 현재 우리의 행태와 경험과의 연관성 속에서 경전을 해석하고 현대사회와 연결되는 지혜를 발굴할 수 있는 구체적인 방법론을 확립하는 데 있다. 이 방법론은 단순히 현재의 개념과 이론을 경전 해석에 그대로 적용하는 것을 지양하고, 무엇이 과거에 속하고 또 무엇이 현대의 우리에 속하는지를 명확히 구분함으로써 경전 독해를 더 엄밀한 방식으로 시도하는 것이다.

이 방법론은 "우리는 왜 경전을 읽는가?"라는 근본적인 질문에서 시작한다. 경전을 읽는 목적은 크게 두 가지로 구분된다. 첫째, 경전 독해를 통해 특정 시대상에 대한 연구를 진행할 수 있다. 이 경우, 경전은 과거의 담론과 기록을 집적한 것으로, 반드시 현재의 문제와 직접 연결될 필요는 없다. 둘째, 경전 연구를 통해 연구자 본인과 그가 속한 사회의 문제에 대한 통찰을 얻고자 하는 것이다. 이를 위해 연구자는 현재 자신이 직면한 "문제"를 가지고 경전을 읽고, 그 문제의 해결책을 찾으려는 동기로 경전에 접근한다.

이 두 번째 접근법은 경전을 연구하는 전통적이면서도 유서 깊은 방식이다. 그러나 동시에 연구자에게 특별한 주의를 요구한다. 연구자가 자신의 문제와 관련된 특정한 관점을 취함으로써, 한정된 시각과 오해의 가능성이 생길 수 있기 때문이다. 이 위험은 단순히 경전의 특정 구절에 대한 오독에 국한되지 않는다. 연구자의 현재적 문제가 경전 해석에 대한 "프레임"으로 작용할 수 있으며, 이는 전체적인 경전의 해석을 자의적으로 재구성할 위험을 내포한다. 즉, 현재적 문제가 경전에 속한 과거의 것과 일치하지 않음에도 불구하고, 그 문제에만 집중하여 경전을 해석함으로써, 그와 관련된 내용만을 중심으로 전체 경전을 단장취의할 수 있다.

따라서 경전에서 현재에 필요한 통찰을 얻기 위해서는 현재의 문제와 경전

자체를 엄격하게 구분하는 태도가 필요하다. 이는 현재적 문제에 대한 해결책을 경전을 통해 찾으면서도, 그 문제를 일반화하는 오류를 피하고 경전의 본래 취지를 정확히 파악하는 데 필요한 접근법이다. 이러한 태도는 "현대경학"의 기본적 방향성에 근거하며, 이 방향성 안에서 이른바 "심층적 1인칭 독법"이라고 할 수 있는 경학 방법을 개발하는 것이 우리 연구의 목적이다.

"1인칭 독법"은 단순히 정보를 습득하는 "3인칭 독법"을 넘어서, 책과 독자 간의 상호작용을 통해 생각과 행동의 변화를 인정하는 독법이다. 이 과정에서 독자의 시선은 책이라는 대상 외에도 자기 내면을 향해 주의를 집중하게 되며, 이 내향적 활동은 여러 가지 역할을 수행한다. 그 중 하나는 앞서 지적한 과거에 속하는 것과 현재에 속하는 것을 명확히 구분해 내는 것이다. 이러한 구분이 가능해지면, 책의 내용을 지나치게 현재적 관점으로 왜곡되지 않게 이해할 수 있다. 이를 못할 경우, 독자는 편견에 의해 글을 잘못 이해하게 된다. 이처럼 편견을 배제하고 자의적인 오독을 방지하는 독서는 겉보기에는 제3자의 관점을 취하는 3인칭 독법처럼 보일 수 있다. 그러나 이러한 노력이 내향적 주의집중을 통해 이루어진다는 점에서 실제로는 1인칭 독법에 해당한다고 볼 수 있다.[1]

사실 진지한 독서 활동이 어떠한 프레임의 영향도 받지 않는다는 것은 불가능하다. 우리는 현재 자신이 처한 다양한 영향 아래에서 형성된 특정 해석의 틀을 가질 수밖에 없다. 그러나 편견에 의한 오독의 문제는 그 해석 틀의 성격을 제대로 파악하지 못하거나 심지어는 그 존재조차 인지하지 못하기 때문에 발생한다. 따라서 독자가 의식적이든 무의식적이든 적용해 왔던 자신의 프레임에 메타적으로 접근할 필요가 있다. 그럼으로써 오독의 문제를 부분적으로나마 해소할 수 있다.

---

[1] '심층적 1인칭 독법'의 더 구체적인 특징과 방법에 대해서는 "경학방법론 연구총서" 3부작 중 3권에서 제시하도록 한다.

근대 이후 주자학 연구는 위와 같은 경전 독해와 관련된 관점의 문제가 두드러지게 나타나는 사례이다. 주자학 연구를 경학으로 분류하는 것은 이견이 있겠지만, 이 책에서 우리가 현대경학적 탐구의 토대를 쌓기 위해 주자학 연구를 탐구 대상으로 삼는 이유는 분명하다. 전근대뿐만 아니라 근대 이후 주자학 연구는 동아시아 학술과 문화에 지대한 영향을 미친 담론 체계로 볼 수 있고, 주자학에서 "경전"으로 삼고 있는 고전 텍스트의 위력을 충분히 넘어서고 있다. 그렇다면, 현대인의 관점에서 주자학을 클래식으로 보지 않을 이유는 없다고 하겠다.

근대 이후 상당 기간 동안 주자학을 포함한 성리학은 전근대성의 대표적인 온상으로 간주되었으며, 근대화 과정에서 척결해야 할 유산으로 여겨졌다. 이러한 부정적 인식은 오랜 기간 동안 전근대의 극복과 근대화 추진의 일환이었다. 예를 들어, 20세기 말 한국 학계는 한동안 조선 후기 실학에 주목했는데, 이는 실학이 주자학적 헤게모니에 대한 도전이나 조선의 자생적 근대화 발전의 맹아로서 해석될 여지 때문이었다. 이러한 해석의 배경에는 주자학에 대한 비판적 시각이 자리 잡고 있다. 또 한편, 그보다 일찍이 20세기 초반 홍콩과 대만의 일부 현대 신유가들이 주자학을 외재적 도덕규범에 대한 타율적 복종을 강요하는 것으로 비판하고 대신 양명학을 중국철학의 정통으로 보았던 것도 개인과 주체의 건립이라는 근대적 목표와 밀접하게 연결된 것이다.

최근 한국과 동아시아 학계에서는 주자학의 전근대성에 대한 비판 위주의 시각에서 벗어나, 근대화 과정에서 주자학이 기여한 부분에 주목하는 경향이 나타나고 있다. 이는 주목할 만한 변화이다. 본서는 이러한 주자학에 대한 재조명의 전체적인 성격을 다루기에는 분량이 제한적이며, 이 주제에 대해서는 향후 더 심도 있는 연구가 필요하다. 그럼에도 불구하고, 이 책에서 제시되는 다양한 논의를 통해 주자학이 어떻게 다양한 관점에서 해석될 수 있는지를 살펴볼 수 있을 것이다. 연구자가 적용하는 프레임에 따라 주자학에 대한 평가가 어떻게 극과 극을 오갔는지를 대체적으로 보여 주는 것이 이 2권의 주된 목적이다.

위에서 언급한 주자학에 대한 평가는 긍정적이든 부정적이든 공통적으로 "근대상"이라는 잣대에 의해 이루어져 왔다. 1인칭적 독법은 바로 이 근대성이라는 프레임에 대해 내향적 주의를 기울이는 접근 방식이다. 이 방식은 근대적 인식틀이 우리에게 미치는 영향을 명확히 인식하고, 주자학 자체와 이를 분리시키는 것의 중요성을 강조한다. 이러한 의식적인 노력을 통해, 기존의 현대적 관점에서는 포착되지 않았던 주자학의 근원적 함의들을 향후 더 명확하게 발굴해 낼 수 있다.

이 경학방법론 연구총서 제2권에는 주자학에 대한 현대적 시각을 반영하는 다양한 연구들이 포함되어 있다. 이 연구들은 중국철학을 서양철학적 관점으로 재구성하려는 현대 신유가의 노력, 주자학과 여성주의의 접목, 실학과 근대화 담론, 정치적 목적을 위한 유교 경전의 재해석, 동양 전통사상에서 민주주의와 생명사상의 맹아 탐구, 주자학에 대한 역사적 연구 등을 포함한다. 이 연구들은 주자학이라는 과거의 유산을 현대적 문제의식과 틀을 통해 어떻게 이해하고 재구성할 것인지에 대한 고민을 담고 있다. 이 연구들이 직접적으로 1인칭 독법을 적용하고 있다고는 볼 수 없다. 하지만 현대경학 프로젝트의 일환으로 이들을 통해 주목하는 것은 주자학 연구 시 적용되는 다양한 프레임들이다.

정상봉과 황갑연은 현대 신유가들이 오늘날 주자학 연구에 미친 영향을 분석한다. 정상봉은 「정주程朱의 충서론忠恕論과 당대신유가의 해석」에서 충서 개념을 중심으로, 현대 신유가들이 정주학 논의에 어떻게 대응하는지 탐구한다. 특히, 모종삼이 칸트의 자율 개념을 도입하여 중국철학의 정통을 서양철학을 넘어서는 도덕형이상학으로 제시했다는 점에 주목한다. 이러한 맥락에서 정상봉은 모종삼이 충서라는 유가의 핵심 개념과 관련하여 정이천을 비판하고 정호를 긍정하는 이유를 분석한다. 이 연구는 성리학자들의 미묘한 차이가 현대 신유가에 의해 어떻게 다르게 이해되고 비판되는지를 보여 준다.

황갑연은 「모종삼의 주희 도덕철학 이해의 득得과 실失 — 주희의 심구리心具理와 심지心知를 중심으로」에서 모종삼의 주자학 비판을 검토한다. 모종삼은 칸트의 자율성 개념을 바탕으로 주자철학을 타율적 도덕으로 비판했다. 황갑연은 이 비판에 의문을 제기하며, 주자의 수양공부가 마음의 자기 정화 의지에 기초한다는 점을 강조한다. 그는 이를 통해 주자학을 자율성을 완전히 부정하는 학문으로 볼 수 없다고 주장한다. 이 연구는 주자학 연구에서 근대적 개념인 자율성과 의지에 대한 명확한 해석이 선제적으로 필요함을 잘 보여 준다.

위에서 주목한 현대 신유가들의 논의는 기본적으로 현대의 관점에서 중국철학 특히 주자학을 관찰하는 태도를 견지한다. 이하의 논의들은 오히려 주자학에 숨겨진 근대성을 발굴하고자 노력한다. 김세서리아의 「여성주의 성리학을 위한 시론 — 극기복례와 성인가학聖人可學을 중심으로」는 성리학에서 여성주의적 의미를 재발굴하는 작업을 시도한다. 그는 성리학이 남성중심적이고 여성억압적인 질서를 탈각시키고, 사회적 약자들과의 역동적 상호 작용을 촉구하는 윤리적 태도를 내재하고 있다고 주장한다. 또한 성리학적 규범이 여성-성인이라는 도덕적 주체를 확립할 수 있는 근거가 될 수 있다고 본다. 이러한 접근은 현대의 젠더적 관점에서 성리학 규범 체계 내에 여성의 주체성을 새롭게 정립할 수 있는 해석의 공간을 마련한다.

김결은 「동아시아 실학의 형성과 발전에 대한 재고 — '동아시아 실학' 개념 정립과 그 시대 구분을 중심으로」에서 17~18세기에 동아시아 삼국에서 동시다발적으로 출현한 학문 사조들인 한국실학, 중국기학, 일본고학을 "동아시아 실학"으로 규정하고, 이것이 19~20세기 서구 중심의 근대성을 추구하는 흐름에서 진행된 "동아시아 유교사상의 근대적 변용"과 분명히 구분되어야 한다고 주장한다. 그에 따르면, 실학을 둘러싼 근대성 담론은 "반주자학"을 근대성으로 규정하면서 출발하는데, 이 규정은 역설적이게도 주자학의 사변성과 공리공담을 비판했던 17~18세기의 동아시아 실학을 근대적 변용으로 평가받게 한다. 그는 실상 동아시아 실학은 주자학을 비판적으로 계승하여 경세론적 측면을 강화시킨 유교사상으로 봐야 한다고 주장한다. 이 논의는 주자학을 포함한 동아시아 자생적 학문 사조들이 근대성이라는 잣대로만 해석될 수 없음을 보여 준다.

조경란의 「대륙신유가 집단의 정치주장과 '레드차이나'의 부활 — 심성유학과 정치유학의 분기와 의미」는 주자학뿐만 아니라 유가 경전 전체가 현대 정치적 요구에 의해 어떻게 재구성되고 있는지를 탐구한다. 이 논문은 다른 논문들과 달리 유교가 현재 중국의 권위주의 체제와 천하주의 세계질서, 중화민족공동체 구축을 뒷받침하는 이론 작업에서 어떻게 국가주의화되고 있는지를 비판적으로 분석한다. 조경란은 서구 자유주의의 쇠퇴와 함께 중국이 소프트파워를 활용하며 국제적 영향력을 확대하고 있다고 지적한다. 이 글은 동아시아 학계를 포함한 세계 학계가 중국의 패권화 작업에 동조하며 유교 경전을 재해석하는 것이 타당한지에 대한 질문을 던지며, 연구자들에게 깊은 성찰을 요구한다.

나종석의 「21세기 성리학의 르네상스 — 재탄생의 길에 관한 몇 가지 단상」은 성리학이 근대와의 조우 과정에서 전근대적이고 봉건적인 세습체제의 이데올로기로 간주되고, "대동유학"에 못 미치는 "소강유학"으로 평가절하되었다고 지적한다. 나종석은 오히려 주자학에 내재된 근대성을 재발견하려는 시도를 한다. 그에 따르면 주희가 모든 사람을 정치적 주체로 인정한 점에 주목해야 하며, 이것이 비록 시대적 한계로 인해 보편적으로 확대되지 못했지만, 동아시아에서 자생적으로 발전한 민본주의의 토대가 되었음을 인식해야 한다고 주장한다. 그는 또한 서구와의 조우에서 비롯된 자기부정적 시선을 넘어서, 근대적이고 탈근대적 요소들을 우리 경험과 전통 속에서 발굴하는 노력의 중요성을 강조한다.

마지막으로 홍린의 「2000년대 이래 주자학에 대한 역사적 연구의 조류 ─ 지성사 및 예학 연구를 중심으로」는 현재 주자학 연구의 경향을 분석하며, 특히 리기理氣나 심성心性과 같은 개념에 집중하는 연구 풍토에서 역사적 접근의 중요성을 강조한다. 그는 지성사와 예학 연구 경향을 예로 들어, 철학 연구에서의 개념 및 명제 분석과 역사적 사실로서의 주자학 연구 결과 간의 차이를 지적한다. 홍린은 성리학자들의 문제의식과 정치·문화적 배경을 고려한 지성사 연구와 성리학적 이상의 구체적 실현 방법을 탐구하는 예학 연구 등 역사적 연구가 개념 중심의 연구가 범할 수 있는 오독의 위험을 줄일 수 있다고 주장한다. 이러한 분석을 통해 홍린은 주자학 연구에 있어서 다양한 접근 방식의 필요성을 강조한다.


이상에서 언급된 연구들은 주자학 연구의 전체적인 양상을 완전히 대변하지는 않지만, 현재 주자학 연구에서 채택하고 있는 다양한 관점들과 그 관점들을 통해 드러나는 주자학의 다양한 형상들을 간략하게나마 제시한다. 본 총서에 수록된 연구들은 근대적 프레임을 통해 주자학을 포함한 지적 유산을 바라보는 우리의 시각을 반영한다. 현대인으로서 우리는 이러한 틀 없이 경전을 바라보는 것이 불가능하다. 그러나 우리가 어떤 틀을 가지고 있는지를 자각함으로써 우리와 경전 사이의 경계를 명확히 하고, 이를 통해 경전의 본래 모습에 더욱 깊이 다가갈 수 있다.

차례

# 제1장 정주程朱의 충서론忠恕論과 당대신유가의 해석*

정상봉

## 1. 들어가는 말

춘추시대 말기 혼란한 시대적 상황 속에서 공자는 인仁을 들어 유학의 기본 틀을 제시하였다. 공자의 인 사상을 계승한 맹자가 성선설을 통하여 이론적 진척을 시키기는 했지만 오랜 기간 제도적으로 수용되지 못했었다. 그러다가 한漢 무제武帝가 동중서董仲舒의 "오로지 유가의 학술을 존숭하고 모든 사상들을 내처라"(獨尊儒術, 罷黜百家)라는 건의를 채택함으로써 유학은 비로소 역사의 전면에 서게 되었다. 그 후 당唐에 이르기까지 유학은 고대 유가 문헌인 오경五經과 『논어論語』를 중심으로 문자학적 고증이나 문헌 비교적 분석의 경학적 작업을 주로 하였다. 그러다가 북송北宋 때 명도明道 정호程顥(1032~1085)와 이천伊川 정이程頤(1033~1107) 형제가 『논어』 이외에 『맹자孟子』를 매우 중시하고 한편으로는 『예기禮記』에서 「대학大學」과 「중용中庸」 두 편篇을 따로 뽑아내 교재로 사용하면서 소위 사서四書의 시대가 열리게 되었다. 그리고 남송南宋의 주자朱子(1130~1200)

---

* 본 논문은 성균관대 유교문화연구소 비판유학·현대경학 연구센터에서 개최한 학술회의 〈현대경학의 방법론적 모색 2〉(2023.2.10.)에서 발표하고 『태동고전연구』 제50집(2023. 6.)에 게재된 논문을 수정 보완한 것임.

가 『사서장구집주四書章句集註』를 완성하면서 마침내 사서는 유학의 핵심 문헌으로 자리를 잡았다.

공자의 인仁 사상을 규명함에 있어서는 우선 『논어』 안에서의 정합적인 설명 체계를 찾아본 뒤 그 다음 후대의 유가 문헌을 들춰도 보고 또 다양한 해석을 참고하게 되었다. 특히 인仁의 실천 문제를 다룰 때는 공자의 "일이관지一以貫之"를 증자曾子가 "선생님의 도는 충서忠恕일 따름이다"라고 풀이한 대목에 유의하였다. 이 충서 두 글자는 『중용中庸』의 "충서는 도道에서 멀지 않다"(忠恕違道不遠)고 한 데에서도 보인다. 물론 충忠이나 서恕를 개별적으로 언급한 문구들은 사서 곳곳에 흩어져 있다.

인仁 사상을 밝히고자 했던 학자들은 『논어』나 『중용』의 충서를 다루면서 충과 서의 뜻을 분석하고 때로 둘의 상관관계를 논하기도 하였으며, 또 다른 문헌과의 비교를 통하여 그 맥락적 의미를 살펴보았다. 남조南朝 양梁나라의 황간皇侃이나 북송의 형병邢昺은 『논어』에 주소注疏를 붙였다. 그 뒤 북송의 이정二程은 체용體用의 논리를 활용한 리기理氣 형이상학의 토대 위에서 충서 문제를 다루었는데, 이정의 충서론은 남송의 주자에 의해 더욱 세련된 형태로 거듭나게 되었다.

주자의 충서에 대한 이해는 그가 청장년 시절에 쓴 서신書信이나 1157년부터 1163년 사이 연평 선생과의 문답을 모아 놓은 『연평답문延平答問』을 보면 30세 전후에 이미 그 틀이 잡혔음을 알 수 있다. 또한 그가 지은 「충서설忠恕說」은 물론, 『사서혹문四書或問』의 설명과 『주자어류朱子語類』의 문답, 그리고 최고의 학적 결실인 『사서장구집주』의 기술에서 이론적으로 매우 체계화된 주자의 충서론을 확인할 수가 있다.

오늘날 우리에게 있어서도 충서의 함의는 무엇이며, 인仁과 충서는 어떤 관계에 놓여 있는가? 하는 문제는 여전히 유의미하다. 특히 충서의 현대적 의미를 탐구하고자 하는 입장에서는 더욱 그러하다.

이제 정주程朱의 충서론을 우선 살펴보고 나서, 그 다음 당대신유가當代新儒家의 관점을 고찰해 보도록 하겠다.

## 2. 정주程朱의 충서론

『논어』의 일이관지一以貫之와 충서忠恕에 대하여 주석注釋을 단 대표적 학자로는 황간皇侃과 형병邢昺을 들 수 있다. 황간은 "관貫은 통統이다. 비유컨대 새끼줄로 사물을 꿰는 것과 같이 관통貫統함이 있다"[1]고 하였고, 형병은 황간이 관貫을 통統으로 풀이한 것을 좇아서 "'나의 도는 하나로써 관통한다'(吾道一以貫之)에서 관貫은 통統이다. 공자가 증자에게 한 말은 내가 행한 바의 도道는 하나의 원리(一理)를 사용하여 세상만사의 이치를 통섭(統)하였음을 말한 것이다"라고 하였다.[2] 여기서 하나의 원리(一理)는 인仁이며, 세상만사의 이치(天下萬事之理)는 다양한 인간관계에서 사람 노릇을 하거나 여러 가지 일들을 처리하는 방식을 가리킨다. 이러한 황간과 형병의 해석은 충서 이해의 기본 토대가 되었다.

북송대 정명도程明道·정이천程伊川의 경우는 충서의 개념을 규정하였을 뿐만 아니라, 체용體用의 논리로써 이론적 설명을 보탰다. 이정의 충서론을 계승한 남송의 주자는 연평延平 이통李侗(1093~1163)과의 토론 과정에서 충서 문제를 탐구하였는데, 그 자취는 『연평답문延平答問』과 29세에 범직각范直閣이나 오경로吳敬老에게 보낸 서신에 잘 나타나 있다. 또한 그의 「충서설」이나 수십 년 공을

---

1) 『論語義疏』, "貫猶統也, 譬如以繩穿物, 有貫統也."
2) 『論語注疏』, "吾道一以貫之者, 貫, 統也. 孔子語曾子, 言我所行之道, 唯用一理以統天下萬事之理也."

들인 『사서장구집주』에 그 핵심 관점이 정리되어 있다. 또한 『주자어류』에 적힌 세세한 조목 안에서도 그의 충서론을 살펴볼 수가 있다. 이에 이정의 충서론을 먼저 소개하고 그 다음 주자의 충서론을 살펴보고자 한다.

## 1) 이정二程의 충서론

명도는 『논어』「이인」편의 충서忠恕를 설명하면서 『중용』 13장의 충서는 그 논의의 차원이 한 단계 아래임을 말했다.

> 자신으로써 남에게 이름은 인仁이다. 자기 마음을 미루어서 남에게 이르는 것은 서恕이다. (『중용』의) "충서忠恕는 도道에서 멀지 않다"는 것이 이것이다. 충서는 일이관지一以貫之이니, 충忠이란 천도天道요 서恕란 인도人道이며, 충이란 무망無妄(망령됨이 없음)이요 서란 충을 실천하는 방법이다. 충은 체體요 서는 용用이니, 대본大本과 달도達道이다. 이것이 『중용中庸』의 "충서위도불원忠恕違道不遠"과 다른 것은 천天에 의거하여 움직이기 때문이다.[3]

명도는 인仁을 "이기급인以己及人" 즉 자기 자신으로써 남에게 이르는 것이라고 풀이하였는데, 이것은 인仁이 다름 아닌 자신(己)과 남(人)이 하나 되는 자타불이自他不二의 지평을 여는 것임을 밝힌 것이다. 인도仁道의 실천 방법인 서恕를 "추기급인推己及人" 즉 자기 마음을 미루어서 남에게 이르는 것으로 본다면, 이것은 『중용』에서 말한 "충서는 도에서 멀지 않다"가 여기에 해당된다. 공자는 "이기급인"의 인도를 완전히 실현해 냈으므로 "도에서 멀지 않다"고 한 것과

---

3) 『二程遺書』(『二程集』, 中華書局 표점본, 124쪽), 卷11, "以己及物, 仁也. 推己及物, 恕也. 違道不遠是也. 忠恕一以貫之. 忠者天理, 恕者人道. 忠者無妄, 恕者所以行乎忠也. 忠者體, 恕者用, 大本達道也. 此與違道不遠'異者, 動以天爾."

같은 차원에서 논할 수 없다.

증자가 공자의 일관지도一貫之道는 충서일 뿐이라고 한 것은 인仁을 온전하게 실현한 성인聖人의 충서를 말한 것이다. 충忠은 체體이고, 서恕는 용用이다. 명도가 충을 무망無妄이라고 풀이한 것은 그가 천도天道인 성誠의 차원에서 보았기 때문이다. 천도의 성誠은 무망無妄(망령됨이 없음)이고, 그것을 충이라고 할 수 있다. 공자는 이 무망의 천도를 삶 속에서 그대로 실천하였다. 이에 명도는 "동이천動以天"(천도에 의거하여 움직임)이라고 덧붙였다. 바꿔 말하면, 이것은 인도仁道의 체와 용인 충서를 완전하게 실현해 낸 것이다. 이는 『중용』에서 말한 대본大本과 달도達道가 하나 되는 것과 같다. 바로 천인합일天人合一의 경지에 공자가 도달했음을 보여 주는 대목이다.

이천도 충서에 대하여 "충은 무망을 말한다. 충은 천도天道요, 서는 인사人事이다. 충은 체이고 서는 용이다. (『중용』에서 말한) '충서는 도에서 멀지 않다'는 일이관지의 충서가 아니다"[4]라고 하였다. 이처럼 명도나 이천 모두 공자의 충서는 성인의 충서로서 『중용』에서 말한 "충서는 도에서 멀지 않다"(忠恕違道不遠)고 한 것과는 다르다고 보았다. 왜냐하면 후자는 학자學者(배우는 이)의 충서이기 때문이다. 이처럼 성인의 충서와 학자의 충서는 차원이 다르다.

다만 명도와 이천이 충서를 달리 설명하는 대목이 있다. 명도는 "'천명天命은 아 심원하여 그침이 없구나'(維天之命, 於穆不已)는 충이 아닌가? '천지가 변화하여 초목이 무성하다'(天地變化草木蕃)는 서가 아닌가?"라고 말한 데 비해, 이천은 "'천명은 아 심원하여 그침이 없구나'는 충이요, '건도가 변화하여 (만물이) 저마다 성명을 구비하게 되었다'(乾道變化, 各正性命)는 서이다"라고 말했다. 충에 대해서는 둘 다 『시경詩經』「주송周頌 유천지명維天之命」의 구절을 들어 설명했지만,

---

4) 『二程遺書』(『二程集』, 中華書局 표점본, 274쪽), 卷21下, 「伊川先生語」 7下, "忠者, 無妄之謂也. 忠, 天道也. 恕, 人事也. 忠爲體, 恕爲用. '忠恕違道不遠', 非一以貫之之忠恕也."

서에 대해서는 명도와 이천의 설명이 다르다. 이 부분은 주자가 말했듯이 천天 즉 천지의 충서를 다룬 것이다. 주자는 『논어집주論語集註』에서 명도와 이천의 말을 모두 소개하였는데, 이것은 그가 명도와 이천의 충서론이 궤를 같이한다고 보았음을 방증한다.

충과 서에 대한 개념 규정은 이천의 『논어해論語解』에 잘 나타나 있으며, 또한 양자의 관계도 체와 용의 관계에 놓여 있음을 설명하였다.

자기를 다하는 것을 충이라 하고, 자기의 마음을 미루어 나가는 것을 서라 한다. 충은 체이고 서는 용이다.[5]

이처럼 이론적으로 분명하게 충을 진기盡己로, 서를 추기推己로 이해하게 된 것은 이천의 공이기도 하다.

## 2) 주자朱子의 충서론

주자는 이정二程의 충서론을 십분 수용하였다. 주자에 따르면, 명도가 『시경』 「주송 유천지명」을 인용하고 이천이 『주역周易』 건괘乾卦 「단전彖傳」의 구절을 들어 충서를 말한 것은 천지天地의 사심私心 없는 충서를 말한 것이다. 그리고 공자의 도道가 일관一貫한 것은 성인聖人의 작위作爲 없는 충서이며, 진기盡己와 추기推己는 학자學者들이 노력을 기울이는 충서이다.[6]

---

5) 『河南程氏經說』(『二程集』, 中華書局 표점본, 1138쪽), 卷6, 「論語解」, “盡己之謂忠, 推己之謂恕. 忠, 體也; 恕, 用也.”
6) 『朱子語類』(中華書局 표점본, 695쪽), 卷27, “程子所言, ‘維天之命, 於穆不已’, ‘乾道變化, 各正性命’, 此天地無心之忠恕. 夫子之道一貫, 乃聖人無爲之忠恕. 盡己, 推己, 乃學者著力之忠恕.”(沈僩錄)

그의 이러한 이해는 주자 29세 때 연평 선생과 문답한 자료(1158년 12월 문답)에 이미 드러나 있다.

대체로 공자의 도는 일상생활을 떠나지 않았으니, 진기盡己(자기를 다함)의 측면에서 말하자면 충忠이라고 하고, 급물及物(타자에게 이름)의 측면에서 말하자면 서恕라고 하는데, 어떠한 것도 대도大道 전체가 아닌 것이 없다. 비록 구체적인 일에 있어서 변화가 수없이 많다고 하더라도 그것들을 관통하는 바는 같지 않은 적이 없었다. 그러니 공자께서 증자에게 말한 것이나 증자가 그 제자들에게 말한 것이 어찌 다를 바가 있을 것인가.…… 자사가 "충서는 도에서 멀지 않다"고 말한 경우는 사람들에게 입도入道의 단서를 보여 준 것으로 맹자가 "인의를 행하다"(行仁義)라고 한 것과 같다. 증자가 공자를 칭송한 것은 이른바 "인의로 말미암아 행하다"(由仁義行)라는 것이다.[7]

『논어』에서 공자의 일관지도를 증자가 충서일 뿐이라고 한 것이나 『중용』에서 "충서는 도에서 멀지 않다"고 한 것은 모두 충서의 실천을 언급한 것이지만 경지의 차원에서는 양자가 분명히 구별된다. 공자의 충서는 맹자가 말한 "유인의행由仁義行"처럼 천天이 부여한 덕성인 인仁을 그대로 실현해 낸 것이라면, 자사가 말한 충서는 맹자가 말한 "행인의行仁義"처럼 그것을 힘써 실천하는 것이다. 이에 주자는 다음과 같이 말했다.

충서는 일관된다. 성인께서는 천과 하나가 되니, 온통 오직 도리만 있어서 저절로 응해 나가니, 진기盡己를 기다린 뒤에라야 충忠이 되는 것도 아니고,

---

7) 『延平答問』, 「戊寅冬至前二日書」, "蓋以夫子之道不離乎日用之間, 自其盡己而言, 則謂之忠; 自其及物而言, 則謂之恕, 莫非大道之全體. 雖變化萬殊於事爲之末, 而所以貫之者未嘗不一也. 然則夫子所以告曾子, 曾子所以告其門人, 豈有異旨哉. 如子思言忠恕違道不遠乃是人以入道之端, 如孟子之言行仁義; 曾子之稱夫子乃所謂由仁義行者也."

추기推己를 기다린 뒤에야 서가 되는 것도 아니며, 안배를 필요로 하지도 않고, 헤아림을 필요로 하지도 않으며, 대응을 필요로 하지도 않는다. 마치 물줄기가 도도히 흘러가다가 지류로 갈리는데, 자연스러움에 맡기니 이 도랑에 들어가거나 저 웅덩이에 들어가게 배치할 것도 없는 것과 같다. 그러므로 증자가 사람들이 일관의 뜻을 이해 못할까 염려하여 충서를 빌려 말했다고 한다. 내가 초년에는 제대로 못 보았다가 후에 후사성侯師聖이 수록한 정선생程先生의 말을 보고 비로소 깨치게 되었다.8)

주자에 따르면, 공자의 충서는 안배安排나 헤아림(忖度), 대응(睹當)과 같은 어떠한 작위作爲도 없이 천도를 그대로 실천에 옮겨 천인합일天人合一의 경지에 이르렀다. 이것이 바로 명도가 "동이천動以天"의 측면에서 말한 성인聖人 공자의 충서요, 『중용』의 "충서위도불원忠恕違道不遠"에서 말한 학자學者의 충서와 다른 것이다. 이와 같이 성인과 학자의 충서는 그 도달한 경지가 다른 것이며, 그것은 『중용』에서 덕德의 공功을 이룸에 있어서 안행安行(편안하게 행함)·이행利行(이롭게 여겨 행함)·면행勉行(힘써 행함)의 차이가 있는 것과 같다. 그렇지만 노력을 통해 최상의 경지에 이른다면 어떤 차이도 없을 것이라고 하였다.9)

주자는 명도와 이천이 충서를 해석한 것에 대하여 양자가 논의의 맥락이 다르다고 보았는데, 이에 대해 다음과 같이 상론하였다.

---

8) 『朱子語類』(中華書局 표점본, 698쪽), 卷27, "忠恕一貫……聖人與天爲一, 渾然只有道理, 自然應去, 不待盡己方爲忠, 不待推己方爲恕, 不待安排, 不待忖度, 不待睹當. 如水源溶溶流出, 分而爲支派, 任其自然, 不待布置入那溝, 入這瀆……故云曾子怕人曉不得一貫, 故借忠恕而言. 某初年看不破, 後得侯氏所收程先生語, 方曉得."(葉賀孫)

9) 『朱子大全』, 卷37, 「與范直閣」, "蓋動以天者, 事皆処極, 曾子之所言者是也. 學者之於忠恕, 未免參校彼己, 推己及人, 則宜其未能誠一於天, 安得與聖人之忠恕者同日而語也? 若曾子之所言, 則以聖人之忠恕言之, 而見其與性與天道者未嘗有二, 所以爲一貫也. 然此所謂異者, 亦以所至之不同言之, 猶中庸安行利行勉行之別耳. 苟下學而上達焉, 則亦豈有所隔竭哉?" 이 편지는 주자가 29세(1158) 때 쓴 것이다. 『中庸』, "或安而行之, 或利而行之, 或勉强 而行之, 及其成功, 一也." 참고.

충서의 이론에 대해 저는 다음과 같이 생각합니다. 명도는 사람의 위상(分) 측면에서 그 수준의 차이를 분별했고[10], 이천은 이치라는 측면에서 상하를 꿰뚫어 말했습니다[11]. 만약 사람의 위상 측면에서 말하자면, "도에서 멀지 않다"(違道不遠)[12]는 현인이 미루어 나가는 경우의 일입니다. "하나로써 꿰뚫는다"(一以貫之)는 것은 성인은 미루어 나갈 필요가 없다는 것입니다. 만약 이치의 측면에서 평이하게 말한다면 충은 진기盡己일 뿐이며, 서는 단지 추기推己일 뿐입니다. 그러나 (자기를) 다 하는 바와 미루어 나가는 바는 명도의 말처럼 성인과 현인이 같지 않을 따름입니다. 성인은 비록 미루어 나갈 필요가 없지만 자기로부터 타자에게 이르는 것(由己及物)은 충과 비교해서 말하자면, 이 역시 미루어 나가는 것입니다.[13]

현인賢人이나 학자學者의 경우는 미루어 나감(推)이 있어야 한다. 그러나 성인 聖人은 미루어 나갈 필요가 없다(不待推). 물론 성인의 서恕, 즉 자기로부터 남에게 이름(由己及人)이 자타불이自他不二의 경지에 이른 것이라 할지라도 충忠과 상대적으로 비교해 본다면 역시 미루어 나감(推)이라고 할 수 있다. 주자가 이처럼 상세히 설명한 것은 명도의 말이 지당하지만 이천이 「논어해」에서 진기盡己와 추기推己로 충과 서를 개념 규정한 것도 그 또한 타당성이 있음을 밝히고자 한 것이다.

성인의 충서와 학자의 충서는 저절로 그러한 것인가(自然) 아니면 애써 노력을 하는 것인가(勉强)의 차이가 있다. 물론 학자도 때로는 성인처럼 행할 수도

---

10) 각주 3) 참고.
11) 각주 5) 참고.
12) 『중용』 13장, "忠恕는 道와 거리가 멀지 않으니, 자기에 베풀어서 원하지 않는 것은 나 또한 남에게 베풀지 말아야 한다."(忠恕違道不遠, 施諸己而不願, 亦勿施於人)
13) 『朱子大全』, 卷31, 「答張敬夫」 19, "忠恕之說, 竊意明道是就人分上分別淺深而言, 伊川是就 理上該貫上下而言. 若就人分上說, 則違道不遠者, 賢人推之之事也. 一以貫之者, 聖人之不待 推也. 若就理上平說, 則忠只是盡己, 恕只是推己. 但其所以盡所以推, 則聖賢之分不同, 如明 道之說耳. 聖人雖不待推, 然由己及物, 對忠而言, 是亦推之也."

있다. 그러나 굳건하질 못해 또 실수하고 만다. 만약 학자도 자기를 다하여 남에게 미루어 나갈 수 있으면, 그리고 미루어 나가는 것이 무르익어 오래되게 되면 마침내 성인은 미루어 나갈 필요가 없다는 말의 의미도 절로 알 수 있을 것이다.14)

주자는 충과 서를 일리一理와 만수萬殊로 설명하기도 하고,15) 때로는 일본一本과 만수로 풀이하기도 하였다.16) 이것은 그가 『논어집주』에서 "'지극히 진실하여 쉼이 없다'(至誠無息)고 하는 것은 도道의 체體이니, 만수가 일본인 것이요, 만물이 각기 제자리를 얻음은 도의 용用이니, 일본이 만수가 되는 것이다. 이 점에서 보면, '일이관자'의 실질을 볼 수 있을 것이다"17)라고 하였는데, 이것은 체용일원體用一源 현미무간顯微無間의 천도유행天道流行의 맥락에서 공자가 말한 일이관지의 의미도 이해해야 함을 설명한 것이다. 이러한 천지의 충서와 성인의 충서는 학자의 충서를 뒷받침하는 이론적 토대가 된다. 다시 말해 학자들도 열심히 노력함으로써 공자와 같은 성인의 경지에 이를 수가 있는 이론적 근거가 마련된 것이다.

주자는 이 점을 염두에 두고 일상생활에서 자신의 삶을 잘 가꾸려고 노력하

---

14) 『朱子語類』(中華書局 표점본, 687쪽), 卷27, "學者與聖人所爭, 只是這些箇自然與勉强耳. 聖人所行, 皆是自然堅牢. 學者亦有時做得如聖人處, 但不堅牢, 又會失却.……又云: 忠是一, 恕是所以貫之. 『中庸』說忠恕違道不遠, 是下學上達之義, 卽學者所推之忠恕, 聖人則不待推. 然學者但能盡己以推之於人, 推之旣熟, 久之自能見聖人不待推之意, 而忠恕二字有不足言也." (周明作錄)

15) 『朱子語類』(中華書局 표점본, 685쪽), 卷27, "忠則一理, 恕則萬殊."(黃卓錄) 강진석, 「關於 '忠恕'的視角和解釋之探討」, 韓國中國學會, 『國際中國學研究』 第15輯(2012), 206쪽 참고. 강진석은 주자가 충서를 체용의 관계로 본 二程의 사상을 계승하여 천도가 리일분수의 체용 관계로 이루어졌듯이 人道인 충서의 원리도 忠에 보편적 도덕의 기준이 존재하고 이를 恕인 실천윤리로 확대하는 것이라고 설명한다.

16) 『朱子語類』(中華書局 표점본, 677쪽), 卷27, "萬殊之所以一本, 一本之所以萬殊."(沈僩錄)

17) 『論語集註』, "蓋至誠無息者, 道之體也, 萬殊之所以一本也; 萬物各得其所者, 道之用也, 一本之所以萬殊也. 以此觀之, 一以貫之之實可見矣."

는 사람들에게 관심을 기울였다. 그는 바르지 못한 마음을 스스로 용인하는 문제 상황에 주목하였다. 만약 스스로 바르지 못한 마음을 용인하고 그런 자신의 마음을 미루어 타인이 바르지 못한 마음을 갖는 것도 용인한다면, 세상은 혼란에 빠지게 될 것이다. 당시 범순인范純仁(1027~1101) 같은 학자의 주장처럼 서恕를 용서容恕·관서寬恕, 즉 관용의 의미로 이해하는 일이 있었는데, 주자는 이러한 해석을 강하게 비판하였다. 일례로 자기 스스로 정당하지 못하게 권세에 아부하여 관직과 부귀를 얻으려고 하는 경우, 다른 사람이 권세에 아부하여 관직과 부귀를 얻으려 하는 것을 보고 자신에 대해 용인하는 것을 미루어서 남도 그러는 것을 용인하고자 한다면 완전히 잘못된 것이다. 이에 주자는 "'기욕립己欲立'도 아부해서 자리를 얻는다는 것이 아니고 남을 세워 준다고 할 경우도 아부를 통해서 세워 줘서는 안 된다. '기욕달己欲達'도 못된 짓을 해서 명망이 나게 되는 것도 아니고 남을 명망이 나게 해 주는 경우도 못된 짓을 해서 명망이 나도록 해서는 안 되는 것이다"[18]라고 말했다.

그렇다면 학자學者의 입장에서 추기급인推己及人에는 어떤 공부가 실질적으로 필요한가? 여기에 대하여 주자는 궁리窮理와 정심正心의 공부를 제시하였다.

반드시 자신이 이치를 궁구하고 마음을 바르게 하는 것으로부터 미루어 나가면, 내가 좋아하고 싫어하며 취하고 버리는 것이 모두 바르게 되고, 그것을 미루어서 남에게 이르는 바 또한 모두 바르게 되지 않음이 없을 것이다. 그러므로 상하사방 이것으로써 헤아린다면 모든 것이 제각기 그 합당함을 분명하게 확보할 것이다. 만약 이치에 어두워 마음이 바르지 못하면 내가 바라는 바도 꼭 바라야 할 것도 아니고, 내가 싫어하는 바도 꼭 싫어해야 할 것도 아니다. 이 점을 살피지 못하고 대뜸 이것을 남에게 베푸는 준칙으로

---

18) 『朱子語類』(中華書局 표점본, 426쪽), 卷18, "如'己欲立', 也不是阿附得立, 到得立人處, 便也不要由阿附而立; '己欲達', 也不是邪枉得達, 到得達人處, 便也不要由邪枉而達."(沈僴錄)

삼으려 한다면 뜻이 비록 공정하다고 하더라도 일이 사사롭게 된다.[19]

주자가 말하는 궁리는 도덕적 당위와 같은 사람됨의 도리를 궁구하는 것이다. 사람이 따라야 할 마땅한 도리, 즉 윤리를 명확하게 알 때 비로소 자신의 호오나 취사선택이 바를 수 있고 그에 의거하여 타인을 헤아리는 바도 모두 바를 수가 있다. 다시 말해 궁리의 토대 위에서 행위의 동기와 행위의 과정을 도덕적 선善에 정초시킬 수가 있는 것이다. 만약 이러한 격물궁리가 선행되지 않는다면 마음이 바르지 못해서 호오의 실질도 온당하지 못하고 게다가 이점을 살피지 못하고 타인을 대한다면 비록 뜻이 공공의 것을 염두에 둘지라도 실제의 일처리는 사특하게 되고 말 것이다.


## 3. 당대신유가의 충서忠恕에 대한 해석

소위 당대신유가當代新儒家는 19세기 서구 열강의 동아시아 진출과 맞물려 전통문화의 전승을 고민하였다. 특히 유학儒學의 학문적 위상을 어떻게 새롭게 정립할 것인가는 당시 동서문화 충돌의 위기 속에서 끝없이 자문한 실존적 문제였다. 당대신유가를 대표하는 풍우란馮友蘭(1895~1990), 당군의唐君毅(1909~1978), 서복관徐復觀(1903~1982), 모종삼牟宗三(1909~1995)과 같은 학자들은 유가 경전을 재조명함으로써 그 사유 전통을 현대적 방식으로 계승하고자 노력하였다. 그들의 충서忠恕에 대한 이해는 각기 나름의 특색을 띠고 있는데, 그것은 그

---

19) 『大學或問』, "然必自其窮理正心者而推之, 則吾之愛惡取舍, 皆得其正, 而其所推以及人者, 亦無不得其正. 是以上下四方以此度之, 而莫不截然各得其分. 若於理有未明, 而心有未正, 則吾之所欲者, 未必其所當欲; 吾之所惡者, 未必其所當惡. 乃不察此, 而遽欲以是爲施於人之準則, 則其意雖公, 而事則私."

입론 근거가 차이가 나기 때문이다. 이 점을 염두에 두고 당대신유가의 충서론을 비교해 논하고자 한다.

### 1) 풍우란馮友蘭

풍우란은 콜롬비아대학교 유학 시절 실용주의의 대가인 듀이(John Dewey, 1859~1952)의 지도로 박사학위를 받았으며 또한 신실재론자新實在論者인 몽테규(W. P. Montague, 1873~1953)의 강의를 들으며 그 영향을 받았다.[20] 그는 신실재론이 주자학과 가깝다고 보았다.[21] 『신리학新理學』(1947)을 보면, 풍우란은 철학을 순수한 사유로부터 경험에 대해 논리적 분석, 종합 및 해석을 한 것이고, 이를 언어로 표현한 것이라고 하였다.[22] 여기서 그는 플라톤 철학의 공상共相(보편 또는 일반)과 수상殊相(특수 또는 개별) 개념과 주자학을 연결시켜 리理를 플라톤이 말한 형식形式(Form), 기氣를 재료材料(Matter)와 같다고 말했다.[23] 추상적이고 자취나 형상이 없는 형이상자인 리理는 내적으로 측은지심에 근거하여 인성人性 중에 측은지리惻隱之理인 인仁이 있음을 추론하여 알 수가 있다.[24] 풍우란은 인仁을 전덕全德의 개념이라서 공자가 늘 인仁으로써 효孝·충忠·지智·예禮·신信 등 여러 덕을 통섭統攝하여 말했다고 하였다. 인仁과 여러 덕德의 관계는

---

20) 석원호, 「풍우란의 철학과학관」, 『철학연구』 제131집(대한철학회, 2014), 248~249쪽.
21) 馮友蘭, 『中國哲學史』(中華書局, 1983), 927쪽.
22) 박영미, 「유학과 서양철학의 만남은 어떻게 이루어졌나―풍우란의 新理學을 중심으로」, 『동아시아문화연구』 제68집(한양대학교 동아시아문화연구소, 2017), 92쪽.
23) 馮友蘭, 『中國哲學史』, 908쪽. 啓良, 『新儒學批判』(上海三聯書店, 1996), 174쪽 참고.
24) 馮友蘭, 『中國哲學史』, 917쪽. 鄭家棟, 『現代新儒學槪論』(廣西人民出版社, 1991), 285쪽. 풍우란이 정주리학에서 주장하듯이 天理가 천지만물을 주재한다는 식으로 본 것은 아니다. 풍우란의 신리학과 그의 주자학에 대한 이해를 전반적으로 고찰한 논문은 다음을 참고할 만하다. 이상돈, 「馮友蘭의 新理學과 朱子學 이해」, 『동양철학』 34(한국동양철학회, 2010).

그가 말하는 "대전大全"과 "유행流行"의 관계라고 할 수 있다.25)

그는 공자의 일관지도가 인仁이며 그 실천 방법은 충서라고 하였다. 구체적으로 말하자면, 충서는 도덕 실천의 방법이자, 대인접물待人接物의 방법이다.26) 충서의 실천은 "추기급인推己及人"에 있다고 보았다. 자신이 바라는 바로 인하여 미루어서 남이 바라는 것을 아는 것(因己之欲, 推以知人之欲), 즉 "자기가 입신하고자 하면 남을 세워 주고 자기가 명망이 나고자 하면 남을 명망이 있게 한다"(己欲立而 立人, 己欲達而達人)라는 것이 충이다. 자신이 바라지 않는 바로 인하여 미루어 남이 바라지 않는 것을 아는 것(因己之不欲, 推以知人之不欲)이 바로 "자기가 바라지 않는 바를 남에게 베풀지 마라"(己所不欲, 勿施於人)이며 이것이 서이다.27) 『논어』 에서 공자가 충忠의 의미를 정확하게 말한 적이 없는데 후대 사람이 충을 진기盡 己라고 여긴 것은 공자의 본의에 맞지 않는다고 풍우란은 비판하였다. 그는 『논어』의 "여인모이불충호與人謀而不忠乎?"(「學而」), "여인충與人忠"(「子路」), "신사군 이충臣事君以忠"(「八佾」), "효자즉충孝慈則忠"(「爲政」), "충언능물회호忠焉能勿誨乎?"(「憲 問」)와 같은 문구의 충忠은 모두 적극적으로 남을 위하는 의미가 있다고 보았다. 주자가 진기盡己로 풀이한 '충'에 대해서 그는 '자기를 다해 남을 위한다'(盡己爲人) 로 보완하는 것이 필요하다고까지 말했다.28) 『중용』에서 "자식에게 바라는

---

25) 박영미, 「유학과 서양철학의 만남은 어떻게 이루어졌나─풍우란의 新理學을 중심으로」, 『동아시아문화연구』 제68집, 96~98쪽 참고. 大全과 流行은 주자의 體用의 논리 구조 를 지닌 一本과 萬殊 관계와 상응한다.

26) 馮友蘭, 『新世訓』(『三松堂全集』 第四冊, 河南人民出版社, 2000), 「行忠恕」, 358쪽.

27) 馮友蘭, 『中國哲學史』, 99쪽. 이상익, 「유교의 忠恕論과 自由主義」, 『철학』 제80집(한국 철학회, 2006), 14쪽 참고. 이상익은 풍우란의 주장이 『논어』 안에서 忠이 推己及人을 뜻한다고 볼 수 있는 직접적인 근거가 없으며 또한 충을 추기급인에 해당하는 것으로 본다면 충이 조건부적인 것이 되어 충의 의미가 반감된다고 비판한다. 지준호, 「恕와 유가의 실천윤리」, 『한국철학논집』 제19집(한국철학사연구회, 2006), 38쪽 참고. 지준 호는 풍우란의 충과 서에 대한 설명이 유가의 실천적 가치 덕목을 개별적으로 언급하 는 데 그칠 뿐 총체적으로 설명하지는 못하는 단서가 될 수 있다고 비판한다.

28) 馮友蘭, 『中國哲學史』, 100쪽. 『新世訓』, 「行忠恕」, 359쪽 참고. 그는 朱子가 盡己로 忠을

바로써 부모를 섬긴다"(所求於子以事父)는 것도 인인仁人이나 충서를 실천하는 사람이라면 자연히 효성스러울 것이라는 점을 말한 것이고, "신하에게 바라는 바로써 임금을 섬긴다"(所求於臣以事君)고 한 것도 인인仁人이나 충서를 실천하는 사람이라면 자연히 충성스러울 것이라는 점을 말한 것이라고 보았다.[29]

그의 신리학新理學에 따르면, 인仁과 충서는 대전大全과 유행流行의 관계에 놓여 있다. 공자가 말한 일관一貫은 바로 대전인 인이요, 유행인 충서이다. 즉 자기의 바람(欲)에 기초하여 남의 바람(欲)을 알고 그에 의거하여 입인立人이나 달인達人처럼 남의 바람을 성취시켜 주는 것이 충이고, 자신이 바라지 않는 바에 기초하여 남이 원치 않는 바를 알고 남이 원치 않는 것을 그에게 하라고 하지 않는 것이 서이다. 다시 말해 인仁을 온전하게 실천해 내는 것이 충이고, 남이 하기 싫어하는 것을 억지로 하라고 시키지 않는 것이 서이다.

### 2) 당군의唐君毅

당군의는 충은 마음을 다하는 것이고 서는 타인의 마음이 자기의 마음과 같음을 헤아리는 것이라고 이해하였다. 그는 서를 소극적 측면과 적극적 측면 둘로 나누어 보았다. 즉 "자기가 바라지 않는 바를 남에게 베풀지 마라"는 소극적消極的 서이고, "자기가 서고자 하면 남을 세워 주고 자기가 명망이 나고자 한다면 남으로 하여금 명망이 있게 한다"는 적극적積極的 서이다. 마찬가지로 『대학』에서 말한 혈구지도絜矩之道, 즉 "윗사람에게 싫다고 여기는 바로써 아랫사람에게 시키지 마라. 아랫사람에게 싫다고 여기는 바로써 윗사람을 섬기지

---

해석한 것은 주자 자신의 견해이지만 이러한 해석이 공자의 원의에 부합하는지는 더 논하지 않겠다고 하였다. 이것은 풍우란이 주자의 관점을 수용하지 않음을 단적으로 보여 준다.

29) 馮友蘭, 『中國哲學史』, 101쪽.

마라. 앞사람에게 싫다고 여기는 바로써 뒷사람 앞에서 하지 마라. 뒷사람에게 싫다고 여기는 바로써 앞사람을 쫓지 마라. 오른편 사람에게 싫다고 여기는 바로써 왼편 사람에게 건네지 마라. 왼편 사람에게 싫다고 여기는 바로써 오른편 사람에게 건네지 마라”[30]는 것은 소극적 서를 말하고, 『중용』에서 군자君子의 네 가지 도道로 꼽은 “자식에게 구하는 바로써 부모를 섬기고,…… 신하에게 구하는 바로써 임금을 섬기며,…… 동생에게 구하는 바로써 형을 섬기고,…… 친구에게 구하는 바로써 먼저 그에게 베푼다”[31]는 것은 적극적 서를 말한 것이다.[32]

정주가 학자學者의 충서가 있고 성인聖人의 충서가 있다고 했듯이 『중용』의 “충서는 도에서 멀지 않다”고 한 것은 학자의 충서이고, 『논어』에서 공자의 일관지도로서 말한 충서는 성인의 충서이다. 성인의 충서는 또 천지의 충서와 같다. “‘천명은 아 심원하여 그침이 없구나’(維天之命, 於穆不已)는 충이 아닌가? ‘건도가 변화하여 (만물이) 저마다 성명을 구비하게 되었다’(乾道變化, 各正性命)는 서가 아닌가?’[33]라고 함은 성인의 충서가 행해지고 나서 만물이 저마다 성명을

---

30) 『大學』 제10장, “所惡於上, 毋以使下; 所惡於下, 毋以事上; 所惡於前, 毋以先後; 所惡於後, 毋以從前; 所惡於右, 毋以交於左; 所惡於左, 毋以交於右, 此之謂絜矩之道."
31) 『中庸』 제13장, “君子之道四, 丘未能一焉. 所求乎子以事父, 未能也; 所求乎臣以事君, 未能也; 所求乎弟以事兄, 未能也; 所求乎朋友先施之, 未能也."
32) 唐君毅, 『中國哲學原論―原道篇』 一(臺灣學生書局, 1986), 87~88쪽 참고. 이강수, 『중국 고대철학의 이해』(지식산업사, 1999), 32쪽. 이강수는 淸의 고증학자로 『論語正義』를 쓴 劉寶楠의 관점에 근거하여 소극적 서와 적극적 서를 언급하고 있는데, 이 점은 당군의가 설명한 것과 일치한다. 이상익, 「유교의 忠恕論과 自由主義」, 『철학』 제80집, 14쪽 참고. 이상익은 직접 당군의의 관점을 소개하지는 않았지만, 서의 적극적 측면은 ‘타인의 幸福을 증진시키는 것’이고 서의 소극적 측면은 ‘타인에 대한 害惡을 금지시키는 것’이라고 설명한다. 정상봉, 「朱熹與丁若鏞對孔子一貫之道의 詮釋」, 『國際中國學研究』 第11輯(한국중국학회, 2008), 289쪽 참고. 정상봉은 당군의처럼 서를 두 측면에서 논한다. 「共感과 共生」(『통일인문학』 제90집, 건국대학교 인문학연구원, 2022, 214~217쪽)에서도 같은 논지를 펴고 있다.
33) 『朱子語類』(中華書局 표점본, 695쪽), 卷27, “‘維天之命, 於穆不已’, 不其忠乎? 此是不待盡而忠也. ‘乾道變化, 各正性命’, 不其恕乎? 此是不待推而恕也."(輔廣錄) 참고.

구비하게 되니 일반 사람들이 모두 그 은택을 입고 세상 사람들이 다 입신하고 명망을 얻게 된다. 그리고 일반 사람이나 학자가 충서를 지극히 하면 성인의 충서가 되고 천지의 충서와 같게 된다. 도道에서 멀지 않다가 도에 가까움이 지극해지면, 바로 전체가 도인 것이니, 일반 사람의 충서를 가볍게 여겨서도 안 된다. 공자가 말한 충서는 자기(己)와 남(人) 사이의 감통感通(공감과 소통)에서 비롯한다. 따라서 마땅히 학자의 충서는 어떠한 것인지를 절실하게 묻고 또 잘 생각해 봄으로써 공자가 말한 충서의 도를 이해해 나가는 것이 옳다. 정이천이 "자기를 다하는 것을 충이라 하고, 자기의 마음을 미루어 나가는 것을 서라 한다. 충은 체이고 서는 용이다"라고 하였으니, 충이 먼저고 서가 나중이다. 서도 충으로써 행하지 않으면 제대로 이루어질 수가 없다. 충은 서를 통섭하고, 서는 충에 의해 이루어진다. 그러므로 충이 서의 근원이고, 체體인 것이다.[34]

당군의가 충서를 이렇게 설명한 데는 유가의 학설이 천인합일天人合一의 구도 속에서 물아내외物我內外의 벽을 허물고 주관과 객관의 대립을 융화시켜 주관객관을 초월하는 경지를 보여 주었다는 믿음이 담겨 있다.[35]

그는 사람에게 내재적이면서도 초월적인 마음의 본체, 즉 '도덕자아道德自我'가 있다고 보았다.[36] 이 '도덕자아'는 도덕 실천의 주체이다. 사람의 순수한 도덕 생활의 본질은 자각적으로 자기가 자기 자신을 지배하는 것이다. 그래야만 자율 도덕이 가능해지기 때문이다.[37] 유가에 있어서 '도덕자아'는 인심(己心)에서 찾을 수 있다. 인仁은 추기급인推己及人·애인여기愛人如己를 통해 드러난다.

---

34) 唐君毅, 『中國哲學原論—原道篇』 一, 92~94쪽.
35) 唐君毅, 『生命存在與心靈境界』 下冊(臺灣學生書, 1986), 156쪽.
36) 김태용, 「탕쥔이의 도덕이상주의: 도덕자아와 심령경계」, 중국현대철학연구회, 『처음 읽는 중국현대철학』(동녘, 2016), 174쪽.
37) 김태용, 「탕쥔이의 도덕이상주의: 도덕자아와 심령경계」, 중국현대철학연구회, 『처음 읽는 중국현대철학』, 183쪽.

자기가 자기 자신이 바라는 것을 만족시키듯이 남으로 하여금 그가 바라는 것을 만족시키게끔 한다고 하자. 이런 사랑(愛)은 반드시 남이 어떤 바람을 갖고 있다는 것을 앎과 동시에 자기도 그러한 바람이 있었을 때 그 바람을 충족시키고자 했던 일이 있었음을 자각(自覺)하는 것이 필요하다. 그리하여 이성理性에 의해 남의 바람도 마땅히 만족시켜야 함을 동등하게 인정하게 되고, 나아가 남을 자기처럼 여겨서 그의 바람을 만족시키고자 할 수가 있다. 바로 '남을 자기처럼 여겨서 그의 바람을 만족시키고자 하는' 우리의 의식에서 우리는 자기와 남을 아우르는(涵蓋人我) 인심仁心을 자각할 수 있다. 자기가 바라지 않는 바를 남에게 베풀지 않음(己所不欲, 勿施於人)으로써 남의 바람을 외면하지 않고, 자기가 바라는 바를 다 '남이 행히게 함(己所欲, 皆施於人)으로써 남의 바람을 따르는 것은 똑같이 인심仁心을 고양하여 표출한 것이다. 성기成己·성물成物의 서와 "기욕립이립인己欲立而立人, 기욕달이달인己欲達而達人"의 서에 이르러서 사람들이 모두 인인仁人이 되고 성현聖賢이 되어 세상 사람들이 다 인仁으로 돌아가기를 소망한다면 인심을 최고로 실현하게 될 것이다.[38]

　이것이 당군의가 말하는 아홉 단계(九境) 가운데 도덕실천의 단계(道德實踐境)에 해당한다. 바로 서로를 독립적 인격으로 보고 그 도덕주체를 인정하며 자기는 물론 상대를 돕는 삶을 사는 단계이다. 서로가 사람과 사람이 감통感通하는 것이 인仁이다. 생활 속에서 충이라는 항덕恒德을 유지하며 서, 즉 입기立己, 달기達己의 성기成己와 입인立人·달인達人의 성물成物을 실천함으로써 서로 공존하는 가운데 인仁의 덕德을 완성하게 된다.[39] 학자의 충서가 여기에 해당한다고 할 수 있다. 또한 천인상하天人上下의 간극도 관통하고 물아내외物我內外의 구분도 관통하여 주관과 객관을 융화시킴으로써 마침내 주관과 객관을 초월하는 단계

38) 唐君毅, 『文化意識與道德理性』(臺灣學生書局, 1986), 545~546쪽.
39) 唐君毅, 『生命存在與心靈世界』 上冊(臺灣學生書局, 1986), 631~635쪽.

(超主觀客觀之境)가 바로 천덕유행의 단계(天德流行境)이다. 공자와 같은 성인의 충서는 이 천덕유행의 단계에 해당된다.[40]

### 3) 서복관徐復觀

서복관에 따르면, 공자에게 있어서 인仁은 공부工夫로서 모든 학문과 행위의 동력이며, 또한 본체本體로서 모든 학문과 행위의 귀착점이다.[41] 사람이란 존재의 근원인 인仁은 타인(人)과 자기(己)를 겸섭兼攝한다. 일반적으로 "기욕립이립인己欲立而立人, 기욕달이달인己欲達而達人"에서 입기立己와 달기達己 · 입인立人과 달인達人을 자기에 관한 일과 타인에 관한 일로 나누어 보는데, 이것은 양자가 필연적으로 상호 함섭含攝의 관계임을 모르는 것이다. 입기와 달기 안에는 필연적으로 입인과 달인이 함축되어 있으므로 입인과 달인은 필연적으로 입기와 달기에서 비롯된다. "기욕립"에서 "입인"으로, "기욕달"에서 "달인"으로 이어지는데 있어서의 관건關鍵은 자신을 돌이켜 살펴봄으로써 도덕적 자각을 한 뒤 그로부터 끝없이 나오는 도덕적 마음에 있다. 그 도덕적 마음이 인仁이다. 인의 본체本體는 인의 공부인 충서를 함축하며, 인을 실현하는 공부가 또한 곧 인의 본체이기도 하다.[42]

서복관은 인仁 자체를 사람의 자각적 정신상태로 본다. 이 자각적 정신상태를 분명하게 드러내려면 두 가지 측면을 포함해야 한다. 하나는 자기 자신에 대해서는 인격의 수립과 지식의 추구를 무한하게 요구하는 것이고 다른 하나는 타인에 대해서 아무런 조건 없이 끝까지 다해야 하는 무한한 책임을 느끼는

---

40) 唐君毅, 『生命存在與心靈世界』 下冊(臺灣學生書局, 1986), 155~156쪽.
41) 徐復觀, 『中國思想史論集』(臺灣學生書局, 1983), 232~233쪽. 학문과 행동은 지식 추구와 인격 완성 두 측면을 가리킨다.
42) 徐復觀, 『中國思想史論集』 續編(時報文化出版事業有限公司, 1985), 372~374쪽.

것이다. 간단히 말하면 인(仁)의 자각적 정신상태는 성기(成己)와 동시에 성물(成物)을 요구하는 정신상태이다. 이 정신상태는 배움에 있어서 동기·방향·목적 측면에 힘쓰는 것이고, 또한 이 정신을 생활상의 구체적인 행위 안에 자리 잡도록 하는 것이 인을 실현하는 공부이며 방법이다. 공자의 일관지도는 당연히 인이다. 충서는 바로 인을 실천하는 공부이며 방법이다. 충은 성기의 측면이고, 서는 성물의 측면이다.[43]

그는 학자(學者)와 인인(仁人)의 차이를 설명하면서, 진기(盡己)가 충이기는 하지만, 어떤 충은 서(恕)로 통할 수가 있고 어떤 충은 꼭 서로 통하지는 않는다. 서(恕)야말로 자타가 하나 되는 교량이며 인(仁)의 자각적 경험이다. 그러므로 서는 직접 인으로 통하는 공부이다. 자기 학문에 충실하시만 서의 공부가 결여된 사람은 학자이기는 하지만 인인은 아니다. 학문적 성취를 이룬 고금의 수많은 이들이 학자라고 부를 수는 있겠지만 인인이라고 부를 수는 없는데, 이것은 결코 그들의 학문이 인(仁)과 대립된다거나 그들의 학문이 인(仁)을 포괄할 수 없어서가 아니다. 그들은 단지 인지적 차원에서의 자각은 있지만 이러한 인지적 차원의 자각을 성기와 성물에 의거하여 전체적으로 하나가 되는 인으로 승화시키지 못한 것이다.[44]

서복관이 충서를 성기·성물의 차원에서 이해하고 그것이 인(仁)을 실현하는 길이라고 본 것은 마음(心)에 대한 그의 사상과 연결된다. 그는 중국문화의 기본 특징을 '마음의 문화'(心的文化)라고 하면서, 마음(心)을 "형이중자(形而中者)"로 규정하고, 마음의 문화·마음의 철학을 "형이중학(形而中學)"으로 불러야 한다고 했다. 그가 주목한 것은 가치의 근원이며 도덕의 주체(主體)로서의 마음이다.[45]

43) 徐復觀, 『中國人性論史』(臺灣商務印書館, 1984), 91·93쪽.
44) 徐復觀, 『中國人性論史』, 96쪽.
45) 徐復觀, 『中國思想史論集』, 243쪽과 248쪽. 정상봉, 「서복관의 공자 및 유가 사상에 관한 연구방법과 그 성과」, 『인문과학논총』 제29집(건국대학교 인문학연구원, 1997), 17

공자의 "일이관지—以貫之"는 다름 아닌 공자가 인생의 가치를 완성한 정신상태를 보여 주었다. 다시 말해 공자는 인仁을 완벽하게 일상의 행위 속에 관통시킨 것이다. 그렇지만 "일이관지"가 최종 득도한 것을 말한 것이라거나 자신의 최고 경지를 내보여서 도를 전하는 의미가 있는 것은 아니다. 이에 그는 주자가 "성인의 마음은 혼연히 하나의 이치이다"[46]라고 기술한 것은 그 경지를 좀 높게 평가했다고 보았다.[47]

### 4) 모종삼牟宗三

모종삼은 공자의 진정한 생명은 인仁에 있다고 하였다. 인은 자기 깨달음으로 말미암아 신체를 지닌 개별 존재를 초월해서 드러난다. 바로 정신세계요, 가치의 근원이 열리는 것이다. 인심仁心이 드러남에 따라서 행하는 것이 인도仁道다. 공자는 자신이 덕성생명德性生命을 지닌 존재임을 통찰하여 인체仁體로 하여금 환하게 드러나게 하여 그것을 따라 행하니 어디를 가나 인도 아닌 것이 없다. "기욕립이립인己欲立而立人, 기욕달이달인己欲達而達人"은 진정한 인도로서 충서를 달리 설명한 것이다. 다시 말해 인의 진실을 그대로 드러내어서 충서의 공부로 구체화된 것이다.[48] 만약 덕성생명의 정진精進이 인심과 인도를 벗어난다면 일관할 수가 없을 것이다.

모종삼은 이러한 인仁과 충서에 대한 이해를 발판으로 명도와 이천이 충서를 설명한 대목에 주목하여 양자를 비교하였다. 앞서 살펴보았듯이 명도는 충서를 설명할 때 『시경』 「주송周頌」의 "유천지명維天之命 오목불이於穆不已"를

---

쪽 참고.

46) 『論語集註』, "聖人之心, 渾然一理."
47) 徐復觀, 『中國思想史論集』, 232~233쪽.
48) 牟宗三, 『心體與性體』 一(正中書局, 1987), 218쪽.

인용하였는데, 이것은 본체우주론本體宇宙論적 실체實體의 가장 시초이고 가장 근원적인 지혜를 밝힌 것이라고 하였다. 이 실체는 심心이고, 신神이며, 리理이다. 그것은 본심本心이고 "동이무동動而無動, 정이무정靜而無靜"의 신神이며, 또한 리理이다. 이 리는 동태적 리이며, 본체우주론적 리이고, '활동하면서 존재하는'(卽活動卽存有) 리이다. 다시 말해 단지 정태적靜態的 리가 아니고, 본체론적 존재(存有)의 리도 아니다.49) 또한 "문왕지덕지순文王之德之純, 순역불이純亦不已"는 도덕창생道德蒼生의 실체이고 입체적으로 수직적으로 관통하는 실체이다. 이 실체는 천명유행天命流行의 체體이다. 천天은 끊임없이 명령을 내리는데, 형이상적으로 말하면, 끝없이 창생의 작용을 일으키는 용用을 가리켜 말하는 것이다. 이 끝없이 작용을 일으키는 것에 대해서 '유행流行'이라고 말하는 것이다. 천명의 유행은 기氣 차원의 일이 아니고, 기화氣化의 과정도 아니며, 현실세계에 존재하는 사물의 변화 과정도 아니다. 그것은 성체誠體 신체神體 적감진기寂感眞機의 신묘한 작용이다. 이처럼 천명불이天命不已의 실체實體를 훤히 꿰뚫어 본 학자는 바로 명도이다.50)

그는 명도가 "'천명은 아 심원하여 그침이 없구나'(維天之命, 於穆不已)는 충이 아닌가? '천지가 변화하여 초목이 무성하다'(天地變化草木蕃)는 서가 아닌가?'라고 말한 것과 이천이 "'천명은 아 심원하여 그침이 없구나'는 충이요, '건도가 변화하여 (만물이) 저마다 성명을 구비하게 되었다'(乾道變化, 各正性命)는 서이다"라고 말한 것51)을 비교하면서 명도가 말한 "천지가 변화하여 초목이 무성하다"는 천명이 끝없이 이어짐, 즉 도체道體가 확충擴充되는 사상事象의 용用을 말한 것이

49) 牟宗三, 『心體與性體』 二(正中書局, 1987), 106~107쪽.
50) 牟宗三, 『心體與性體』 二, 114쪽.
51) 『河南程氏外書』(『二程集』, 中華書局 표점본, 392쪽), 卷7, 「胡氏本拾遺」, "明道曰: "維天之命, 於穆不已", 不其忠乎? '天地變化草木蕃', 不其恕乎? 伊川曰……'維天之命, 於穆不已', 忠也; '乾道變化, 各正性命', 恕也.'"

라고 하였다. 그런데 이천이 인용한 "건도가 변화하여 (만물이) 저마다 성명을 구비하게 되었다"라는 구절은 명도가 언급한 "천명은 아 심원하여 그침이 없구나"의 다른 표현에 불과하다. 건도는 천도이고, 곧 천명실체天命實體이다. 이에 모종삼은 동일한 내용을 두고 충과 서로 나누어 말한 이천은 너무도 분명하게 그 실질을 통찰해 낸 명도만 못하다고 평가하였다.[52] 명도와 이천에 대한 모종삼의 평가는 그가 송명리학宋明理學을 바라보는 시각이 반영되어 있다.

모종삼은 송명리학을 정이천-주자 계열과 육상산-왕양명 계열, 그리고 주렴계·장횡거·정명도-호오봉-유즙산 계통의 셋으로 나눈다. 정이천-주자 계열에서 말하는 리理는 '존재는 하지만 활동하지 않는다'(只存有而不活動). 또한 공자의 인仁도 단지 리일 뿐이라고 보고 맹자가 말한 본심本心도 심기心氣의 심으로 보아서 도덕창생道德蒼生의 세계를 열 수가 없다. 그에 비하여 다른 두 계통은 『논어』·『맹자』·『역전』·『중용』을 표준으로 삼는 체계를 이루어 '활동하면서 존재하는'(卽活動卽存有) 리를 말하여 유학의 정통임을 보여 주었다.[53]

또한 모종삼은 리학理學의 공부를 이천·주자의 격물궁리格物窮理의 길을 따르는 순취지로順取之路와 공맹의 뜻에 따라 육왕陸王이 추구하였던 공부를 따르는 역각지로逆覺之路로 나누어 보았다. '역각'은 맹자가 짚어 낸 "반지야反之也"이다. 이것은 도덕생명道德生命인 사람이 본래 갖추고 있는 도덕주체道德主體로서의 본심本心을 돌이켜 살핌으로써 깨닫는 것을 가리킨다. 역각은 또한 "유천지명維天之命, 오목불이於穆不已"의 창생실체蒼生實體요 본체本體를 되돌이켜 깨닫는 것이

---

52) 牟宗三, 『心體與性體』 二, 7쪽.
53) 牟宗三, 『心體與性體』 一, 49쪽. 牟宗三, 『宋明理學的問題與發展』(聯經, 2003), 161쪽 참고. 그는 또 플라톤의 이데아가 단지 形式으로서 활동하지도 않고 蒼生性도 없는 것처럼 이천-주자의 理도 "존재할 뿐 활동하지 않는다"고 하였다. 이 문제에 대해서는 다음 논문을 참고할 만하다. 황갑연, 「현대신유학자 牟宗三의 주자 도덕철학 이해에 대한 재고—모종삼의 '卽存有卽活動'과 '只存有而不活動'論을 중심으로」, 『중국학보』 제56집(한국중국학회, 2007).

다. 이 천명불이의 본체에 근거하여 실천함으로써 성현聖賢이 될 수 있다. 이러한 공부를 본체적本體的 공부工夫라고 한다. 그러나 주자의 격물궁리 공부는 혹 일반인들의 교화에는 도움을 주겠지만 공맹의 가르침에 담긴 본체적 공부에서 벗어나 있다.[54]

모종삼이 충서를 해석함에 있어서 명도를 높이 평가하고 이천의 착오를 언급한 것은 송명리학을 바라보는 그의 교판적教判的 시각에서 비롯한 것이다.[55] 그의 강한 학적 주장은 자기 정합적인 이론 체계 속에서 제기된 것이므로 면밀한 고찰을 통하여 정확한 이해를 해야 한다.

## 4. 나가는 말

공자가 말한 일관지도一貫之道를 증자가 충서忠恕로 설명함으로써 공자의 인도仁道가 구체적으로 기술되었다. 그런데 『중용』에도 충서를 말한 구절이 나온다. 두 문헌에서 언급한 충서가 과연 어떤 차원에서 언급된 것이며 또 그 맥락적 의미는 무엇인지에 대하여 후대의 여러 학자들이 다양한 해석을 내놓았다. 또 유가 문헌에 기술된 충忠이나 서恕와 관련한 구절들이 어떤 상관성을 지니며 그 정합적 의미는 무엇인지 밝히는 작업도 지속적으로 이루어져 왔다.

비록 유학사에서 충서 개념이 거대 담론을 주도한 적은 없었지만 적어도

---

54) 『牟宗三先生講演錄─實踐的智慧學』 伍(財團法人東方人文學術基金會, 2019), 86~87쪽 참고.
55) 모종삼의 주자철학에 대한 비판을 소개하고 그에 대한 평가를 한 논문으로는 다음을 참고할 만하다. 조남호, 「모종삼의 주희 비판과 그에 대한 재평가」, 『철학사상』 제37집(서울대학교 철학사상연구소, 2010).

인仁의 실천 방법을 대표한다는 점은 모두가 수긍을 하였다. 여러 유학자들이 충서를 언급하기는 했지만 이론 체계적인 주장을 한 학자로는 단연 이정二程과 주자를 꼽아야 할 것이다. 이정에서 주자로 이어진 충서론은 향후 성리학이라는 사유 전통의 핵심으로 자리를 잡았다. 이정과 주자에 따르면, 공자의 일관지도로서의 충서는 성인聖人의 충서이지만 『중용』의 "충서는 도에서 멀지 않다"의 충서는 학자學者의 충서이다. 아무런 사심이 없는 성인의 충서는 어떤 작위도 없는 천지의 충서에 근거한 것이며 양자 사이에는 어떠한 간극도 없다. 정주의 충서론에서는, 충과 서는 체體와 용用의 논리 구조를 갖고 있으며, 그 둘을 일리一理 또는 일본一本과 만수萬殊의 관계로 본다. 특히 주자는 학자의 충서에 주목하여 충서가 제대로 행해지지 않는 문제 상황을 설정한 뒤 그 해결 방안으로 궁리窮理와 정심正心의 공부를 제시하였다.

물론 천지의 충서가 충서의 본원이며 성인의 충서는 충서의 극치라고 하지만, 과연 양자의 관계를 어떻게 이해해야 할 것인가? 또 일상생활 속에서 어떻게 충서를 실천해야 하는가? 하는 문제는 유학자들의 끊임없는 관심사였다. 당대신유가當代新儒家로 일컬어지는 학자들도 동서문화 충돌의 상황에서 이 문제를 여러 방식으로 풀어냈다. 신실재론의 입장에서 주자의 철학을 선호했던 풍우란은 "기욕립이립인己欲立而立人, 기욕달이달인己欲達而達人"을 충, "기소불욕己所不欲, 물시어인勿施於人"을 서恕로 보았다. 반면 도덕 자아의 자기 초월을 통한 천덕유행天德流行을 최고라고 내세운 당군의는 전자를 적극적 서, 후자를 소극적 서라고 하였다. 또 마음을 형이중자形而中者로 규정하고 마음의 문화에 주목한 서복관은 충과 서를 성기成己와 성물成物 두 측면으로 나누어 보았다. 끝으로 모종삼은 유가의 도덕형이상학을 표방하면서 송명리학을 세 계통으로 나눈 뒤 정이천−주자 계통은 정통에서 벗어나 있다고 하였는데, 충서를 풀이하면서도 명도의 이해가 옳고 이천의 설명은 부족하다고 하였다. 천명유행天命流行, 즉 "활동하면서 존재하는"(卽活動卽存有) 천리天理가 끊임없이 드러나듯이 인심仁心의 직접적 발로를 통해 도덕주체道德主體는 도덕창생의 지평을 열어 간다는 확고한 학적 믿음을 지닌 그는 이천의 충서론을 폄하하고 나아가 주자의 격물궁리 공부마저 유학의 진정한 공부가 아니라고 보았다. 이상과 같은 당대신유가의 다양한 해석 가운데 국내 연구자들은 비교적 당군의의 관점을 취하고 있다. 이것은 서를 소극적 측면과 적극적 측면으로 나누어 이해하는 것이 더 타당하다고 보기 때문일 것이다.

오늘날 우리가 충서에 관한 전통적 해석과 현대적 이해를 두루 고찰하고 그 학적 의의를 논하는 것은 여전히 의미 있는 작업이다. 뿐만 아니라 현대인의 실천윤리 속에 충서를 어떻게 담아낼 수 있을 것인가도 매우 중요한 문제이다. 충忠이 중中과 심心의 합성자라는 측면을 염두에 둔다면 선한 동기에 입각한 도덕 실천의 경우 실천의 완성을 담보할 수 있는 마음의 일관성一貫性 유지를 강조한 것으로도 볼 수 있다. 또한 정주가 무망無妄을 충忠과 성誠 양자에 해당하는 것으로 본 것은 충성忠誠의 의미를 진정성眞情性이나 진실성眞實性으로 이해할 수가 있음을 보여 준 것이다. 서恕에 관해서는 이미 학계에서 다양한 논의들이 진행되어 왔는데, 앞으로 배려 윤리를 비롯해 책임 윤리나 덕 윤리와도 연계하여 논의를 확장할 필요가 있다고 하겠다.

# 제2장 모종삼의 주희 도덕철학 이해의 득得과 실失*
## – 주희의 심구리心具理와 심지心知를 중심으로

황갑연

## 1. 들어가는 말

동아시아의 전통 학술계에 영향을 끼친 철학자로서 아마 주희만큼 분량을 차지하는 학자는 없을 것이다. 주지하고 있는 바와 같이 주희철학은 송명리학의 대종이었고, 명·청 양 대의 통치 이데올로기의 중심이었다. 또한 조선 500년 동안 정치와 문화 그리고 사상과 윤리관은 주희철학의 지속 발전의 양상으로 전개되었다. 이처럼 주희철학이 송·원·명·청 그리고 조선과 일본 사상계에 막대한 영향을 끼친 것에는 정치적 요소 그리고 선종으로부터 학술의 주도권 회복이라는 시대정신 등 다양한 외연적 요소가 있었지만, 학술사상 내면적으로도 여러 창의적인 국면을 전개하였기 때문이다. 주희는 선진유가철학에서는 구체적으로 드러나지 않은 형이상학 체계를 수립하였고, 또한 유가적 세계관과 인생관 및 가치관을 심성론과 형이상학이라는 두 범주로 일관되게 정립하였으

* 이 논문 또는 저서는 2012년 정부(교육부)의 재원으로 한국연구재단의 지원을 받아 수행된 연구임(NRF-2012S1A5A2A01018077)
본 논문은 『범한철학』 제74집(2014.9.)에 게재된 논문을 수정 보완한 것임.

며, 다욱 중요한 것은 리기론과 심성론 및 공부론을 한 치의 오류도 없는 엄정한 정합성의 체계로 갖추었다는 점이다. 뿐만 아니라 그는 공자·증자·자사·맹자라는 새로운 계통의 도통을 정립하였으며, 북송 제유諸儒의 우주론과 심성론에서 취할 것은 취하고, 버릴 것을 버리면서(取其取, 捨其捨) 송명리학을 집대성하였다. 때문에 전목은 "중국 역사에서 고대에는 공자가 있었고, 근대에는 주자가 있었다"[1]고 평하였다.

그러나 거의 900년 동안 동아시아의 주도적 이념이었던 주희철학은 당대신유가當代新儒家들이 등장하면서부터 그 지위와 권위에 약간의 변화가 보이기 시작하였다. 이러한 움직임은 1940년대부터 시작되었지만, 1980년대에 이르러 본격적으로 대만과 홍콩을 중심으로 맹자학과 육왕학 계통의 학술이 정주학 계통의 학술을 대신하여 중심 화두로 등상하였으며, 주희철학은 송명리학의 대종이라는 지위만을 유지한 채 정통(-正宗)의 지위는 육왕에게 내주어야 하는 위기(?)에 몰려 있다. 필자가 보기에 수적으로만 보면 주희철학의 권위에 우호적인 학자가 다수를 차지하고 있지만[2] 명대 이후 관학이라는 부동의 지위를 차지해 온 주희철학의 권위를 일순간에 뒤흔든 날카로운 학술적 무기를 창출한 학자가 출현하였는데, 그가 바로 모종삼이다.

모종삼의 주희철학 공격 무기는 복잡하게 보인다. 그러나 『심체와 성체』(心體與性體)를 근거로 종합해 보면, 다음 몇 가지로 요약할 수 있다. 모종삼은 주희 도덕론을 타율도덕으로 규정하였다. 타율도덕으로 규정한 본체론적 근거가

<hr>

1) 錢穆, 『朱子新學案』(臺灣: 三民書局, 1982), 1쪽.
2) 그중 대표자는 錢穆과 馮友蘭 및 陳榮捷이다. 錢穆은 "주희의 철학사유와 정신을 윤리적일 뿐만 아니라 과학적"(錢穆, 『朱子新學案』, 1982, 93쪽)이라고 하였고, 陳榮捷은 "주희는 많은 것을 창신하였고, 성리학을 완성하였다"(陳榮捷, 『新儒學論集』, 臺灣: 中央研究院中國文哲研究所, 1995, 139쪽)라고 하였으며, 馮友蘭은 "주희는 성리학의 집대성자이다"(馮友蘭, 『三松堂學術文集』, 北京大學出版社, 1984, 26쪽)라고 평가하였다.

바로 '지존유이불활동只存有而不活動3)'이며, 방법상의 공부론은 순취지로順取之路4)이다. 모종삼은 이러한 주희의 학술 체계 성격을 종합적으로 횡섭계통橫攝系統5)으로 규정하였다. 타율도덕은 자율도덕, '지존유이불활동'은 '즉존유즉활동卽存有卽活動', '순취지로'는 역각체증逆覺體證, 본질윤리는 방향윤리, '횡섭계통'은 '종관계통縱貫系統'과 대립된 개념 규정이다. 그는 '자율도덕'··'즉존유즉활동'··'역각체증'··'방향윤리'··'종관계통' 성격의 도덕철학에 송명리학의 정종正宗이라는 지위를 부여하였으며, '타율도덕'··'지존유이불활동'··'순취지로'··'본질윤리'··'횡섭계통' 성격의 도덕철학을 별자지종別子之宗으로 규정하면서, 또한 기출岐出로 전락시켰다.

필자는 이 논문에서 심구리心具理와 심지心知를 소재로 주희 도덕론에 대한 모종삼 이해의 득실을 논해 보고자 한다. 필자가 이 주제를 선택한 이유는 모종삼의 사유 형식에 따라 주희 도덕론을 이해하였을 때 해결하기 어려운 몇 가지 의문이 있었기 때문이다. 첫째, 사견지간事見之間에 드는 측은지심은 거경함양과 격물치지를 경유하여 발현된 선정善情인가? 둘째, 지각을 본질 작용으로 하는 심은 왜 도덕법칙(리)에 대하여 무조건적인 희열과 관심을 갖는가? 셋째, 모종삼에 따르면, 리에 대한 심은 인식은 하나의 지식일 뿐인데, 이 지식

---

3) '只存有而不活動'은 '단지 존유일 뿐 활동하지 않는 실체'로서 주희의 性理를 의미하고, '卽存有卽活動'은 '존유이면서 활동하는 실체'로서 맹자와 육왕의 心性을 의미한다.
4) '順取'에서 '順'은 '따르다'의 의미이다. 즉 格物窮理를 통하여 대상과 대상에서 얻은 지식을 '따른다'는 것이다. '取'는 그 지식을 취하여 자신의 행위 방향으로 결정한다는 의미이다. 逆覺이란 자신에게 갖추어져 있는 본체의 자각작용에 근거하여 본체를 체증하는 방법이다. 모종삼에 의하면, 역각의 방법에는 두 가지 서로 다른 길이 있다. 하나는 內在的 逆覺體證이고, 다른 하나는 超越的 逆覺體證이다.
5) 橫攝은 靜涵靜攝의 또 다른 표현이다. 靜涵은 心氣를 靜的으로 含蓄(居敬涵養)한다는 의미이고, 靜攝은 인식적인 방법으로써 종합하고 攝取(格物致知)한다는 의미이다. 이것과 반대되는 것이 縱貫 혹은 直貫系統이다. 直貫은 본체와 우주론이 서로 관련적 관계로 이루어지지 않고, 본체의 작용을 근거로 우주의 변화를 설명하는 것이다. 卽存有卽活動의 본체를 긍정한 학술계통을 의미한다.

은 필연적으로 의념을 순화하여(誠意) 행위를 선으로 주재하는가? 넷째, 왜 주희는 격물치지를 통한 리에 대한 인식을 해설하면서 '무無'에서 '유有'라는 표현을 하지 않고 '조粗'에서 '정精'으로, 혹은 '천淺'에서 '심深'으로 라는 정도 의미의 표현을 사용할까?

필자는 주희의 입장에서 이상의 문제를 보다 매끄럽게 해설하려면 심과 리의 관계에 대한 모종삼의 규정, 즉 심구리를 당구當具로 규정하고, 리에 대한 심의 인식을 후천적인 섭지攝知로 규정한 모종삼의 견해를 수정해야 한다고 생각한다.[6] 그리고 필자의 문제 제기에 정당성이 있다면, 주희철학에 대한 모종삼의 규정은 재론의 여지가 있을 수밖에 없을 것이다. 필자는 『주자어류』와 『주문공문집』에 수록된 주희의 언설에서 심구리의 본구本具, 그리고 리에 대한 심의 본지本知 성분을 적지 않게 발견하였다. 필자가 주희 도덕론에 대한 모종삼의 규정에 회의감을 갖는 것은 문헌에 근거한 사실적 문제도 있지만, 그것보다는 섭지 혹은 당구로 규정하였을 때 위에서 소개한 주희 도덕론의 난제를 해결하기 어려웠기 때문이다.

---

6) 牟宗三은 주희의 도덕론에서 心具理의 具는 후천적인 격물궁리의 인식 결과라고 한다. 필자는 모종삼과 달리 心이라는 존재는 선천적으로 所以然之理를 갖추고 있고, 이 理는 단순한 존재의 理가 아니라 도덕행위에서 일정 부분 역할을 담당하고 있으며, 격물궁리는 사물에 있는 理의 인식을 통하여 心이 본래적으로 갖추고 있는 理를 印證하는 과정과 방법이라고 생각한다. 그렇다면 心具理는 當具가 아니라 本具인 것이다. 또한 攝知는 理에 대한 心의 후천적인 인식의 의미이고, 本知는 필자의 주장으로서, 心은 대부분 사물에 있는 理를 인식하여 本具하고 있는 理를 인증하고, 또 그것을 자신의 德으로 삼지만, 어떤 경우에는 居敬과 格物의 과정 없이도 心은 즉각적으로 理를 인식하여 顯現할 수 있다는 의미이다. 이 논문에서 필자는 本知를 完全知(知至)로 오해하지 않기 위하여 本知에 대하여 '일정 부분'이라는 제한적 표현을 누차 하고 있다.

## 2. 유가의 도덕론에 대한 모종삼의 기본 사유

　　모종삼의 주희철학에 대한 이해와 규정의 적부適否를 올바르게 파악하려면, 먼저 '모종삼 철학의 중점이 무엇인가'와 도덕철학에 대한 그의 독자적인 인식에 대한 이해가 전제되어야 한다. 모종삼은 철학함의 중점을 대상세계에 대한 인식과 개념적 분석에 두지 않았고, 도덕론에서도 '무엇이 선인가' 등의 본질윤리적 성격이 아닌 삶의 이상성을 구축하고 그것을 실현 가능성을 이론적으로 확립하는 방향윤리에 중점을 두었다. 더 나아가 유가철학의 궁극적 지향점인 '천인합일'의 실현을 위하여 존유와 당위를 하나의 심체心體에 포괄시켜 도덕형이상학을 건립하고자 하였다.

　　모종삼의 학술 초기에 가장 큰 영향을 끼친 학자는 칸트와 헤겔이다. 모종삼은 칸트야말로 서양윤리학에서 자율도덕론의 전형이라고 생각하였다. 그러나 모종삼이 칸트에게서 계발을 받았지만, 그의 정신생명을 완전하게 결정한 것은 아니었다. 정가동은 칸트철학과 모종삼철학을 '따라서'(順著)·'이어서'(接著)와 '비교'(比照)로써 설명하는데, 매우 적절한 표현인 것 같다. 모종삼의 『심체와 성체』(心體與性體)와 『육상산에서 유즙산까지』(從陸象山到劉蕺山)는 칸트에 '따라서'(順著) 말한 것인데, 이는 칸트에 '비추어서'(照著) 말한 것이 아니라 '이어서'(接著) 말한 것이다. '이어서'라는 것에는 일종의 발전과 '방향을 돌린다'(扭轉)는 의미가 포함되어 있는데, 이는 모종삼이 칸트의 사유로부터 한 걸음 더 나아가 자신의 도덕론 사유를 정립하였다는 의미이다. 이곳에서 모종삼이 긍정하는 칸트의 사유는 비록 여러 가지로 해설할 수 있지만, 핵심은 자율도덕론이고, 세부적으로 말하면 의지의 자유(규범에 대한 의지의 입법성) 혹은 지적 직각(양지의 明覺) 이념의 제시이다. '한 걸음 더 나아간' 발전은 칸트가 의지의 자유를 요청하였다면 모종삼은 맹자의 '인의내재'와 육왕의 심즉리를 근거로 의지의 자유가 요청이 아닌 실제로 드러나는 정현(呈現)의 사실로 긍정하였다는 점이다. 칸트와 '비교(比照)하여 말한 것은 『지적 직각과 중국철학』(智的直覺與中國哲學)과 『현상과 물자신』(現象與物自身)이다. 이곳에서 모종삼은 중국철학과 칸트의 차이성을 집중 논의하는데, 주요 내용은 지적 직각의 실질적 유무에 관한 것이다.[7] 칸트에 의하면 자유와 지적 직각은 도덕론에서 필연적으로 요청되지만 그에 대한 논리적 증명이 불가하기(不可知) 때문에 요청 혹은 가설로 전제한다. 그러나 모종삼은 맹자의 '인의내재'와 육왕의 심즉리를 근거로, 의지는 도덕법칙에 대하여 결정자이고, 역각체증을 통하여 당장에서 실증 가능한 것이어서 실유(實有)라고 한다. 만일 의지의 자유와 지적 직각이 실유가 아닌 이성적 사유에 의한 요청이라면 기타 존재와 질적으로 다른 인간 존재의 이상성과 존엄성을 수립하기 어렵고 유한적 존재이면서 무한의 가치 실현이 실질적으로 어렵다는 것이 바로 모종삼의 생각이다.[8] 이것이 바로 '뉴전(扭轉)'이고, 발전이다.

하나의 진정한 도덕행위가 가능하기 위해서는 의지의 자유가 전제되어야 한다는 것에 대해서 모종삼과 칸트 모두 긍정한다. 그러나 모종삼은 칸트가 의지의 자유를 객관적인 실유로 긍정하지 않고 하나의 요청으로 인식한다면 도덕실천력은 필연적으로 약화될 수밖에 없다고 생각하였다. 또 칸트는 존재와 당위를 구분하여 자유의지는 오로지 당위의 영역에서만 유효하다는 것에 대해서도 만족하지 못하였다. 모종삼은 이 문제의 해결처를 맹자와 육왕의 심학에서 찾았는데, 그 해답은 다름 아닌 맹자의 '인의내재(仁義內在)'와 육왕의 심즉리, 그리고 맹자의 '진심지성지천(盡心知性知天)'으로써 『중용』의 '천명지위성(天命之謂性)'

---

7) 鄭家棟, 『牟宗三』(臺灣: 東大圖書公司, 2000), 107~108쪽.
8) 신은 무한 자체이기 때문에 신의 영역에서 무한이라는 말은 의미가 없다. 모종삼에 의하면, 무한의 진정한 의미는 유한적 존재가 무한의 가치를 실현함에 있다고 생각한다. 그에 따르면 心卽理의 心이 바로 무한적 가치를 실현할 수 있는 근거인 것이다.(牟宗三, 『知的直覺與中國哲學』, 臺灣商務印書館, 1971, 193쪽)

을 포괄하는 것이었다.

모종삼은 맹자를 근거로 칸트를 소화하려고 하였고, 맹자를 기준점으로 삼아 중국유가철학 전후 사상의 전승과 발전을 해설하고 규정한다. 그는 맹자의 '인의내재'를 근거로 공자의 '인(仁)'을 일반적인 인의교화의 인과 예악의 인륜으로만 이해하지 않고 더 나아가 도덕주체생명으로 이해하였으며[9], 맹자의 양지와 양능 작용을 근거로 공자의 인에 '각(覺)'과 '건(健)'의 작용이 갖추어져 있음을 추론하였다. 뿐만 아니라 맹자가 말한 "추구하면 얻고 버리면 잃는다"(「告子上」, "求則得之, 捨則失之.")와 공자의 "내가 인을 실현하고자 하면 이 인은 그 자리에 다가온다"(「述而」, "我欲仁, 斯仁至矣.")를 연결하여 지적 직각이 가설이 아닌 실유의 정현임을 증명하려고 하였다.

모종삼에 따르면 '인의내재'는 '인의내재어성(仁義內在於性)'임과 동시에 '인의내재어심(仁義內在於心)'이다. 성은 객관적인 존유로서 『중용』의 '천명지위성(天命之謂性)'이 이에 해당하지만, 만일 오로지 객관적인 성에 근거한 의지의 표현만을 선으로 규정한다면 이는 존유론으로써 도덕을 설명한 것으로 주체의 자율을 적극적으로 설명하기 어렵고, 더 나아가 인간의 주체생명을 질식시키는(以理殺人) 지경에 이를 것이기 때문에 '성을 심에 통섭시키고'(攝性於心), '존유를 활동에 통섭하며'(攝存有於活動), '객관을 주관에 통섭시켜'(攝所歸能)야만 비로소 존유의 실체(성)가 활동의 자유의지(심)와 일체화되고, 비로소 도덕실천 역량이 극대화될 수 있다고 생각하였다. 때문에 모종삼은 『중용』의 '천명지위성(天命之謂性)'을 먼저 내세우지 않고 맹자의 '진심지성지천(盡心知性知天)'을 근거로 심성을 '천소여아자(天所與我者)'로 규정하였고, 그것을 근거로 다시 『중용』의 '천명지위성'을 수용하였다.

---

9) 『心體與性體』 1冊(臺灣: 正中書局, 1990), 13쪽.

또한『심체와 성체』에는 성리지학性理之學이라는 표현 대신에 심성지학心性之學이라는 용어가 다수 등장한다. 모종삼은 성리지학이라는 표현이 쉽게 정주학의 성리를 연상시키고, 그것으로는 송명리학 심성의 의미를 개괄할 수 없기 때문[10]이라고 하지만, 성리를 적극 내세우게 되면 객관적인 존유 의미에 심의 활동 의미가 가려지기 때문이다. 모종삼은『중용』의 '천명지위성天命之謂性'에서는 직접 성의 활동 의미(심)를 도출하기 어렵기 때문에 '진심지성盡心知性'을 근거로 성의 심적 기능(활동) 즉 성능性能 개념을 정립하여『중용』의 성에 '능能'의 의미를 부여하였다. 이는『맹자』와『중용』의 수평적 결합이 아니라『맹자』에 의한『중용』의 수용이다. 그는 이로부터 한 걸음 더 나아가 심과 성을 실체화하여 심체성체心體性體로 표현하였다. 모종삼은 인간의 존엄성과 이상성 실현에는 성과 심의 합일, 존유와 활동의 일체화를 통한 '체體'와 '능能'의 결합이 필수적으로 전제되어야 한다고 생각하였는데, 이것이 바로 모종삼의 유가도덕론의 근본적인 사유이다.

이러한 철학 사유의 배경에서 모종삼은 성즉리·심즉리·심즉성을 동시에 긍정하는 육왕철학을 맹자학의 정통적인 전승으로 이해하였고, 자율도덕철학의 전범典範으로 규정하였으며, 공자·증자·자사·맹자·주희의 도통이 아닌, 공자·증자·자사·맹자·육왕의 새로운 도통관을 정립하였다. 모종삼의 도덕철학 사유가 이렇게 확정되었다면, 주희철학은 당연히 방계가 될 수밖에 없고, 도통의 전승 관계에서도 별자지종[11] 혹은 기출岐出로 전락할 수밖에 없다.

---

10) 『心體與性體』1책, 4쪽.
11) 別子라는 말은『예기』에서 나온 말인데, 한 집안에 여러 자녀가 있으면, 그중 장자가 적통이 되고, 차자와 삼자는 別子가 된다. 別子는 분가하여 또 하나의 家譜를 이루는데, 주희의 경우가 바로 그렇다는 것이다. 필자는 모종삼의 別子之宗이라는 규정에 대해 이견이 없는 것은 아니지만 역으로 생각하면 別子之宗이라는 평에는 주희가 진정으로 유학을 새롭게 창신한 철학자라는 의미가 포함되어 있다고 생각한다.(牟宗三,『中國哲學十九講』, 臺灣: 學生書局, 1983, 415쪽)

## 3. 당구當具와 섭지攝知

앞에서 밝힌 바와 같이 모종삼은 주희의 도덕론을 타율도덕론으로 규정하고, 성리를 '단지 존유일 뿐 활동하는 실체가 아닌 것'으로 이해하며, 공부의 방법론은 '순취지로'라고 하고, 윤리적 기본 성격을 본질윤리(타율도덕)로 규정한다. 필자는 주희철학에서 심과 리의 관계를 다른 시각에서 분석한다면 주희의 도덕론에 대한 모종삼의 규정이 협의적이고 주관적임을 어렵지 않게 발견할 수 있을 것이라고 생각한다. 먼저 심구리에 대한 모종삼의 당구와 리에 대한 심의 섭지를 소개하겠다.

주희철학에서 심과 리는 등가 관계의 일자가 아님은 주지의 사실이다. 때문에 주희 역시 경지, 즉 거경함양과 격물치지 이후의 지지知至 상태에서는 심즉리를 말하지만, 본체론 혹은 개념적으로 양자를 엄격하게 구별한다. 주희철학에 의거하면, 심과 리(성)의 관계는 다음 세 측면으로 나누어 해설할 수 있다.

첫째, 필자는 『주자어류』와 『주문공문집』에서 '심즉기心卽氣' 혹은 '심즉형이하자心卽形而下者'라는 표현을 찾아볼 수 없었다. 주희는 심을 인심人心과 도심道心으로 나누어 해설하였고, 기의 령(氣之靈) 혹은 기의 정상(氣之精爽)이라고만 규정하였을 뿐 심을 기 혹은 형이하자로 규정하지 않았다.[12] 그럴 수밖에 없는 원인은 심의 본래적 상태와 기능 그리고 경지에 있다. 심은 성리와는 달리 도덕법칙 그 자체가 아니기 때문에 본래 모습인 담연허명湛然虛明한 상태를 상실할 수 있다. 때문에 거경과 격물치지가 요청되는 것이다. 그러나 거경과 격물치지의 공부를 거친다면 도심의 경지로 진입할 수 있고, 이때는 성리와 합일되어 일자의 관계로 표현된다. 때문에 주희는 경지 측면에서 자주 심즉리를 언급하

---

12) 모종삼은 心을 氣로 인식하지만, 陳來는 주희가 心을 氣로 삼은 것은 아니라고 한다. (陳來, 이종란 외 역, 『주희의 철학』, 예문서원, 2002, 249쪽)

기도 한다. 그러나 존재론적인 측면에서 볼 때 심은 현상 즉 기器(然)에 속한다. 이 기器(然)에는 반드시 소이연지리가 있는데, 심이라는 존재의 소이연지리가 바로 리(성)이다.

둘째, 주희는 심을 기의 정상 혹은 기의 령이라고 하였다. 이는 심이라는 존재의 지위보다는 심의 기능을 강조한 표현이다. 심의 대표적인 기능은 성리에 대한 인식이다. 주희철학에서 심은 능지能知의 주체이고, 성리는 소지所知의 객체이다. 심과 성은 주객의 관계로 정립되어 있다.

셋째, 리는 심의 소이연지리임과 동시에 심의 덕이다. 비록 심이 격물치지를 통하여 리를 인식하지만, 심이 인식한 성리는 외적인 대상의 성리일 뿐만 아니라 심 자신의 소이연지리인 성리이다. 따라서 격물궁리는 심 자신의 리(德)에 대한 인증印證이다. 이러한 심과 성리의 지위 설정은 맹자와 육왕의 심성론과는 분명히 다르다. 그중 '심리위이心理爲二'와 '능소能所의 주객 대립의 관계'는 모종삼이 주희의 윤리학을 타율로 규정한 근거이다.[13]

이상과 같은 심과 리의 관계에서 필자가 주목한 곳은 첫째와 셋째이다. 필자는 능소 관계에 대해서는 모종삼과 동일한 입장을 취하지만, 첫째와 셋째에 대해서는 다른 입장을 취한다. 필자는 심이라는 존재에 선천적으로 갖추어져 있는 리는 심의 본구이고, 이때의 리는 단순히 존재론적인 입장에서 심의 존재 원리로서의 소이연지리일 뿐만 아니라 도덕론에서도 일정한 작용을 하는 '리'라고 생각한다. 때문에 필자는 격물치지를 외물의 리에 대한 지각을 통하여 심 자신이 본래 갖추고 있는 리와의 인증 활동이라고 규정한다.

모종삼은 『심체와 성체』 3책 180~181쪽에서 『주문공문집』 권43, 「답임택지答林擇之」 제20서第20書 중의 "이 심이 혼연한 상태에서는 천리를 온전하게 갖추

---

13) 황갑연, 「현대신유학자 모종삼의 주자 도덕철학 이해에 대한 재고」, 『중국학보』 제56집(2007), 534쪽.

고 있다"(此心渾然, 天理全具)의 구절에 출현하는 '구具'자에 관하여 "심구중리心具衆理와 심지덕心之德은 특히 심즉리와 유사한 표현이지만 이를 올바르게 파악하려면 주희철학의 근저를 이해해야 하고, 또 그 의리의 근거를 통해서 이해해야함을 강조하면서 '전구全具' 등의 표현은 심과 리가 서로 관련되어 있다는 의미로서의 당구이지 결코 분석적 혹은 필연적으로 이루어진 본구의 의미가 아니다"라고 한다. 모종삼에 따르면 주희의 도덕론에서 심구리는 분석적인 갖춤이아니라 종합적인 갖춤인 것이다. 그렇지만 필자가 보기에 심의 혼연한 상태는바로 심의 미발인 적연부동寂然不動의 상태로서, 이때 천리를 온전하게 갖추고있다는 주희의 말은 당구보다는 본구에 가까운 표현인 것 같다.

242쪽에서는 "주희 중화신설 이후의 심은 초월적 도덕본심이 아닌 지각운용의 사실적인 심이고, 사실의 심리학적인 심이며, 인의예지는 본래 성체 중에갖추어져 있는 리이고, 사실적인 정감의 소이연지리이다. 심이 리를 갖추어(心具理) 도덕을 이루는 것은 당구이지 본구가 아니다. 다시 말하면 외재적이고 관련적인 '구具'이지 본질적이고 필연적인 '구具'가 아니다. 또 인지적인 정섭靜攝의'구具'이지 본심 직관의 자발자율의 '구具'가 아니다"라고 하면서 심구리를 평행적이고 외재적인 관섭管攝이라고 규정한다. 이곳에서 모종삼은 '심구리에서 도덕을 이루는 것은 당구이지 본구가 아니다'라고 하였는데, 이는 심이라는 존재에 선천적으로 갖추어져 있는 소이연지리는 도덕에서는 아무런 작용을 발휘하지 못하고, 오로지 거경함양과 격물치지를 경유한 후에 인지적으로 리를 갖춘당구만이 의미를 갖고 있음을 강조한 것이다.

245쪽에서는 주희철학에서 심구리는 '인지적으로 갖추는 것'(認知地具), 즉'심기가 인지와 실천을 통하여 이 리를 섭구한 것이다'라고 하고, 246쪽에서도동일한 표현을 하며, 264쪽에서는 인의와 심성의 관계를 심지덕心之德과 성지덕性之德으로 표현할 수 있는데, '성지덕'은 성구리性具理에 해당하고, '심지덕'은 심구리에 해당하는 것으로, 전자가 본구라면 후자는 당구라고 한다. 모종삼에 따르면, 본구는 일자적 관계, 즉卽의 또 다른 표현이다. 즉 주희는 성즉리를 긍정하고, 육왕은 성즉리와 심즉리를 동시에 긍정하기 때문에 주희철학에서 '성구리'는 본구이고, 육왕철학에서 '성구리'와 '심구리'는 모두 본구인 것이다. 그러나 본구에서 '구具'자가 '즉卽'자의 방편적 설명이라면 '구具'자의 실질적인 의미는 없다.

주희철학에서 성리에 대한 심의 인지작용은 심의 본질적 작용이고, 심이 영명한 존재로서 존재할 수 있는 근거이다. 이는 주희 심론에 대한 공식共識이다. 모종삼에 따르면, 주희 도덕론에서 도덕성을 갖춘 행위는 심이 인지적으로 성리를 인식하여 자신에 갖추고 그것을 자신의 덕으로 삼아 정감을 선으로 드러냈을 때이다. 즉 모종삼은 성리에 대한 심의 인지를 거경함양(存心)과 격물치지 후의 지각, 즉 후천적 섭지로 이해한다. 그는 "주희가 '사람의 마음은 지극히 영명하다'(人心至靈)고 하였지만, 이는 심지의 밝은 작용이 인지적으로 중리를 갖출 수 있다는 측면에서 말한 것이다. 이 구절을 이해하면서 주희의 인지적 관련 의미를 망각하고서 본체론식으로 '구具'의 의미를 이해하면, 곧 맹자철학으로 돌아가 육왕철학의 주장이 되고 만다"[14]라고 하면서 성리는 심지의 밝은 작용(心知之明)과 섭취攝取의 수평적인 관계임을 강조한다. 이렇게 되면 도덕의 역량은 감쇄될 수밖에 없다고 주장한다. 이에 관한 원전으로『주자어류』 권15의 치지격물에 관한 주희의 언설들을 거론하면서 주희가 이곳에서 "심지와 사물에 있는 리 사이의 인지적 섭취 관계라는 점만을 설명하고 있다"[15]고 한다.

이러한 섭취 관계에 대하여 "주희는『대학』「보전補傳」에서 '인심의 영명한 작용은 알지 못함이 없다'(人心之靈莫不有知)고 하였는데, 이는 심의 지각작용을

---

14) 牟宗三,『心體與性體』3冊, 378쪽.
15) 牟宗三,『心體與性體』3冊, 397쪽.

통하여 리를 안으로 끌고 들어온 것이다"16)라고 해설한다. '리를 안으로 끌고 들어온다'는 말은 본래 안에 갖추고 있지 않은 것은 지각적으로 섭취하여 심안에 채운다는 의미이다. 인심의 작용은 알지 못함이 없고, 그 대상은 천지만물의 리이다. 부단한 거경함양과 격물치지의 과정을 경유하여 그 경지가 바로 『대학』「보전」에서 말한 "모든 사물의 겉과 속·정밀함과 거침이 이르지 않음이 없고, 내 마음의 전체 대용은 밝혀지지 않음이 없게 된다"17)는 것이다.

그렇다면 심지의 밝음(心知之明)은 어떻게 성을 관섭管攝하여 성리를 드러내는가? 모종삼은 이에 관하여 "심지의 밝은 작용에는 본래 사물의 리를 인지(지각)하는 작용이 갖추어져 있다. 심은 그것을 지각하여 리에 의거하여 도덕행위를 발현하는데, 이것이 바로 성리의 현현顯現이다. 심의 지각은 존재로 하여금 존재하게 하는 리, 즉 존재의 소이연지리를 인식하는 것이다. 만일 존재 자체의 곡절만을 인식한다면, 이는 존재의 곡절 형상만을 인식하는 것일 뿐 존재의 소이연지리를 인식하는 것이 아니다. 이러한 인식은 성리를 드러낼 수 없다. 심지의 밝은 작용은 존재의 곡절 형상을 인식할 수 있을 뿐만 아니라 존재의 소이연도 인식할 수 있다. 그리고 존재의 곡절 형상에서 시비와 선악을 판별할 수도 있다. 이것들은 '심자'의 인식이 미치는 범위이다. 그러나 존재의 곡절 형상만을 인식하고, 또 그곳에 있는 시비선악만을 판별한다면 성리를 드러낼 수 없다. 반드시 존재의 곡절 형상에서 어떤 것이 시분이고, 어떤 것이 선善이라는 것을 판별하여, 그 '사'와 '선'의 소이연을 궁구해야만 비로소 성리가 현현될 수 있다.…… 심지의 밝음(心知之明)인 인지 활동은 반드시 한 층 한 층 미루어 나가야 하고, 한 층 한 층 새롭게 규정하면서 '사'와 '선'이라는 현상(然)에서 그것의 소이연을 궁구해야만 비로소 성리가 드러나게 된다"18)고 상세하게 해

---

16) 牟宗三, 『心體與性體』 3冊, 357쪽.
17) 衆物之表裏精粗無不到, 而吾心之全體大用無不明矣.

설한다.

　모종삼이 규정한 섭지 혹은 섭취는 결코 심이 본래적으로 갖추고 있는 자신의 소이연지리를 향내적인 반구저기反求諸己를 통하여 인지 혹은 지각한다는 의미가 아니다. 모종삼은 『심체와 성체』 전편에서 비록 심이 소이연지리를 본래적으로 갖추고 있지만, 실질적인 도덕행위에서 의미를 갖는 것은 심의 소이연지리가 아니라 사물에 있는 리(在於物)이고, 심은 영명한 지각작용을 근거로 거경과 격물의 과정을 통하여 사물의 리를 인지하고, 그것을 심의 덕으로 삼아 성리를 현현하면서 일신一身을 도덕적으로 주재한다는 점을 누차에 걸쳐 해설하고 있다. 이것이 바로 리에 대한 심의 섭지이고, 섭취이다. 그가 말한 "이는 심의 지각작용을 통하여 리를 안으로 끌고 들어온 것이다"(心知之明之認知作用中把理帶進來)는 심과 리가 본구와 본지가 아닌 당구와 섭지의 관계임을 명확하게 표현한 것이다.

　'인지적 관련의 구'·'횡섭적 구'·'정섭적 구'·'관섭적 구'·'후천적 구'·'섭구'·'당구'·'섭지' 등의 표현은 『심체와 성체』 전편에 수없이 많이 출현한다. 모종삼은 이러한 심과 리의 관계에 대한 자신의 이해를 근거로 366쪽에서 "주희철학의 계통은, 주관적으로 말하면 정함정섭의 계통이고, 객관적으로 말하면 본체론적 존유 계통이다. 또 객관적인 측면에서 그의 형이상학을 이해하면, 일종의 '관해적'이고 외재적인 형태의 형이상학이라고 할 수 있다. 또 그것에 의하여 성립된 도덕은 타율도덕이다.…… 이러한 주희철학의 형태는 선진유가의 『논어』·『맹자』·『중용』·『역전』의 형태와 합치하지 않는다. 이로써 보면, 주희철학을 정통과 다른 별자의 계통(別子之宗－歧出)이라고 규정해도 지나치지 않을 것이다"라고 한다.

---

18) 牟宗三, 『心體與性體』 3冊, 372쪽.

## 4. 본구本具와 본지本知

필자는 심과 리의 관계에 대한 모종삼의 규정을 보면서 모종삼이 심이라는 존재에 본래적으로 갖추어져 있는 리를 단순히 존재의 원리로만 해석하고 도덕론에서는 별다른 작용을 하지 않는 리로 이해하고 있음을 발견할 수 있었다. 만일 심이라는 존재에 선천적으로 갖추어져 있는 존재의 원리로서의 리가 격물궁리의 리와 동일자이고, 도덕론에서 격물궁리와 관계없이 일정한 역할을 담당하고 있다면 심구리를 본구가 아닌 후천적 당구로만 규정하는 것은 무리가 있다.

주희철학에서 '심구리'의 표현은 너무나 많이 출현하기 때문에 모두 열거하여 소개할 수는 없다. 또 본구와 유사한 표현도 있고, 당구에 적합한 표현도 있다. 그렇다고 유사성의 다소多少를 근거로 심구리가 본구인지 아니면 당구인지를 결정할 수도 없다. 그러나 주희철학에서 심과 리의 관계에 대한 일치된 중론이 있다. 즉 심구리가 본구이건 아니면 당구이건, 심과 리를 일자로 인식하지는 않는다는 것이다. 다시 말하면 주희철학에서 모든 도덕행위는 심과 리의 합작품이 아닌 것이 없지만, 심과 성리는 어떤 방식으로든 개념적으로 구별되어 있다. 주희철학에 대하여 모종삼과 반대적 입장을 취하는 어떤 학자도 심과 성리를 본체론·개념적으로 구별하는 것을 반대하지 않는다. 설령 심이 자체적으로 선을 지향할 수 있다고 할지라도 심이 곧 초월적인 지선자는 아니다. 주희철학에서 지선자는 오로지 성리일 뿐이다. 『주자어류』와 『주문공문집』에 나타난 심즉리(성)는 거의 대부분 경지의 측면에서 말한 것일 뿐 육왕의 심즉리가 결코 아니다. 만일 심즉리의 입장에서 심구리를 해석하면, 리는 도덕법칙에 대한 입법자로서의 심이 결정한 방향으로 이해해야 할 것이다. 그러나 주희철학에서 리는 고유의 초월자로서 '주어진 것'이지 심이 결정한 것이 아니다.

설령 주희의 심구리가 본구일지라도 이것과 심즉리는 동일한 의미가 아니다.

대만의 사중명謝仲明은 순자와 주희의 심리 관계를 상자와 내용물로 비유하였는데, 올바른 해설이라고 생각한다. "상자는 물건을 담을 수 있는 기구이다. 우리는 상자와 그 안의 내용물을 동일하게 인식하지 않는다. 분명 상자는 상자이고, 내용물은 내용물이다. 우리에게 두 개의 상자가 주어졌는데, 하나는 내용물이 없는 텅 빈 상자이고, 다른 하나는 내용물이 꽉 찬 상자이다. 순자가 주장하는 심은 텅 빈 상자의 유형이다. 순자철학에는 본구 의미의 심구리(예의) 관념은 없다. 오로지 당구 의미의 심구리만 있을 뿐이다. 즉 심이 허일정虛壹靜의 공부를 통하여 성현들에 의하여 제정된 예의를 인식하여 채워 갈 뿐이다. 그러나 내용물이 꽉 찬 상자는 주희의 심이다. 현실적으로 공기를 제외한 어떤 내용물도 상자가 만들어질 때부터 있었다고 할 만한 것은 없지만, 그러한 상황은 가정할 수 있다. 주희의 심구리가 바로 이러한 유형에 속한다."19) 『주자어류』에 소개된 대표적인 본구 의미의 표현을 소개하면 다음과 같다.20)

卷5, "性便是心之所有之理, 心便是理之所會之地."

卷5, "心以性爲體, 心將性做餡子模樣. 蓋心之所以具是理者, 以有性故也."

卷5, "心之全體湛然虛明, 萬理具足, 無一毫私欲之間."

卷9, "一心具萬理. 能存心, 而後可以窮理."

---

19) 謝仲明, 『儒學與現代世界』(臺灣: 學生書局, 1986), 32쪽.
20) 필자는 아래에 소개하고 있는 구절을 번역하지 않았다. 원문의 의미가 쉬울 뿐만 아니라 원전의 내용과 전개 순서를 독자에게 명확하게 드러내 보이고자 함이다.

卷9, “心包萬理, 萬理具於一心. 不能存得心, 不能窮得理. 不能窮得理, 不能盡
　　　得心.”

卷9, “理不是在面前別爲一物, 卽在吾心. 人須是體察得此物誠實在我, 方可.”

卷17, “大凡道理皆是我自有之物, 非從外得. 所謂知者, 便只是知得我底道理,
　　　非是以我之知去知彼道理也. 道理固本有, 用知, 方發得出來.”

卷21, “大凡理只在人心.”

卷23, “人心皆自有許多道理, 不待逐旋安排入來. 聖人立許多節目, 只要人剔刮
　　　得自家心裏許多道理出來而已.”

卷130, “聖賢與衆人皆具此理, 衆人自不覺察耳.”

卷130, “萬理皆具於吾心, 須就自家自己做工夫, 方始應得萬理萬事.”

『주자어류』와 『주문공문집』에 이상의 구절과 유사한 표현은 셀 수 없을
정도로 많다. 이곳에서 주의해서 살펴보아야 할 것은 주희가 심구리와 공부의
관계를 말하면서 먼저 심구리를 말하고 공부를 말한다는 점이다. 다시 말하면
주희는 존심과 격물궁리 후에 심구리를 말하지 않고 먼저 심구리를 말한 후에
존심과 궁리를 해야 함을 강조한다. 만일 모종삼의 말처럼 거경함양과 격물치
지 앞에 놓인 심구리가 심이라는 존재의 존재원리(소이연지리)일 뿐이고, 도덕론
에서는 아무런 의미지 갖지 못한다면, 주희가 굳이 도덕론에서 아무런 의미도
갖지 못한 '심구리'를 이처럼 존심(거경)과 격물궁리 앞에 놓고서 누차에 걸쳐
강조할 필요가 있을까? 이는 일반 상식적인 입장에서도 쉽게 수용하기 어렵다.

모종삼 역시 이러한 비판을 의식했는지, "주희가 말한 심구리의 구具는 심의 지각 작용을 통하여 인지적으로 갖춘다는 것이고, 또 함섭涵攝적으로 갖춘다는 것이다"라고 하면서 이것과 맹자의 차이를 "맹자가 말한 인의내재에 함축되어 있는 심즉리를 근거로 한 '구具'는 내재적으로 본래 갖추고 있는 본구이고 선천적인 고구固具이지 결코 '외재적·관련적으로 갖추고 있다'는 것이 아니다. 이러한 분별에 대해서 주희는 살피지 않고 단지 인지적으로 리를 갖추고 있는 의미로써 '심은 만리를 갖추고 있다'고 하였을 뿐이다"라고 한다.[21] 그러나 주희는 이곳뿐만 아니라 다른 곳에서도 거의 대부분 심구리를 먼저 제시한 후에 존심과 격물치지를 말한다.

또한 『문집』과 『어류』에는 격물궁리가 사물의 리와 본구의 리의 인증 관계임을 나타낸 구절이 있다. "효술이 내심 의심하였다. '심이 중리를 갖추고 있다는 것은 비록 심이 혼폐되었다고 할지라도 리를 갖추고 있지 않음이 없다는 것이다. 그러나 (심이) 혼폐되어 격리되었을 때는 심은 심이고, 리는 리이어서 서로 모여 한 곳에 있지 않아 마치 두 개의 서로 다른 존재인 것 같다. 궁리하지 않았을 때는 이 한 사물의 리가 들어와 내 마음과 둘이 되는 것을 유감으로 여기지 않아 마치 심 밖의 리인 것 같기도 하여 내 마음에 없는 것 같기도 하다. 이미 궁리하였다면 저 사물의 리는 내 마음에 원래 있는 것 같이 여긴다. 무릇 리는 내 마음에 있는 것으로서 아직 알지 못했다고 해서 없는 것이 아니고 이미 알았다고 해서 있는 것도 아니다.'…… 선생(주희)이 그 말을 비준하면서 말하였다. '지극히 옳다.'"[22] · "무릇 도리는 모두 내게 본래부터 갖추어진 것이

---

21) 牟宗三, 『心體與性體』 3冊, 357쪽.
22) 『朱文公文集』 續集, 卷10, "心具衆理, 心雖具昏蔽而所具之理未嘗不在. 但當其蔽隔之時, 心自爲心, 理自爲理, 不相贄屬, 如二物. 未格, 便覺此一物之理與二不恨入, 似爲心外之理, 而吾心邈然無之. 及既格之, 便覺彼物之理爲吾心素有之物. 夫理在吾心, 不以未知而無, 不以既知而有……先生(朱子)批云: '極是.'"

지 밖으로부터 온 것이 아니다. 이른바 지각한다는 것은 단지 나의 도리를 지각한다는 것이지 나의 지각 작용으로써 저 도리를 지각한다는 것이 아니다. 도리는 본래부터 스스로 있는 것이어서 지각 작용이 발현될 때 비로소 출현된다."[23] 주희는 분명 이곳에서 "무릇 리는 내 마음에 있는 것으로서 아직 알지 못했다고 해서 없는 것이 아니고, 이미 알았다고 해서 있는 것도 아니다"라고 말하였다. 이는 거경과 격물궁리와 관계없이 심은 리를 본래적으로 갖추고 있다(本具-固具)는 것이다. 그러나 격물궁리를 경유하지 않으면 심은 자신이 갖추고 있는 리가 자신의 덕임을 인지하지 못할 수 있다.[24] 따라서 주희의 도덕론에서 격물궁리는 필수불가결한 공부이다. 주희는 격물궁리를 통하여 사물의 리를 지각하고, 그것과 심 자신이 갖추고 있는 리가 진실한 자신의 덕임을 인증하게 하려고 하였다.[25] 이에 관하여 전목은 "주희철학에서 리는 심에 갖추어져 있고, 동시에 물에도 갖추어져 있다. 그러나 반드시 격물치지한 후에 사물에 있는 리와 마음에 있는 리가 합하여 하나가 되는데, 이것이 곧 내외합일이라는 것이다"[26]라고 하였다.

주희는 또 '인'과 '심'의 관계를 "인 자는 허이고, 심 자는 실이다. 이는 물에는 반드시 차가운 속성이 있는데, 차가움은 허이고, 물은 실이다. 인과 심의 관계도 물과 차가움의 관계, 불과 뜨거움의 관계와 유사하다"[27]고 하였다. 이곳의 '허실'에서 '허'는 속성으로, '실'은 실재로 해석해야만 물과 차가움 그리

---

23) 『朱子語類』, 卷17, "大凡道理皆是我自有之物, 非從外得. 所謂知者, 便只是知得我底道理, 非是以我之知去知彼道理也. 道理本自有, 用知方發得出來."
24) 주희는 비록 이처럼 말하였지만, 四端之心과 같은 경우에는 거경과 격물궁리를 전제하지 않고서도 즉각적으로 인지한다고 할 수 있다.
25) 이것의 전제조건이 바로 理同氣異에서 理同이다.
26) 錢穆, 『朱子新學案』, 卷2, 9쪽.
27) 『朱子語類』, 卷6, "仁字是虛, 心字是實. 如水之必有冷, 冷字是虛, 水字是實. 心之於仁, 亦猶水之冷, 火之熱. 學者須當於此心未發時加涵養之功, 則所謂惻隱・羞惡・辭遜・是非發而必中."

고 불과 뜨거움의 비유와 일치하게 된다. 주희철학에서 심과 인(리)은 결코 실재와 속성의 관계가 아니다. 이는 단지 비유이기 때문에 비유 자체에 집착할 필요는 없다. 물과 차가움 그리고 불과 뜨거움은 본래적 관계이고, 불가리不可離의 관계이다. 물이 존재하는 한 반드시 차가움의 작용이 있고, 불이 존재하는 한 반드시 뜨거움의 작용이 있다. 마찬가지로 심 역시 담연허명의 상태를 유지하면 물이 차갑고, 불이 뜨거운 것처럼 사단지심의 마음을 발동하여 중절한다. 때문에 이 구절에 이어서 "학자는 반드시 미발 시에 함양의 공부를 가해야만, 이른바 측은·수오·사양·시비의 마음이 발동하여 중절한다"고 한 것이다.

그러나 비록 사실적으로 심구리가 본구라고 할지라도 한 가지 점을 간과해서는 절대 안 된다. 즉 모종삼의 지적처럼 심이라는 존재에 갖추어져 있는 소이연지리는 존재론적인 근거일 뿐 도덕행위와 무관한 것이라면 심구리의 본구는 주희철학에서 아무런 실질적 의미를 갖지 못한다. 심에 본래 갖추어진 리가 거경함양과 격물치지와 관계없이 모종의 역할을 하고, 심에 어떤 작용을 해야만 비로소 본구의 의미가 드러난다. 필자는 그것을 측은지심과 같은 즉각적인 선정善情의 발현에서 찾았고, 성리의 부동不動의 동자動者 성격에서 찾았다. 이는 리에 대한 심의 본지와 관련된 문제이기 때문에 본지의 가능성을 해설하면서 함께 소개할 것이다.

필자는 주희의 『대학』「보전」의 내용을 분석하여 리에 대한 심의 본지 가능성을 드러내 보고자 한다. 「보전」의 내용은 다음과 같다. "이른바 치지가 격물에 있다는 것은 나의 앎을 확충하고자 한다면 사물에 나아가 그 리를 궁구해야 함을 말한 것이다. 대개 사람의 마음은 영명하여 모르는 바가 없고, 천하의 사물에는 리가 있지 않음이 없지만 사물의 리를 아직 다 궁구하지 못하였기 때문에 앎에도 다하지 못한 바가 있는 것이다. 그러므로 대학에서 첫 가르침은 반드시 학자들로 하여금 천하의 사물에 이르러 이미 알고 있는 리를 더욱 궁구하여 지극함에 이르게 하는 것이다. 노력함이 오래되어 어느 날 환히 툭 트여 관통함에 이르면 모든 사물의 겉과 속·정밀함과 거침이 이르지 않음이 없고, 내 마음의 전체 대용은 밝혀지지 않음이 없게 된다. 이것을 일러 사물의 리를 궁구했다고 하는 것이며, 이것을 일러 앎의 지극함이라고 한다."[28] 이곳에서 '오지지吾之知'의 '지知'에 대하여 일반적으로 심의 능지能知 작용과 심의 인식 결과(粗와 精을 모두 포함하는 지식)의 두 측면으로 해석한다. 본지로 해석하는 사람은 거의 없다. 왜냐하면 자칫 육왕철학으로 오해할 수 있기 때문이다. 그러나 필자는 세 측면으로 나누어 해석할 수 있다고 생각한다. 하나는 심의 본지이고, 다른 하나는 능지의 주체 작용이며, 마지막은 심의 인식 결과이다. 본지를 제외한 나머지는 주희철학 연구자의 일반적인 공식共識이기 때문에 필자는 군이 중복해서 해설할 필요를 느끼지 않는다. 주희는 이곳에서 분명히 "이미 알고 있는 리를 더욱 궁구하여 지극함에 이르게 하는 것이다"라고 하였다. 모종삼에 따르면 '이미 말고 있는 라'는 심이 거경과 격물궁리를 통하여 인지적으로 섭지하여 당구한 리이다. 즉 심이라는 존재가 존재론적으로 본래 갖추고 있는 소이연지리가 아니라 후천적인 공부를 경유하여 '안으로 끌어들인 라'이다.

그렇다면 필자는 이곳에서 한 가지 질문을 하고 싶다. 분명 주희는 어린아이(後提之童)는 부모에게 마땅히 효라는 도리를 해야 함을 자연스럽게 안다는 것을 긍정하였는데, 이때 어린아이가 인지한 효의 도리는 거경의 과정을 거치고 부모를 격(格物)한 후에 갖춘 당구의 리인가? 효에 대한 인식 역시 섭지인가? 또 어린아이뿐만 아니라 모든 사람들은 유자입정孺子入井의 상황을 목격하면 사건지간에 틀림없이 깜짝 놀라 측은한 마음을 발현할 것이다. 이때의 측은한

---

28) 所謂致知在格物者, 言欲致吾之知, 在卽物而窮其理也. 蓋人心之靈, 莫不有知, 而天下之物, 莫不有理. 惟於理有未窮, 故其知有不盡也. 是以大學始敎, 必使學者卽凡天下之物, 莫不因其已知之理而益窮之, 以求至乎其極. 至於用力之久, 而一旦豁然貫通, 則衆物之表裏精粗無不到, 而吾心之全體大用無不明矣. 此謂物格, 此謂知之至也.

마음 역시 거경과 격물궁리(독서를 포함하여)라는 복잡한 과정, 즉 심통성정心統性情의 틀을 근거로 하여 나타난 선정善情인가? 필자는 아무리 이상적인 상황을 전제하더라도 일정 부분 '리에 대한 심의 본자와 '심에 존재론적으로 갖추어져 있는 소이연지리'의 역할을 긍정하지 않고서는 이 문제를 원만하게 해결할 수 없을 것 같다.

모종삼은 주희의 성리를 '지존유이불활동자只存有而不活動者'로 규정하였는데, 동動의 의미를 좀 더 광의적으로 해석하면 이 문제를 해설할 수 있다고 생각한다. 필자는 심에 본래 갖추어진 리(在於心) 혹은 사물에 있는 리(在於物)를 불문하고, 리는 심에 대하여 아무런 역할을 하지 못하는 정태적 존유의 실체가 아니라고 생각한다. 활동의 '동'은 최소한 두 가지 의미로 나누어 해설할 수 있다. 하나는 모종삼이 제시한 오목불이於穆不已한 천도와 동일한 성격의 순역불이純亦不已한 실체이다. 모종삼이 말한 성능性能의 작용을 갖춘 실체, 심즉리와 심즉성 및 성즉리가 동시에 긍정되는 심성리 일자의 실체, 즉 즉존유즉활동자卽存有卽活動者가 이에 해당한다. 다른 하나는 자신은 움직이지 않지만 타자로 하여금 움직임을 유도하는 부동의 동자이다. 심은 성리에 대하여 왜 무조건적으로 희열을 표현하는가? 그것은 바로 성리의 법칙성·지선성·원리성에 대한 존경 때문이다. 이는 성(리)이 심을 유도하는 것이기 때문에 당연히 하나의 동력으로 해석해도 무리가 없다. 필자는 심에 본래적으로 갖추어진 리 혹은 사물에 내재되어 있는 리에 대하여 모두 이러한 소극적 의미의 활동성을 긍정해야 한다고 생각한다. 만일 리의 동태성을 소극적으로나마 긍정하지 않는다면 주희철학에서 사견지간에 드는 측은지심의 발동은 설명하기 어렵다. 측은지심을 비롯한 사단지심의 발동은 '리에 대한 심의 인지 욕구'와 '심에 대한 리의 유혹 작용'이 거경과 격물치지의 복잡한 과정 없이 찰나에 이루어진 결과이다.

주희는 『주자어류』 권14에서 다음과 같이 말한다. "사람들에게 자주 실천하라고 가르치는 것은 모두 스스로 표준을 세워서 다른 사람을 가르치도록 하기 위함이다. 일반적으로 자질이 뛰어난 사람이라면 궁리·격물·치지할 필요가 없다. 성인이 지금 『대학』을 지은 것은 모든 사람들로 하여금 모두 성인의 영역에 들어가게 하기 위함이다."[29] 필자는 독자들에게 이 구절을 조심스럽게 읽을 것을 당부하고자 한다. 만일 "일반적으로 자질이 뛰어난 사람이라면 궁리·격물·치지할 필요가 없다"는 구절만을 보면, 육왕의 심즉리와 다를 바가 없고, 리에 대한 심의 본지 역시 '완전자'처럼 보인다. 그러나 주의를 해야 할 곳은 "성인이 지금 『대학』을 지은 것은 모든 사람들로 하여금 모두 성인의 영역에 들어가게 하기 위함이다"라는 구절이다. 주희는 매우 특별한 경우에만 예외적으로 치지격물과 궁리를 미필연적인 방법으로 인정하였을 뿐 그것을 일반적인 교법으로 결코 인정하지 않았다. 이는 왕수인이 왕기(龍溪)의 사무교(四無敎)를 부정하지 않았지만, 그것을 일반적인 교법(徹上徹下의 敎法)으로 삼지 않고 전덕홍(緖山)의 사구교(四句敎)를 교법으로 삼은 것과 유사하다. '자질이 뛰어난 사람'은 상근자를 의미하는데, 이러한 사람은 출중한 지혜와 순일무잡한 존심의 상태를 유지하고 있는 사람이다.

물론 필자 역시 리에 대한 심의 본지를 완전자라고 생각하지는 않는다. 본지가 완전자라면 굳이 격물궁리를 해야 할 필요가 없기 때문이다. 만일 본지를 일정 부분 긍정한다면, 거경은 리를 인식할 수 있는 작용을 온전하게 회복하는 공부가 되고, 격물궁리는 리에 대하여 본래 알고 있는 지식을 구체적인 사물에 즉(卽)하여 확장하는 과정이라고 할 수 있다. 주희는 명덕(성)과 치지격물의 관계에 대하여 "사람에게는 저마다 밝은 곳이 있는데, 물욕에 가려서 없애 버린다. 오로지 밝은 곳에서 점점 밝혀 가야 한다. 그러나 반드시 치지격물해야

---

29) 『朱子語類』, 卷14, "人多敎踐履, 皆是自立標置去敎人, 自有一般資質好底人, 便不須窮理·格物·致知. 此聖人作今『大學』, 便要使人齊入於聖人之域."

만 비로소 진보가 있을 것이고, 그것이 본래 어떤 것인지를 알 수 있다"[30]고 하였는데, 바로 이 의미를 말한 것이다. 만일 심이 정결한 명경의 상태를 유지하고 있으면, 구체적인 사물과 접물接物할 때마다 리를 온전하게 인식할 수 있지만, 명경은 자주 인욕에 교폐될 수 있기 때문에 거경을 통하여 심이라는 명경의 본래 상태를 회복해야 한다. 또한 리에 대한 본지를 소유하고 있을지라도 그것만으로는 천하의 만사만물에 응변할 수 없고, 또한 쉽게 주관적인 독선에 빠질 위험성이 있기 때문에 격물궁리를 통하여 앎을 확장하고, 분수지리에 대한 다양한 인식을 통하여 시비선악 판단에 객관성을 제고해야 한다. 다시 말하면 한 건 한 건의 선善과 시是에 그치지 않고, 그것을 다시 류類로 종합하고 더 나아가 '류'를 초월한 소이연을 궁구해야만 보편적인 성리가 완전하게 드러나게 된다. 혹자는 주희철학에서 활연관통을 양量에서 질質로의 초승으로 이해할 수도 있을 것이다. 왜냐하면 활연관통의 지知는 귀납을 통한 일반화의 지식이 아니라 일반성 그 자체이기 때문이다. 그러나 필자의 생각은 다르다. 주희는 리동理同을 긍정하기 때문에 분수지리와 통체지리(太極)는 일즉다 一即多, 다즉일多即一의 관계이다. 따라서 본지가 부분적 지知이고, 활연관통이 완전지이지만 부분적인 분수지리에 대한 인식(本知-사단지심의 발현) 역시 리에 대한 인식이라는 측면에서는 활연관통의 지식과 질적으로는 동일한 지식이다. 즉 본지에서 완전지로의 발전은 동질적인 확장이지 결코 '양'에서 '질'로의 돌변이 아니다. 만일 양자 사이에 질적인 차이를 둔다면 주희의 활연관통은 점漸에서 돈頓으로의 초승, 즉 신비주의라는 비판을 면하기 어렵다.

　　또한 「보전」에서 주희는 격물치지를 통한 리에 대한 인식을 해설하면서 '무無'에서 '유有'라는 표현을 하지 않고 조粗에서 정精으로, 혹은 천淺에서 심深으

---

30) 『朱子語類』, 卷14, "人皆有個明處, 但爲物欲所蔽, 剔撥去了. 只就明處漸明將去. 然須致知格物, 方有進步處, 識得本來是甚麼物."

로 라는 표현을 사용하였다. 모종삼의 당구와 섭지에 따르면, 심은 격물궁리를 통하여 후천적으로 사물의 리를 인식하여 안으로 끌고 온다. 그렇다면 마땅히 리에 대한 심의 지식은 '무'에서 '유'로의 시작이어야 한다. '조粗'에서 '정精'으로, '천淺'에서 '심深'은 그 후의 일이다. 그러나 주희의 문헌에서 필자는 리에 대한 심의 지식이 '무'에서 '유' 혹은 그와 유사한 표현을 발견하지 못하였다. 이는 비록 리에 대한 심의 인식이 처음부터 완전지는 아니지만 일정 부분 리에 대한 심의 본지를 긍정하기 때문이 아닌가?

## 5. 나가는 말

필자의 본구와 본지는 주희철학에서 리와 심의 관계, 그리고 격물궁리의 의미와 문헌에 나타난 주희의 표현에 근거한 것이다. 만일 본구와 본지가 성립할 수 있다면 주희의 도덕론을 타율도덕이라고 한 모종삼의 규정은 수용되기 어렵다. 모종삼은 리에 대한 심의 인식 능력에서 지나치게 '지知' 측면에 치우쳐 심을 이해한다. 물론 필자 역시 심은 기의 령으로서 리를 인식할 수 있는 능력을 갖추고 있다는 점을 긍정한다. 그렇다면 필자는 이곳에서 한 가지 근원적인 질문을 하고자 한다. 왜 지각을 본질 작용으로 하는 심은 도덕적 성격의 리에 대하여 관심을 갖는가? 우리는 과학의 원리를 인식할 수 있는 능력을 갖고 있지만, 그것에 흥미를 갖지 않을 수 있다. '알 수 있다'와 '흥미를 갖는가'는 두 가지 일이다. 어떤 잡념도 없는 심(湛然虛明)은 무조건적인 도덕율령에 대하여 즉각적으로 존경심을 갖고 그 법칙에 의거하여 순수무잡의 도덕행위를 발현한다. 이것이 바로 본지이다. 뿐만 아니라 비록 물욕에 교폐되었다고 할지라고 스스로 거경하여 자기를 정화하고 도덕법칙에 대하여 부단히 희열을 보이면서 밖으로 리에 대한 지식을 확장하려고 한다. 이것이 격물궁리이다. 모종삼은 『심체와 성체』에서 거경을 후천적인 공두적空頭的 공부, 즉 두서없는 공부라고 하지만, 필자는 주희의 문헌에서 거경의 '경'이 후천적 공부라는 단서를 발견하지 못하였다. 필자는 거경을 심의 자기 정화라고 생각한다. 다시 말하면 사단지심과 같이 순간적으로 발현되는 선의 단서에서 심은 자기 존재의 실상을 인식하고, 그것을 보존하려는 의지를 보인다. 이것이 바로 거경인데, 그것의 내원來源을 심 아닌 다른 것에서 찾을 수 있겠는가? 모종삼은 『현상과 물자신』(現象與物自身)31)에서 양심은 의무를 감수할 수 있을 뿐 의무를 결정할 수 없다고 한다. 이는 칸트의 도덕철학에서 양심이 도덕법칙에 대한 입법자가 아니라는 의미와 동일한데, 양심에 대한 모종삼의 규정은 주희의 도덕철학에 대해서도 동일하게 적용되는 것 같다. 칸트와 주희 모두 도덕법칙을 먼저 내세우고서 도덕론을 전개한다. 주희의 도덕철학에서 양심은 명확하게 규정되지 않지만, 심즉리의 심이 아닌 것만은 분명하다. 그러나 주희의 도덕론에서 양심이 심즉리의 심, 즉 법칙에 대한 결정자는 아닐지라도 도덕법칙에 대한 존경심을 자발적으로 드러낸다. 이는 『맹자』의 '리의지열아심理義之悅我心'에 관한 질문에 대하여 주희가 "리의가 내 마음을 기쁘게 하는 것은 필연적이다"(理義悅我心, 必矣)32)라고 한 주석에서 잘 드러난다. 도덕법칙(성리)에 대하여 무조건·자발적으로 존경심(희열)을 드러내는 심의 결정에는 어떤 조건도 전제되어 있지 않다. 리의열아심理義悅我心이라는 맹자의 표현 역시 도덕법칙에 대한 심의 존경과 희열을 말한 것일 뿐 리의에 대한 심의 결정자라는 의미로 확정하기는 어렵다. 따라서 의지의 자유를 도덕법칙에 대한 입법자라는 협의적 규정을 규정하지 않는다면 주희의 도덕철학에서 의지의 자유를 부정할 하등의 이유가 없다.

---

31) 牟宗三, 『現象與物自身』(臺灣: 學生書局, 1976), 69쪽.
32) 『朱子語類』, 卷59.

또한 모종삼에 따르면, 리에 대한 심의 인식은 하나의 지식일 뿐이다. 그렇다면 리에 대한 심의 지식이 심의 향선向善을 결정할 수 있는가? 교통법칙에 대한 나의 인식이 나로 하여금 필연적으로 교통법칙 준수로 유도하는가? 만일 성리에 대한 심의 지식에 도덕법칙에 대한 심의 희열과 존경심을 포함시키지 않는다면 인식과 실천은 별개의 사실로 존재할 수 있다. 필자는 주희가 치지로써 성의를 결정하고자 한 의도에서 심의 지식에 인식과 아울러 성리에 대한 심의 존경과 자원의 의미가 포함되어 있음을 유추할 수 있었다. 다시 말하면 치지로써 의념을 순화할 수 있으려면 치지를 통하여 얻은 지식은 단순히 리에 대한 인식(知)으로만 이해해서는 안 되고, 내외합일의 인증뿐만 아니라 도덕법칙에 대한 심의 존경심(悅) 제고 등의 다른 의미로 해설을 해야 한다.

# 제3장 여성주의 성리학을 위한 시론*

## ― 극기복례와 성인가학聖人可學을 중심으로

김세서리아

## 1. 들어가는 말

이 글은 성리학과 여성의 관계가 언제나 부정교합으로 간주되어도 좋을까에 대한 의구심에서 시작한다. 흔히 성리학은 여성을 '억압하고 차별하였다'고 이해되며, 음양내외법, 장자상속, 부계혈통, 남존여비, 삼종지도, 칠거지악, 과부재가금지 등은 이를 증거하는 근거의 전형이다. 성리학은 가부장성을 해체할 수 있는 이론을 산출할 수 없다고 간주되며, 이는 유학 안에서 여성 운동의 혁명적 전거를 찾을 수 없다는 사실을 통해 정당화되곤 한다.[1] 물론 성리학이

---

* 본 논문은 성균관대 유교문화연구소 비판유학 · 현대경학 연구센터에서 개최한 학술회의 〈현대경학의 방법론적 모색 2〉(2023.2.10.)에서 발표하고 『유교사상문화연구』 제91집 (2023.3.)에 게재된 논문을 수정 보완한 것임.
[1] 유교와 페미니즘의 관계에 대해서 일부 여성주의자들은 유학 안에서 페미니즘에 관한 논의들은 일종의 페미니즘 포비아에 가까운 발상이라고 비판한다. 유교적 페미니즘이 가능해지기 위해서는 유교 자체에 인간 해방의 논리가 원천적으로 내재되어야 하는데, 유교 안에서 해방의 논리를 찾기는 어렵다는 논의들은 이러한 맥락에 있다. 강남순, 「유교와 페미니즘 그 불가능한 만남에 대하여」, 『유교와 페미니즘』(철학과 현실사, 2001).

가부장적이고 남성중심적이었으며 여성억압적이었음을 전적으로 부정할 수는 없으며, 그래서도 안 된다.

그러나 한때 여성억압적이고 남성중심적인 규범을 산출하는 이론이었다 해서 그 이론이 놓이는 시공간이 바뀐 후에도 변함없이 그럴 것이라고 미리 전제할 필요는 없다. 유학은 이제껏 이론 보완의 역사 속에서 발전해 왔으며, 그것은 현대에서도 계속되고 또 그래야 할 것이기 때문이다. 따라서 이 글에서는 성리학에서 여성의 공간을 재발견하기 위해 성리학적 사유를 가로지르는 작업을 시도하고자 한다. 이를 위해 나는 성리학적 사유에 대한 '의도적인 오독[2], 특히 욕망과 예에 대한 성리학적 해석과 성리학의 기본 과제인 성인·되기의 의미를 여성주의 입장에서 새롭게 읽는 방식에 주목하고자 한다.

여성주의 방법론은 지정성별 여성들에게 가해지는 억압과 지배를 걷어내는 것만이 아니라, 사회적 약자, 주변인으로 명명되는 젠더적 여성이 당하는 부정의함에 맞서는 것을 포함한다. 따라서 우리가 여성주의 철학이라 말할 때, 그것은 단지 생물학적인 여성의 몸에 기반하는 것만을 염두에 두지 않는다. 그보다는 이성/감성, 주체/타자, 중심/주변, 정신/육체, 인간/비인간, 문명/자연, 서양/동양, 남성/여성 등의 위계적 이분법을 넘어서는 것에 입각하면서, 이원적 구조가 야기하는 배제의 구조에 비판을 제기하는 학문 방법론을 의미한다.

따라서 이 글에서 '여성주의'는 여성의 권리 신장으로만 한정되는 것이

---

2) 이제까지와는 다른 방식의 독해를 시도한다는 의미를 강조하기 위해서 '오독'이라는 용어를 사용하지만, 엄밀한 의미에서 오독이 아닐 수 있다. 이러한 본 논문의 시도는 "텍스트 읽기는 텍스트 내부에만 머물 수 없는 텍스트 외부의 독자의 경험세계와 연결되는 활동"이라는 점에서 출발하며, 텍스트가 작품이 되는 것은 텍스트와 텍스트를 수용하는 자 간의 상호작용을 통해서 이루어진다는 리쾨르의 사유를 차용한 것이다. 폴 리쾨르, 김한식 역, 『시간과 이야기 1, 줄거리와 역사 이야기』(문학과 지성사, 1999), 179쪽 및 김애령, 「존재와 해석: 텍스트 읽기의 열린 가능성과 그 한계─드 만의 해체 독서와 리쾨르의 미메시스 독서─」, 『해석학연구』 29집(한국해석학회, 2012), 109~135쪽을 참고.

아니라 이제까지의 억압적이고 위계적인 패러다임을 전환하는 것이며 대안을 마련하는 전략의 의미를 지닌다. 여성주의 방법론에 입각함으로써 고립적이고 원자적인 주체의 상정, 주체/타자, 개인/공동체의 이분법적 구도를 지양하고 차이, 다양성, 개별특수성, 복수성 등을 전제하는 논리에 주목하는 성리학을 구상할 수 있다고 생각하기 때문이다. 이렇게 성리학을 재배치할 때, 주체-타자, 개인-사회의 관계성에 주목한 성리학의 이미지를 개발하고, 그 안에서 여성주의적 성리학의 가능성을 상상할 수 있게 된다.

　성리학과 여성의 밀접한 관계를 적극 해명하는 논의는 종종 있어 왔다. 조선 후기 성리학적 맥락 안에서 여성들의 주체에 대한 자각과 권리의식이나[3] 조선 후기 성리학이 영원성에 합일하려는 종교적 색채를 강화하는 방면으로 변화하였고 이것이 여성이 성리학에 접근하기 용이하게 한 원인으로 작용하였다는 연구[4] 등에서 성리학과 여성의 밀접한 관계가 논의되었다. 조선 후기 성리학이 종교적 색채를 띠었고 이것이 여성과 성리학의 긴밀한 관계를 가능하게 하였다는 내용은 일면 타당하다. 그러나 조선 후기 여성들이 내면 수양을 남성의 영역이라 전제하였다면 여성들의 성인·되기가 포기되었을 가능성을 배제하기 어려운데, 이와 관련한 논의가 불충분하다는 점에서 제한적이다. 또한 새로운 예와 여성의 관계를 제안한 논의가 있었지만 주체형성에 있어서의 예의 생산성 문제나 성리학의 타자성 측면 등을 주목하지 못했다는 점에서 그 역시 한계를 지닌다.[5]

---

3) 박현숙, 「임윤지당과 강정일당의 문학의 사상적 기반」, 『한중인문학연구』 9권(한중인문학회, 2002), 25~54쪽; 「강정일당, 성리학적 남녀평등론자」, 『여성문학연구』 제11호(한국여성문학학회, 2004), 57~79쪽.
4) 김현, 「성리학적 가치관의 확산과 여성」, 『민족문화연구』 제41호(고려대학교 민족문화연구원, 2004), 455~488쪽.
5) 김영민의 경우 개인-사회의 관계에 주목하고 예의 생산성에 주목하였다는 점에서 여성-성리학에 관한 다른 연구들과 차별점이 있다. 하지만 조선 후기 여성에게서

이러한 문제의식을 가지고 본 논문에서는 여성주의와 성리학의 관계를 성리학에 내재하는 타자성의 측면과 주체형성과 관련한 예의 생산성 문제, 그리고 성리학의 양가성과 그것이 산출하는 저항의 지점을 떠올리는 방식으로 논의하고자 한다. 이를 위해 논문에서는 우선 '극기복례위인克己復禮爲仁'의 의미를 재배치하는 속에서 욕망, 개체성, 타자성, 예, 여성주체 등의 관계를 살펴본다. 극기복례에 대한 성리학적 해석을 비판하는 사례를 고찰하고, 이들 해석 방식의 한계를 지적하는 속에서 성리학적 극기복례 이해가 지니는 여성주의적 의미를 발견해 본다.

또한 '성인가학聖人可學'을 젠더적 관점에서 고찰하는 속에서 여성의 성인-되기가 갖는 의미를 살펴본다. 특히 성리학적 규범과 젠더 규범 사이에서 발생되는 양가성이 여성－성인이라는 혼종의 주체를 산출하는 과정과 그것의 의미, 효과에 주목함으로써 성리학과 여성주의의 관계를 재조망한다. 이렇게 논의를 함으로써 (성리학＝여성억압)이라는 단순화된 인식을 넘어 유학에 대한 중층적 이해를 모색하고 나아가 여성주의적 성리학을 떠올려 볼 수 있다.


## 2. '극기복례克己復禮'의 성리학적 이해와 여성주의

극기복례에 대해서는 송대 주희의 해석과 설명을 비롯하여 다양한 논의가 있어 왔다.6) 극기와 복례의 의미를 어떻게 해석할 것인가를 통해 주체와 타자의

---

일상 속에서 끊임없이 반복되는 예의 능동적 주인이 되고자 하는 열망의 발현으로 설명한 데 그치고 예와 주체형성의 역동적인 권력 관계에 대한 자세한 분석이 이루어지지 못하였다는 점에서 한계가 있다. 김영민, 「형용모순을 넘어서」, 『철학』 83집(한국철학회, 2005), 7~33쪽.
6) '극기복례' 해석과 관련해서는 최해숙, 「나와 규범: 극기복례」, 『동양철학연구』 제26

관계, 욕망의 문제 등이 새롭게 규명될 수 있다는 점에서 극기와 복례에 대한 주희의 입장을 재조명하는 것은 성리학과 여성주의의 관계를 재배치하는 데 필수불가결하다. 주지하듯이 극기복례에 대한 논의는 인을 어떻게 실천해야 할까를 묻는 안연에게 공자가 극기복례함으로써 인을 할 수 있다고 답한 내용에서 시작한다. 『논어』「안연문인顔淵問仁」장을 주희의 독해에 입각하여 읽으면 다음과 같다.

> 안연이 인에 대해 물었다. 공자께서 말씀하셨다. "자기를 이겨서 예로 돌아가는 것이 인을 하는 것이니, 하루라도 자기를 이겨 예에 돌아갈 수 있다면 천하가 인에 돌아갈 것이다. 인을 하는 것은 자기에게서 말미암는 것이니 다른 사람에게서 말미암는 것이겠는가."[7]

이 대목에 대해 주희는 매우 상세하고 자세하게 설명한다. 주희가 『주자어류朱子語類』 권41의 전체 내용을 「안연문인顔淵問仁」장 설명과 해석으로 구성한 사실이나[8] "이 장의 문답은 곧 심법을 전하여 준 간절하고 긴요한 말이다. 지극한 총명함이 아니고는 그 기미를 살피는 것을 능히 할 수 없고, 지극히 강건함이 아니고는 그 결단을 이루는 것을 능히 할 수 없다"[9]고 설명한 대목은 그가 극기복례를 인을 실천하는 데 얼마나 중요한 것으로 생각했는지를 단적으

---

집(동양철학연구회, 2001); 도민재, 「『논어』 극기복례의 해석에 관한 연구」, 『동양철학연구』 제72집(동양철학연구회, 2012); 정현정, 「朱熹의 '克己復禮' 해석에 대한 고찰」, 『동양철학연구』 제80집(동양철학연구회, 2014) 등을 참고.

7) 『論語』, 「顔淵」 1, "顔淵問仁, 子曰克己復禮爲仁, 一日克己復禮, 天下歸仁焉, 爲仁由己, 而由人乎哉."
8) 『朱子語類』에서 어느 특정 문헌의 특정 장을 해석, 설명하는 데에 한 권의 분량을 할애한 것은 『論語』 「顔淵問仁」장이 유일하다. 『朱子語類』, 권41, 1042~1069쪽.
9) 『論語集註』, 「안연」 1장, "此章問答, 乃傳授心法切要之言, 非至明不能察其幾, 非至健不能致其決."

로 보여 준다. 주희의 극기복례에 대한 이해와 그에 대한 비판의 지점을 겹쳐 읽음으로써 성리학적 극기와 복례가 여성주의와 만날 수 있는 지점을 개발해 보기로 하자.

### 1) 타자의 윤리학으로서의 '극기克己'

『논어』「안연문인장顔淵問仁章」의 극기복례위인에 대한 주희의 설명은 다음 과 같다.

> 인仁은 본래 마음의 온전한 덕(全德)이다. 극克은 '이기다'요, 기己는 '몸의 사욕私欲'을 일컫는 것이다. 복復은 '돌아가다'요, 예禮는 '천리天理의 절문節文'이다. 인을 행한다는 것은 그 마음의 덕을 온전히 하는 것이다. 대개 마음의 온전한 덕은 천리 아님이 없지만 또한 인욕에 의해 파괴되지 않을 수도 없다. 그러므로 인을 행하는 자가 반드시 사욕을 이겨 예로 돌아가면, 일이 모두 천리에 맞고 본래 마음의 덕이 다시 나에게 온전해진다.[10]

주희에게서 극기는 '몸을 이김'으로, 이때 기己는 '이겨내야 할 대상'이다. 기에 대한 주희의 이러한 이해는 북송의 형병刑柄에게서 기인하며, 관련 내용은 다음과 같다.

> 이 주注에서는 '극克'을 '약約'이라고 풀이하였다. 유현劉炫은 말하였다. "극克의 훈고는 '이기다'(勝)이고, 기己는 '몸'(身)을 일컫는다. 몸에 기욕嗜慾이 있으면 마땅히 예의를 가지고 가지런하게 해야 한다. 기욕과 예의가 싸우면 예의

---

10) 『論語集註』, 「顔淵」 1장, "仁者, 本心之全德. 克, 勝也. 己, 謂身之私欲也. 復, 反也. 禮者, 天理之節文也. 爲仁者, 所以全其心之德也. 蓋心之全德, 莫非天理而亦不能不壞於人欲. 故爲仁者必有以勝私欲而復於禮, 則事皆天理, 而本心之德, 復全於我矣."

로 하여금 그 몸의 기욕을 이기게 하여 몸이 예禮로 돌아갈 수 있게 해야
한다. 이와 같아야 인仁이 된다."[11]

형병은 유현의 해석에 의거하여 '기己'를 '신身'으로 해석하며, '기욕'인 신身
은 예와 의에 의해 극복되어야 할 것으로 이해한다. 조기빈이 지적한 바와
같이 극기복례에 대한 이 같은 해석 경향은 한대 천리天理와 인욕人欲의 대립
구도에서 비롯되었고, 한대의 양웅楊雄, 수대의 유현劉炫을 거쳐 북송의 형병,
정이程頤 등에게서 보인다.[12]

그런데 극기를 이렇게 기욕(사욕)을 이김으로 이해하는 성리학적 해석 방식
은 명청대 유학자들에 의해 신랄하게 비판받는다. 그 비판의 지점은 기를 위인
의 주체로 볼 수 없게 만든다는 것인데, 주희를 포함하여 극기의 극을 이김으로
기를 사욕으로 해석한 것을 비판하는 안원顔元의 해석은 그 대표적인 예이다.

살펴보건대 극은 옛날에 할 수 있다. 이기다 등의 뜻으로 풀이되었다. 극복하
여 제거한다는 해석은 아직 들어보지 못하였다. 기己는 옛날에 몸(身)으로
풀이하였는데 이는 남(人)에 대비되는 것으로 기를 사로 해석하는 것은 아직
들어보지 못하였다. 대개 송유들은 기질에 악이 있다고 이해하였고 그러므로
기己를 사私로 간주하였다. 그리하여 '완전히 제거하다'(克盡), '사욕을 이기다
(勝)'라는 말을 만들어 냈다. 자기의 이목구체를 제거한다는 것이나 이겨 낸다

---

11) 何晏 注・刑昺 疏, 『論語注疏』, 「顔淵」, "[正義曰], 此注, 克訓爲約, 劉炫云, 克訓勝也. 己謂身
   也. 身有嗜欲, 當以禮義齊之. 嗜欲與禮義戰, 使禮義勝其嗜欲, 身得歸復於禮, 如是乃爲仁也."
12) '극기복례'의 '己'를 사적 욕망으로 이해하면서 제거해야 할 대상으로 보는 것은 程頤
   (1033~1107), 范祖禹(1041~1098), 呂大臨(1046~1092), 游酢(1053~1123), 尹焞(1071~
   1142) 등 북송시대의 학자들에게서 이미 공통된 입장이었다. 조기빈의 이 같은 주장
   은 주희의 『論語或問』에서 극기에 대한 이러한 해석의 연원을 양웅과 유현에게 두는
   대목이나 『論語精義』 및 『論語集注』에서 북송대 유학자들에게서도 이러한 해석 경향
   이 있었음을 밝히는 대목 등을 통해서 뒷받침된다. 조기빈, 조남호・신정근 옮김, 『반
   논어』(예문서원, 1996), 562~563쪽.

는 말은 불가하지 않은가? (이렇게 해석을 하면) 이치가 통하지 않음이 있고 또 아래 문장의 유기由己와도 분명 어긋나고 문맥도 어그러진다.[13]

청대 대진戴震 역시 안원과 이와 비슷한 맥락에서 주희의 극기 해석을 비판한다.

문: 『논어』에 "극기복례위인"이라 하였다. 주자는 그것을 해석하여 "기는 몸의 사욕이고 예는 천리의 절차와 문식이다"라고 주석하였다. 또 마음의 온전한 덕은 천리 아님이 없어서 인욕에 의해 파괴될 수 없다고 하였다……(己를) 사사로운 욕망이라고 일컫는다면 성현도 진실로 그것이 없다고 했을 것이다. 그러나 안자와 같은 현인이 사욕을 이기지 못하였디고 생각할 수 없다. 어찌 안자가 사욕에 파괴되었겠는가? 하물며 그 다음 문장에서 '위인유기爲仁由己'라 하였으니 무엇을 근거로 극기의 기와 위인유기의 기가 다른 뜻으로 사용된 것임을 아는가? 이 장 이외에 사욕을 일컬어 기己라고 한 예를 절대 본 적 없다.[14]

언뜻 보기에 안원이나 대진의 비판 요지는 기를 사욕으로 보고 이를 이기거나 제거해야 한다는 것으로 해석할 경우, 자의상 모순을 일으키게 됨을 지적하는 데 있는 듯하다. 안원과 대진 모두 '극기'의 '기己'를 사私로 보고 극기를 '사욕을 이김(제거함)'으로 해석하는 것이 극기에 연이어 나오는 '유기由己'의 '기己'와 다르게 해석되어 타당하지 않다는 주장을 하는 데서 알 수 있다. 그러나

---

13) 顔元, 『四書正誤』, "按克古訓能也勝也. 未聞克去之解. 己古訓身也. 人之大也. 未聞己私之解. 蓋宋儒以氣質爲有惡, 故視己爲私欲, 而曰克盡曰勝私, 不惟自己之耳目口體, 不可言去言勝, 理有不通且明與下文由己相戾, 文辭亦悖矣."

14) 戴震, 『孟子字義疏證』, 卷下, 「權」 2, "問論語言克己復禮爲仁, 朱子釋之云, 己, 謂身之私欲, 禮者, 天理之節文, 又云, 心之全德, 莫非天理, 而亦不能不壞於人欲,……謂之私欲, 則聖賢固無之. 然如顔子之賢, 不可謂其不能勝私欲矣, 豈顔子猶壞於私欲邪. 況下文之言'爲仁由己', 何以知克己之己不與下同. 此章之外, 亦絶不聞私欲而稱之曰己者."

이들의 비판에는 이러한 경학적 의미 이상이 포함되어 있다. 안원이나 대진에게서 '기己를 이감'이라는 해석은 문제가 되는데, 이렇게 해석할 경우 도덕 실천의 '주체'여야 할 자신이 극복의 '대상'으로 전락하기 때문이다.[15] 즉 기는 자기이며 이때 자기는 극복되어야 할 대상이 아니라 극복의 주체여야 한다는 것이다.[16]

비록 자명하게 기술되어 있지는 않지만 이러한 해석 방식은 개인의 자율적 실천성에 주목하여 인의 실천 주체가 '나'라는 점, 나 스스로가 도덕적 행위의 주체임을 강조하려는 의도를 전제한다. 그리하여 기己를 '책임의 주체'로, 극克을 '능히 하다'로 해석하는 속에서 주체의 자율성, 책임성, 자기완결성을 강하게 보장하고자 한다.[17] 그런데 극기의 극을 (주체가) '능히 하다'로 해석하면서 기己를 행위 주체로 이해하는 것은 의도적이든 그렇지 않든 강한 자율성을 지닌 주체를 상정하는 속에서 타자를 절멸시키는 근대 주체의 남성중심성의 이미지를 소환한다. 그리하여 근대 주체가 타자를 절멸시키고 타자를 대상화하는 것을 비판하고 관계성에 주목하는 현대 여성주의와 갈등한다.[18]

---

15) 주희의 극기복례 해석에 대한 안원의 비판을 통해 성리학적 극기복례 해석이 "몸을 극복 대상으로 삼음으로써 극기와 복례를 실천하는 실천 주체를 무시하게 된다"는 문제점을 지적한 관점은 조기빈, 조남호·신정근 옮김, 『반논어』(예문서원, 1996), 568~570쪽; 溝口雄三, 『中國前近代思想の屈折と展開』(東京大學出版會, 1980, 한국어판: 미조구찌 유조, 김용천 옮김, 『중국 전근대사상의 굴절과 전개』, 동과 서, 1999, 354~365쪽) 및 최해숙의 「나의 규범: 극기복례」, 『동양철학연구』 제26집(동양철학연구회, 2001), 204쪽 등에서 볼 수 있다. 최해숙은 조기빈의 논의에 의거하여 극기를 나의 사욕을 이김, 사욕을 제거함으로 해석하게 될 때 己가 대상화되는 것을 비판하며, 기의 행위주체성을 강조한다.

16) 최해숙, 위의 논문, 197~226쪽.

17) 이러한 사유들은 유학 내부에서도 자유, 권리, 욕망, 신체의 중요성을 강조하는 근대적 개인을 떠올리게 하고 자유주의 페미니즘이 강조하는 자율성, 평등, 권리 등의 이미지와 연결될 수 있는 지점으로 연결될 소지를 지니기도 한다.

18) 고립적이고 원자적인 근대 주체에 대한 여성주의 비판은 근대적 자아가 자기통치성으로서의 자율성을 완성된 인격의 조건으로 이해하는 것이 남성중심성과 연결된다는 입장을 견지한다. 따라서 공동체가 여전히 전통적인 성역할을 강화하고 성차별적 관

현대 여성주의는 강한 자율성 자체를 의구심의 눈으로 바라보면서 강한 자율성에 입각한 근대주체가 남성주체를 상정하는 것이라고 비판하는 논리를 견지하기 때문이다. 현대 여성주의 논의에 따르면 고립적이고 자기완결적인 자아를 상정하고 그 자아의 강한 자율성에 입각하는 논리는 남성중심성을 표방하는 것이며, 이는 인간의 취약성과 관계 의존성의 측면을 간과한다는 점에서 비판의 대상이라고 한다.[19]

이러한 맥락에서 인 실천의 주체를 '나를 이감'(克己)에서 시작하면서 그것을 다른 한편 사회적 규범과 타자와의 관계를 통합하는 나(由己)와 연결짓는 성리학적 해석 방식은 인간의 사적 욕망을 부정하고 나를 대상화한다는 점에서 단순히 비판되기보다는 관계적 자아의 맥락에서 재고해 볼 만하다. 극기에 대한 성리학적 해석 방식에서 개별 주체의 사적 욕망을 제거함으로써 주체의 의지를 삭제하였다는 지점보다는 나를 타자화하는 과정에 주목하여, 주체의 취약성, 타자와 타자성을 살려 둘 여지를 남겨 두는 지점 등을 발견해 보는 것이다. 극기복례를 이렇게 이해할 때, 불확실하고 예측이 불가능한 '나를 이기는 과정 (극기)이 시작하고, 이로부터 주체－타자의 관계성을 염두에 둔 타자성의 윤리학, 여성주의 돌봄 윤리학과 만날 계기를 마련할 수 있게 된다.

이러한 논의를 확장하기 위해 어느 누구보다 사욕을 강조했던 명말 이지(李贄)의 사(私)와 기(己)를 구분하는 설명을 들여와 보자. 이지는 사사로움을 인정해야

---

계맺음을 강조하였다는 점을 비판하면서도 공동체와 개인의 상호성, 관계성에 주목한다. Carol Gillian, *In a Difference Voice: Psychological Theory and Women's Development*(Cambridge, Harvard Univ. Press, 1982); I. M. Young, *Justices and the Politics of Difference*(Princeton: Princeton Univ. Press, 1990), p.117; Marilyn Friedman, "Feminism and Modern Friendship: Dislocating the community", *Feminism and Community*, eds. Penny A. Weiss & Friedmann(Philadelphia: Temple Univ. Press, 1995), p.188.

19) 허라금, 「관계적 자율성에 대한 철학적 연구—절차적 자율성과 실천적 자율성 논쟁을 중심으로」, 『철학』 120집(2014), 105~107쪽.

할 이유에 대해 다음과 같이 강조한다.

> 사사로움(私)이라는 것은 사람의 마음이다. 사람은 반드시 사사로움(私)이 있
> 은 후에야 마음이 비로소 나타난다. 만약 사사로움(私)이 없다면 마음도 없는
> 것이다. 예컨대 밭에 종사하는 사람은 사적으로 수확이 있어야 밭일에 힘쓰고
> 집에 있는 사람은 사적으로 창고에 수확을 얻을 수 있게 된 연후에 집안일에
> 힘쓰게 되며 학문을 하는 사람은 사적으로 진취함이 있은 후에 학업에 힘쓴
> 다.[20]

이지 철학의 핵심이 '사욕 인정'에 있다고 보아도 과언이 아닐 만큼 그는
매우 강력하게 사적 욕망을 인정하며, 이러한 그의 철학 경향은 그를 '이단자'로
호명하게 만든다.[21] 분명 이지의 철학은 성리학, 도학에 대한 비판에서 시작하
며, 그 비판의 핵심에는 사욕 인정의 내용이 들어 있다. 이러한 이유에서 그의
철학은 '사욕을 이길 것'을 주요한 과제로 표방하는 성리학의 입장에서 매우
위험하고 부담스러운 것으로 평가되었다. 그런데 이지가 극기복례를 이해한
측면에 주목해 보면, 그 역시 성리학자들이 그토록 염려하였던 타자를 절멸시키
는 주체의 이기성을 문제시했음을 발견할 수 있다.

> 사람들이 함께 더불어 하는 것을 예라 하고 나 홀로 하는 바를 기라고 한다.
> 배우는 자들은 흔히 자기만의 견해에 집착하는 경우가 많아 세속에 동화하지
> 못하므로 예 아닌 것에 들어가게 된다. 예가 아닌 예를 대인은 하지 않으니

---

20) 『藏書』, 卷32, 「德業儒臣後論」, "夫私者人之心也. 人必有私而後其心乃見. 若無私則無心矣.
   如服田者, 私有秋之獲而後治田必力, 居家者私積倉之獲而後治家必力, 爲學者私進取之獲而後
   學業之治也必力."
21) 한족 대신 만주족이 왕조를 세우는 천붕지해와 같은 상황이 발생한 것이 이지와 같은
   인욕 긍정의 논리에서 기인한 것이라는 명말청초 사대부들의 논리, 그리하여 황종희
   가 『明儒學案』에서 이지를 배제한 것은 이 같은 맥락에서 이해할 수 있다.

진정한 자기란 자기가 없는 것이다. 자기가 있다면 그것을 극복하는 것, 이것이 바로 안자가 말한 사물(四勿)이다.[22]

이 대목을 통해 볼 때, 이지는 분명 기己를 '타자와 함께하기'(禮)가 되지 않는 자기만의 고립적 상태로 보면서, 이러한 기己가 공公(혹은 州)의 안녕을 유지하는 데 방해가 되는 요소임을 인식한다. 물론 천리와 인욕을 엄격히 구분하면서 사적 욕망을 제거해야 한다는 성리학적 논의와 사적 욕망 그 자체를 인정해야 한다는 이지의 논의 사이에는 엄청난 간극이 있다. 그러나 타자와 함께하는 것으로서의 예禮를 '자기 없음'(無己), '개인적 편견을 극복하는 것'(克有己)에 두는 이지의 기己에 대한 인식은 성리학이 사私를 비판하는 의식과 맥락을 같이한다. 비록 이지와 주희의 철학에서 사私와 기己의 개념이 다르게 규정되고 있고 그것은 그들의 철학적 위상을 매우 다르게 위치 짓는 요인이 되지만, 그들 모두가 타자(공동체)와의 관계를 무시하는 이기성, 고립적인 주체의 설정을 공동체의 안녕을 위협하는 위험 요소로 이해하고 그것을 비판하였다는 점에서는 동일한 맥락에 있다는 것이다.

'극기'의 기己를 사욕으로 해석했든 아니든, 나(己)를 '이겨 내야 할 대상'으로 간주하는 해석 방식은 폭력적이다. 여기에는 이기성을 넘어서 타자와 조우해야 한다는 도덕적 책무가 강요되어 있고, 나의 이기성(사욕), 나만의 고집과 집착을 이겨 내야 한다는 책임성을 통해 자기 자신을 상해(傷害)하는 의미가 담겨 있기 때문이다.[23] 그러나 '기'를 극복되어야 할 나로 명명하는 성리학적 해석은 나를

---

22) 李贄, 『焚書』, 卷3, 「雜述」, 〈四勿說〉, "人所同者謂禮, 我所獨者謂己. 學者多執一己定見, 而不能大同於俗. 是以入於非禮也. 非禮之禮, 大人勿爲, 眞己無已, 有己即克. 此顏子之四勿也."

23) 주디스 버틀러, 양효실 옮김, 『윤리적 폭력 비판』(인간사랑, 2013), 22~31쪽. 버틀러는 주체화의 과정에서 필연적으로 나타나는 자아의 등돌림을 니체의 『도덕의 계보학』에서 도덕적 양심과 처벌의 관계에 대한 내용을 인용하고 이를 재해석하는 방식으로 설명한다.

전면 부정되어야 할 나로 버려두지 않는다. 주희에게서 기己는 극기의 기, 즉 성찰적 대상으로서의 나임과 동시에 성찰의 주체로서의 나(由己)로 통합되기 때문이다. 나 자신을 상해의 원인으로 소급시키고 나를 타자화, 대상화하는 과정을 겪게 하지만(克己), 그것은 자신이 타자와 언제나 연결되어 있음을 상기할 줄 아는 나(由己)와 통합된다는 것이다.[24]

레비나스의 논의에 따르면 윤리적 책임감은 주격 나(I)가 아니라 목적격 나(me)로부터 출현하며, 그 안에서 주체형성이 이루어진다고 한다.[25] 이러한 논의에 의거해 보면 '나'를 대상화하는 목적격 나(me)는 타자들의 고통과 함께하는 주체이며 언제나 공동선을 떠올리는 주체이다. 따라서 극기에 대한 성리학적 해석은 안원이나 대진 등이 비판하는 바처럼[26] '극기'와 '유기'가 서로 상반되며 갈등을 일으키는 상황을 초래하는 것이 아니라, 성찰적 주체로서의 나(由己)가 나의 이기성을 이기는(克己) 과정을 통해 출현하는 것임을 보여 준다. 그리하여 주체의 타자성, 타자에 대한 공감, 규범에 합당한 사회성을 취득하는 주체

---

24) 克己의 기와 由己의 기가 상반되는 의미가 아니라는 입장은 다산의 논의를 통해서도 뒷받침된다. 『論語古今註』, 卷6, 2b, "說者謂克己由己同一己字, 譏朱子訓己爲私, 不得云爲仁由私, 然大體己也, 小體亦己也, 以己克己, 何者非己? 克己之己, 由己之己, 無相妨也." 그러나 다산의 논의에서 극기의 기가 지니는 타자성에 대한 논의는 기대하기 어렵다. 극기복례의 극기를 여성주의 입장에서 재해석한 내용에 대해서는 김세서리아, 「소수자에게 말걸기를 위한 포스트 유교적 윤리」, 『유교사상문화연구』 65집(한국유교학회 · 성균관대학교 유교문화연구소, 2016), 247~251쪽을 참고.

25) Emmanuel Levinas, *Difficult Freedom: Essays on Judaism*, trans. Sean Hand(Baltimore: The Johns Hopkins University Press, 1990), p.89. 자아를 일인칭적 관점에서 설명하기보다 일인칭과 이인칭의 복합적 관점으로 설명하는 것은 미드의 논의에서도 볼 수 있다. George H. Mead, *Mind, Self, and Socity from the Standpoint of a Social Behaviorist*, ed. by Charles W. Morris(Chicago: University of Chicago Press, 1967, 한국어 번역: 조지 허버트 미드, 나은영 옮김, 『정신, 자아, 사회—사회적 행동주의자가 분석하는 개인과 사회』, 한길사, 2010, 175쪽).

26) 주희가 己를 사욕으로 해석한 것에 대한 비판은 焦循, 毛奇齡, 阮元, 凌廷堪 등에 의해서도 제기되었고 이들을 근거로 하는 조기빈의 입장이기도 하다. 조기빈, 앞의 책, 565~568쪽.

형성의 과정에 이르게 한다.

또한 이렇게 타자화된 나를 통해 주체의 대상화를 꾀하는 속에서 공동체와의 관계를 도모함으로써 주체를 창출시키는 성리학적 해석 방식은 여성을 비롯한 사회적 소수자와의 역동적 상호작용을 어떻게 마련할 것인가에 대한 윤리적 태도와 연결된다. 즉 나를 대상화하는 성리학의 극기 해석의 방식은 자신의 정체성을 설명하기 위해서 타자성이 언제나 필요한 것임을 보여 주는 것이며, 이를 통해 우리는 성리학이 여성주의 돌봄 윤리와 만나는 지점을 발견할 수 있다.

### 2) 주제형성의 조건으로서의 '복례復禮'

이렇게 극기를 '나를 이김'으로 해석하는 것은 주체를 대상화함으로써 주체의 타자성을 발견하게 한다는 점에서 타자와 관계 맺고 있는 주체를 소환하고, 그리하여 관계적 자아, 돌봄 윤리를 말하는 여성주의와 조우할 근거를 산출한다. 하지만 극기복례에 대한 성리학적 해석은 여전히 개체성을 억압하는 속에서 유교적 예를 내면화하게 만든다는 점, 즉 '나'가 외적, 사회적 규범에 복종하거나 사회적 제도에 예속되는 것일 뿐이라는 혐의에서 자유롭지 않다. 더욱이 전통 유교사회에서 음양내외법에 의거한 예가 여성을 억압하는 규제적 힘으로 작용하였다는 유교적 예와 여성의 관계는 성리학과 여성주의가 결별할 수밖에 없음을 공고히 하는 근거가 된다.

'나를 이김'(극기)과 '예로 돌아감'(복례)의 관계가 동시적인가 단계적인가를 둘러싼 논쟁이 있기는 하지만,[27] 이들 모두 시, 청, 언, 동에 있어서 예를 반복적

---

27) 주희는 『論語或問』에서 "극기에 해당하는 일을 먼저 하고 그 후에 복례에 해당하는 일을 한다고 이해하는 양웅과 같은 입장은 성인의 뜻을 위반하고 멀어지는 것"이라고

으로 수행해야 한다는 것, 예에 의한 몸의 훈육을 통해서 주체형성이 이루어진다는 점에서는 크게 다르지 않아 보인다. 예의 반복적 수행은 종종 예를 외부조건으로 이해하면서 외부로부터 주체에게 가해지는 것, 억압기제라는 맥락에서 이루어진다. 그리고 이때 예禮가 몸에 가하는 규제적 강제성은 유학과 여성주의의 친화를 불가능하게 하는 근거로 이해된다. 성리학적 규범을 담은 『소학』이나 『주자가례』 등에서 개인을 훈육하는 방식, 즉 예를 통한 개인 신체의 통제는 예의 개인통제 기능을 보여 주는 전형이다.[28] 『소학』 「경신」 장을 통해 시청언동에 있어서 예에 딱 들어맞는 몸 기르기의 다양한 방법을 볼 수 있다.[29]

곡례에 이르기를 귀 기울여 듣지 말며 고성을 질러 응답하지 말며 음란하게 쳐다보지 말며 게으르거나 방종하지 말며 노닐 때 거만하지 말며, 서 있을 때는 한쪽 발로 서지 말고 앉을 때 두 다리를 뻗어 삼태기처럼 하지 말며 잘 때 엎드려 자지 말며 머리카락을 묶을 때 다리(가발)처럼 하지 말며 관을 벗지 말고 힘들어도 웃옷을 벗지 말며 더워도 치마를 걷지 않는다.[30]

예기에 이르기를…… 발은 무겁게 손은 공손하게 눈은 단정하게 입은 다물고 소리는 고요하게 하며 머리는 바르게 숨 쉬는 것은 엄숙하게 서 있는 것은 덕스럽게 얼굴은 장엄한 모습을 해야 한다.[31]

---

비판한다. 朱熹, 『論語或問』, 「顔淵」 第十二, "楊氏以爲先克己, 而後復禮以閑之, 則其違聖人 之意遠矣."(『文淵閣四庫全書』 經部 191, 197冊, 四書類, 臺灣商務印書館 發行, 197~436)

28) 한도현 외 지음, 『유교의 예와 현대적 해석』(2004), 65쪽과 김언순의 「조선여성의 유 교화 연구—예의 기능을 중심으로」, 『교육철학』 제35집(한국교육철학회, 2006), 215 쪽은 예가 개인 통제의 기능을 가짐을 동일한 맥락에서 논의한다.

29) 『小學』 「敬身」은 3장에서 『논어』 「안연」의 四勿章 내용을, 14장 이하에서 『예기』 「곡례」, 「소의」, 「옥조」 등의 내용을 인용하여 예에 부합하는 몸 기르기의 방법을 기술한다.

30) 『小學』, 「敬身」 14장, "曲禮曰, 毋側聽, 毋噭應, 毋淫視, 毋怠荒, 遊毋倨, 立毋跛, 坐毋箕, 寢毋伏, 斂髮毋髢, 冠毋免, 勞毋袒, 暑毋褰裳."

31) 『小學』, 「敬身」 16장, "禮記曰……足容重, 手容恭, 目容端, 口容止, 聲容靜, 頭容直, 氣容 肅, 立容德, 色容莊."

또한 예가 음양내외법에 근거한다는 젠더적 특징은 예가 주체의 종속을 필연적으로 야기한다는 내용과 연결되어 한층 더 종속화 된 여성이미지를 구축한다.

> 무릇 궁실을 지을 때는 반드시 내외를 분별하고 궁은 깊게 문은 단단하게 한다. 내외가 우물을 같이 쓰지 않고 욕실을 같이 쓰지 않으며 변소를 같이 쓰지 않는다. 남자는 바깥일을 다스리고 여자는 집안일을 다스린다. 남자는 낮에 특별한 이유 없이 안방에 거처하지 않고, 부인은 특별한 이유 없이 중문을 엿보지 않는다. 남자는 밤길을 갈 때 촛불을 밝히고 부인이 일이 있어 중문을 나갈 때는 반드시 얼굴을 감싸서 가려야 한다.[머리를 덮고 얼굴을 가리는 따위 같은 것이다.][32]

이러한 대목에 의거할 때, 성리학의 예에 대한 여성주의적 비판과 평가, 즉 가부장적 규범으로서의 예가 여성을 얼마나 억압하였는지, 여성을 성리학적 젠더 규범에 어떻게 전면적으로 동화하고 종속화하였는지 등과 같은 비판의 논리는 나름의 설득력을 지닌다. 그동안 예와 여성의 관계를 다루는 문제들이 주로 예의 억압성을 신랄하게 비판하거나 폐기해야 한다는 내용에 머문 것은 이러한 이유에 근거한다.[33] 간혹 예를 외부에서 부과되는 것으로만 이해한

---

32) 『朱子家禮』, 卷1, 「通禮」, "凡爲宮室, 必辨內外, 深宮固門. 內外不共井, 不共浴堂, 不共厠. 男治外事, 女治內事. 男子晝無故不處私室, 婦人無故, 不窺中門. 男子夜行以燭, 婦人有故出中門, 必擁蔽其面.[如蓋頭面帽之類.]"

33) Martina Deuchler, *The Confucian Transformation of Korea: A Study of Society and Ideology*(Cambridge, MA, Harvard University Press, 1992); 한도현 외 지음, 앞의 책, 57~90쪽. 한편 유학의 예와 여성의 관계에 주목하고 새로운 접근의 필요성을 제시한 왕화영의 「유학의 예와 여성의 새로운 접근」, 『한국철학논집』 제61집(한국철학사연구회, 2019), pp.9~32가 있다. 유교적 예에 대한 여성주의적 비판이나 그에 맞서는 유교 진영의 반응 모두의 한계를 지적과 함께 유학과 여성의 새로운 관계 설정의 필요함을 강조한 맥락이 유의미하지만, 문제제기에 그치고 그에 대한 자세한 논증을 하지는 못했다는 점에서 아쉽다.

논의를 비판적으로 인식하면서 예의 생산성 문제에 주목한 연구가 있었지만, 이에 대한 논의를 적극적으로 밀고 나가지 못했다는 점에서 여전히 제한적이다.34) 따라서 만약 우리가 "여성주의적 성리학이 가능한가?"의 질문에 긍정적인 답변을 마련하고자 한다면, 예를 단지 억압기제로만 이해하는 것이 아니라 주체형성의 중요한 과정임을 이해하는 데서 시작해야 한다. 즉 예가 주체를 지배하거나 억압하기만 하는 것이 아니라 주체를 형성하기 위해 생산적으로 작동하는 메커니즘을 이해할 수 있어야 한다는 것이다.

이와 같은 문제의식 하에서 이 장에서는 극기복례의 복례에 주목하여 권력의 한 형태인 예가 어떻게 주체화의 과정과 연관되는지를 논의하고자 한다.35) 어떤 유교적 주체도 예 없이는 형성될 수 없다는 것과 동시에 예에 의해 생산된 그 주체가 예의 토대를 만드는 주체이기도 함을 이해할 때, 예와 주체 간에 설정되는 모순성을 설명할 수 있을 것이기 때문이다. 주지하듯이 유교적 주체의 형성은 오직 예의 수행 속에서만 나타난다. 예에 자신을 귀속시키지 않고는, 다시 말해서 예에 종속되지 않고는 자신에게 내재해 있는 천리天理를 확인할 방법이 없기 때문이다. 그렇다면 예에 자기를 귀속시키는 이 자기는 어떻게 자기가 예로 귀속되어야 할 것을 알고 또 예에 귀속함으로써 도덕주체가 될 것임을 아는 것일까?

이러한 논의를 위해 본 논문은 "권력은 우리가 단지 겨뤄야 할 어떤 것이

---

34) 김영민, 앞의 논문, 7~33쪽. 김영민은 예가 단지 억압기제가 아님을 강조하면서 성리학의 수양론적 차원에서 내면의 예에 주목한다. 예의 수행과 관련해서 선행적 자발성을 논의하고, 그것이 단지 내면적 침잠이 아니라 세계와 연결되어 있으면서 정치성을 지님을 논의한다는 점에서 예와 여성의 관계에 대한 새로운 국면을 시사한다. 그러나 주체화의 과정이 예와 예를 수취하는 자, 양자에 의해 이루어지는 것임을 밝히는 본격적인 논의에 이르지 못하였다.

35) 예를 주체생산의 근거로 보면서 조선 여성의 주체화의 양식을 논의한 연구로 김세서리아, 「『내훈』의 사서오경 (재)인용 맥락을 통해 본 여성주체와의 양식」, 『한국여성철학』 제32권(한국여성철학회, 2019), 1~29쪽이 있다.

아니라 존재하기 위해 의지해야 할 것이며 또한 우리의 존재 안에 품고 보존해야 할 것"[36]이라는 버틀러의 권력에 대한 이해에 의지하고자 한다. 버틀러의 논의에 의거하여 예의 양가적 속성을 분석하고, 이를 통해 유교사회에서 하나의 규범이자 담론의 기제로서의 예를 여성주체형성의 문제와 연결하려는 것이다.[37] 예의 양가성은 다음의 두 가지로 정리할 수 있을 것이다. 하나는 항상 주체에 앞서 있는 것이자 주체 바깥에 존재하는 것, 그리고 처음부터 작동하고 있는 것으로서의 예이다. 다른 하나는 주체에 내재된 것으로 주체의 의지가 반영된 효과로서의 예이다.

이러한 예의 양가성은 예가 개인을 지배하거나 억압하는 것만이 아니라, 예의 수행을 통해 주체형성이 이루어지고 그런 의미에서 주체형성을 위해 작동하는 것임을 설명할 근거가 된다. 즉 예는 외부에 있다가 주체의 내면에 일방적으로 작용하는 것이 아니라, 주체에 내재화되어 있는 천리와 상호작용하는 속에서 주체의 행위성을 연루시킨다는 것이다. 이렇게 보면 주체의 형성은 주체에 앞선, 외재적인 예를 수행하는 효과작용인 동시에 근본적으로 규정된 예의 내재성을 발현하는 과정을 통해 이루어지는 것이다. 따라서 예로의 귀속(복례)은 반드시 외부로부터의 예의 부름을 통해서만이 아니라 예를 수행하는 사람에게 내재해 있는 자발성이 내부와 외부의 연결 지점을 만드는 속에서 이루어지는 것이다. 즉 예를 수행하라는 외부의 강압에 못 이겨 억지로 답하는

---

36) 버틀러는 푸코의 담론적 생산성과 알튀세르의 호명이론에 입각하여 주체의 형성이 권력에 대한 근본적인 굴복으로 말미암아 시작됨을 설명한다. Judith Butler, *The Psychic life of power*(Stanford University Press, 1997, 국역: 주디스 버틀러, 강경덕 · 김세서리아 옮김, 『권력의 정신적 삶』, 그린비, 2019).

37) 성리학적 여성주체형성의 문제를 예와의 관계 안에서 새롭게 조망하는 작업을 위해서 버틀러의 권력과 주체형성의 관계 및 권력의 예속화에서 이루어지는 '수행성'(performativity) 개념에 주목할 필요가 있다. 버틀러가 제시하는 '수행성' 개념에 대해서는 주디스 버틀러, 조현준 옮김, 『젠더트러블』(문학동네, 2008), pp.338~350을 참고.

것이 아니라 예에 의해 부름을 받은 사람의 순응성(천리)을 통해 규정되는 것임을 보여 준다는 것이다.

이처럼 예는 주체를 강제하고 주체에 규제적이지만 또한 동시에 주체를 생산하는 효과이기도 하다. 흔히 예를 주체에 외재적인 것, 주체의 의지에 반해 강제되는 그 무엇으로 간주하는 경향이 있지만, 예는 주체(를)을 예속하는 기제이면서 동시에 예에 예속되기를 욕망하고 그 예속의 욕망을 시행하는 기제이기도 하며, 이러한 욕망을 통해 주체화의 과정이 이루어진다. 즉 주체의 형성은 반복적인 예의 수행을 통해 이루어지며, 따라서 주체는 단지 규범을 넘어서 또는 규범을 선행하여 존재하지 않는다.[38] 규범이 주체에 외재적이라고 할 때, 주체형성은 전적으로 외부 조건에 의해 이루어지거나 항상 억압과 금지의 형식을 취해야 함을 말하는 것이 아니라는 것이다.

그러나 주체를 형성하는 예와 주체 자신의 예를 구분하는 것에는 해소하기 어려운 애매함의 지대가 있고, 이는 예와 주체형성의 문제를 논의하는 데 언제나 난점으로 작용한다. 예는 주체에 외재적인 동시에 주체가 생성되는 장소이기도 한데, 이 양가성은 어떤 도덕주체도 반복적 예의 수행이 아니고서는 존재할 수 없다는 점을 이해하는 속에서야 설명이 가능하다. 즉 상기한 바와 같이 예에 의해 생산되어진 주체가 예의 토대를 만드는 주체이기도 한 이 전도적인 맥락을 이해할 때, 명백해 보이는 모순과 난점을 해소할 수 있다는 것이다.

따라서 시, 청, 언, 동에 있어서 예에 부합할 것을 요청하는 것은 예가 신체에 가하는 억압을 보여 주는 것이기도 하지만, 다른 한편 예의 반복적인 수행이 주체형성을 완수하는 일련의 과정임을 보여 주는 것이기도 하다. 이러한 속에서 유교적 주체형성의 특징, 즉 한 축에 예를 성실히 수행함으로써

---

38) 미셸 푸코, 오생근 옮김, 『감시와 처벌』(나남, 2020), pp.213~302; 주디스 버틀러, 김윤상 옮김, 『의미를 체현하는 육체』(인간사랑, 2003), pp.63~116·227~265 등을 참고.

모범적인 몸(성인)이 될 수 있다는 논리를, 다른 한 축에 예와 밀접하게 연관되는 주체의 내면을 설정하는 속에서 이 둘 간의 유기적 연결을 강조하는 설명 방식이 이해될 수 있다.

이처럼 언뜻 주체를 구성하는 외부 조건이기만 한 듯 보이는 예는 그와 동시에 주체의 내면이기도 하며, 이는 인간이 본래 타고난 본성이 이 예를 수행하는 능력과 직접적으로 연결된다는 사실을 통해 설명될 수 있다. 예와 주체와의 관계를 이렇게 이해할 때, 예라는 성리학적 권력 조건들에 근본적으로 의존하여 이루어지는 유교적 주체형성의 과정을 온전히 설명할 수 있고 그 안에서 여성주체형성에 관한 논의가 가능해진다. 더욱이 예에 대한 이 같은 이해 방식은 주체의 타자성을 설명하는 근거이며, 또한 나 자신의 '외재성[39]'을 발견하게 해 주는 매우 역설적인 근거이다. 그리하여 독립적이고 자율적인 주체가 아니라 주체와 타자의 관계를 주목하는 여성주의 주체형성의 논리와 만나는 지점을 시사한다.

예를 수행하는 속에서 상호 주체성의 조건을 산출하게 되는 과정을 『소학』을 비롯한 훈육서가 예를 실천하는 행위를 통해 주체가 타자를 어떻게 대우해야 하는지를 보여 주는 내용 안에서 살펴볼 수 있다.

성에 올라 손가락질하지 않고 성 위에서는 소리치지 않는다. 장차 집에 갈 때 주인에게 요구하기를 고집스럽게 하지 않는다. 당에 오를 때에는 반드시 소리를 내며 문 밖에 신이 두 켤레 있을 때에는 말소리가 들리거든 들어가고 말소리가 들리지 않거든 들어가지 않는다. 장차 문에 들어가려 할 때에는 시선을 반드시 아래로 내리며 문에 들어갈 때에는 빗장을 받들며 시선을 돌리지 말며 문이 열려 있었으면 또한 열어 두고 문이 닫혀 있었으면 또한

---

39) 주체의 타자성에 대한 논의는 주디스 버틀러, 양효실 옮김, 『윤리적 폭력 비판』, 51쪽을 참고.

닫되 뒤에 들어오는 자가 있거든 닫더라도 완전히 닫지 말아야 한다. 남의 신을 밟지 말며 남의 자리를 밟지 말며 옷을 걷어잡고 자리 모퉁이로 나아가 반드시 응답하는 것을 삼가야 한다.[40]

『소학』의 이 대목에서 우리는 일상의 구체적 행위 하나하나를 어떻게 해야 할지를 보여 주는 주체에게 부과된 명령어와 주체에게 가해진 억압의 측면을 본다. 하지만 여기에서 억압의 문제만을 보았다면 『소학』이 제시하는 주체형성의 중요한 지점을 놓친 것이다. 예컨대 성에 올라가 손가락질하지 말고 당에 오를 때 소리를 드높이라는 일련의 명령어 속에는 성에 올라가 손가락질할 때 타자가 느낄 두려움을 우려하는 마음과 방 안의 타자를 놀라게 하지 않으려는 배려가 내재되어 있다. 이처럼 훈육서의 일상의 행위를 규율하는 내용에는 단지 주체의 억압을 꾀하기보다는 예를 수행하는 주체로서의 나와 행위 대상으로서의 타자 및 사회규범으로서의 예가 작동하는 3자적 관계가 설정되어 있다.

그리하여 단지 내적으로 침잠하는 주체나 유아론적인 주체의 모습이 아니라 나를 억압하고 책망하는 책임의 주체이자, 나의 행위를 너 혹은 그에게 인도하고 나아가 특정 사회가 용인하는 규범과 연결 짓는 윤리적 주체를 제시한다. 즉 '나'는 예에 종속되고 예가 지시하는 바에 따라 행위하지만 바로 그 예속된 행위를 통해 도덕주체 · 되기의 과제를 완수할 수 있고 그러한 조건 안에서 비로소 나와 타자 간의 윤리적 관계가 시작됨을 보여 준다. 이와 같이 예가 지니는 양가성을 이해할 때, 성리학은 여성억압적이다 라는 단순화된 논리를 넘어설 수 있고, 성리학적 규범과 젠더 규범 안에서 어떻게 여성주체형성이 가능할 수 있었는지에 대한 논의를 할 수 있다. 그리하여 성리학과 여성의

---

40) 『小學』,「敬身」15장, "登城不指, 城上不呼. 將適舍, 求毋固. 將上堂, 聲必揚. 戶外有二屨, 言聞則入, 言不聞則不入. 將入戶, 視必下, 入戶奉扃, 視瞻毋回, 戶開亦開. 戶闔亦闔, 有後入者, 闔而勿遂. 毋踐屨, 毋踖席, 摳衣趨隅, 必愼唯諾."

관계를 새롭게 조망하는 데 한 걸음 다가설 수 있게 된다.

## 3. '성인가학聖人可學'과 여성의 성인·되기: 성리학의 양가성과 혼종적 여성주체를 중심으로

### 1) 성리학의 이중성과 양가성

유학에서 학문의 궁극적 목적은 내성외왕, 수기치인이며, 특히 성리학은 '배워서' 성인될 수 있음을 강조하는 속에서 성인·되기를 학문의 중요한 과제로 둔다. 성리학이 '누구나' 성인될 수 있다는 맹자의 생각을 '배워서' 성인될 수 있음으로 정교화한 것은 주지의 사실이다. "성인·되기가 배워서 가능한가?"는 질문에 대한 주렴계의 "그렇다"는 답변[41]은 '누구나' '배워서' 성인될 수 있음을 천명하는 단적인 예일 것이다. 이러한 성리학적 테제에 의거할 때 우리는 인간의 류적 평등성을 말할 수 있다. 그러나 여성들이 배울 기회를 제한하거나 혹은 남성과는 다른 방식의 배움을 강조하는 성리학적 젠더 규범은 "배워서 성인될 수 있다"가 갖는 평등성의 의미를 그만큼 휘발시킨다. 남아와 여아에게 다른 교육을 가르쳐야 한다는 성리학적 젠더 규범 안에서 누구나 배워서 성인될 수 있다는 명제는 결국 참이 아니게 되기 때문이다.[42]

---

41) 『通書』, 「聖學」第二十, "聖可學乎. 曰, 可."
42) 이는 몸을 가-국-천하로 은유하는 과정을 통해서 성인·되기를 강조하면서 동시에 여성의 몸이 은유되는 계기를 家로 제한하는 성리학적 몸 은유의 방식과 연결되어 있다. 한국여성철학회 엮음, 『여성의 몸에 관한 철학적 성찰』(철학과 현실사, 2000), 145~172쪽.

여섯 살에 숫자와 방위를 가르친다.[일, 십, 백, 천, 만을 일컫는다.] 남자는 글자를
익히기 시작하고 여자는 여자가 하는 작은 일을 익히기 시작한다. 일곱 살에
는 남녀가 함께 자리하지 않고 함께 식사하지도 않는다. 비로소 효경과 논어
를 읽는데 여자라도 또한 마땅히 읽어야 한다.

일곱 살 이하는 어린아이라 일컫는다. 일찍 자고 늦게 일어나며 때를 정하지
않고 먹는다.

여덟 살에는 문호를 출입하는 일이나 자리에 나아가고 음식 먹는 일을 반드시
어른 뒤에 하도록 하여 겸양을 가르치기 시작한다. 남자는 상서를 읽고 여자
는 중문을 나가지 않는다.

아홉 살에 남자는 춘추와 여러 사서를 읽고 비로소 강해하여 뜻과 이치를
깨닫게 한다. 여자도 또한 논어와 효경, 열녀전 여계 따위를 강해하여 대략
큰 뜻을 깨닫게 한다.[옛날에 어진 여자는 도서와 사서를 보고 스스로 거울을 삼지 않음이
없었으니 조대가 같은 무리는 모두 경술에 정통하고 의논이 명정하였다. 지금 사람들은 혹
여자에게 시가를 짓고 세속 음악을 맡아 하는 것을 가르치니 마땅한 일이 아니다.]

열 살에 남자는 외부의 스승에게 나아가 밖에서 지낸다. 시전과 예전을 읽거
든 (스승은) 그를 위해 강해하여 인의예지인을 알게 한다. 이후로는 맹자,
순자, 양자를 읽을 수 있으며 널리 여러 책도 보게 한다. 책을 읽을 때에는
반드시 그 중요하고 핵심이 되는 내용을 선택해서 읽는다.[예기의 학기, 대학,
중용, 악기 따위이다. 다른 책도 이와 같다.] 이단은 성현의 책이 아니니 마땅히 금하고
망령되게 보아서 그 뜻을 의심하고 어지럽게 하지 않아야 한다. 책 보는
것을 모두 통하면 문장과 글을 배우기 시작한다. 여자는 유순함과 순종과
여자가 하는 큰일을 가르친다.[43]

---

43) 『朱子家禮』, 卷1, 「通禮」, "六歲, 敎之數[謂一十百千萬]. 與方名[謂東西南北], 男子始習書字,
女子始習女工之小者. 七歲, 男女不同席, 不共食. 始誦孝經論語, 雖女子, 亦宜誦之. 自七歲以
下, 謂之孺子. 早寢晏起, 食無時. 八歲, 出入門戶及卽席飮食, 必後長者, 始敎之以謙讓. 男子
誦尙書, 女子不出中門. 九歲, 男子誦春秋及諸史, 始爲之講解, 使曉義理. 女子亦爲之講解論
語孝經及列女傳女戒之類, 略曉大義. [古之賢女, 無不觀圖史以自鑒, 如曹大家之徒, 皆精通經
術, 議論明正. 今人或敎女子以作歌詩執俗樂, 殊非所宜也.] 十歲, 男子出就外傅, 居宿於外.
讀詩書, 傅爲之講解. 使知仁義禮智信. 自是以往, 可以讀孟荀揚子, 博觀羣書. 凡所讀書, 必擇
其精要者而讀之. [如禮記學記大學中庸樂記之類. 他書倣此.] 其異端非聖賢之書, 傳宜禁之, 勿

성리학에서 성인되기를 위한 배움과 앎의 중요성을 강조하고 성인의 학문을 배우는 것이 필수적이라 말하면서, 남녀가 배워야 할 내용을 다르게 설정하고 남성들의 지식만을 성인·되기와 밀접한 것으로 인식하는 것은 '누구나 성인될 수 있다'와 '배워서 성인될 수 있다'는 명제 모두를 흔든다. 여성의 성인·되기 가능성을 보장하는 논리와 여성의 성인·되기를 방해하는 요인이라는 다소 모순되어 보이는 규범과 젠더 규범 모두가 성리학을 설명하는 핵심 내용인 속에서 성리학과 여성의 관계는 어떻게 규명될 수 있을까? 배워서 성인될 수 있다는 성리학적 테제와 그러나 여성의 지식 활동은 바람직한 것이 아니라는 모순적이고 양가적인 규범 속에서 여성들의 성인·되기가 전적으로 포기되지 않았음은 어떻게 이해되어야 할까? 이러한 물음에 답하기 위해 이 장에서는 성리학적 규범과 젠더 규범의 양가성이 산출하는 혼종의 여성주체와 그 전복의 효과, 의미를 논의하고자 한다.

성리학적 규범과 성리학적 젠더 규범을 가로지르는 성리학은 지배담론의 전형을 보여 준다.[44] 여성도 남성과 똑같이 천리를 부여받은 존재임을 인정하면서도 여성이 남성과 완전히 같아지는 것을 봉쇄하는 것에서 지배담론의 '갈라진 혀'(Forked Tongue)[45] 전략과 유사한 모습을 발견할 수 있기 때문이다. 이러한 성리학의 양가성은 흔히 성리학과 여성의 만남을 불가능하게 만드는 근거로

使妄觀以惑亂其志. 觀書皆通, 始可學文辭. 女子則教以婉婉."
44) Homi K. Bhabha, *The Location of Culture*(London and New York, Rouledge, 1994), pp.121~131 참고.(국역: 호미 바바, 나병철 옮김, 『문화의 위치』, 소명출판, 2002, 177~191쪽)
45) '갈라진 혀'(forked tongue)는 호미 바바가 포스트식민담론에서 제국주의의 지배담론이 갖는 양가성을 설명하는 개념이다. 본 논문에서는 성리학적 규범과 젠더 규범 사이의 모순점, 양가성이 이와 닮아 있다고 이해하고 이 양가성이 산출하는 '여성–성인'이라는 혼종 주체의 의미와 효과에 주목하였다. Homi K. Bhabha, *The Location of Culture*(London : NewYork : Routledge, 1994), p.122.(국역: 호미 바바, 나병철 옮김, 『문화의 위치』, 178쪽)

이해되어 왔다. "누구나 배워서 성인될 수 있다"가 류적 평등성을 보장하면서 여성의 성인 - 되기가 가능한 지평을 열어 주는 것과는 상반되게, 성인 - 되기에 필수불가결한 배움의 내용에 여성들이 접근하는 것을 허용하지 않거나 부분적으로 허용하는 것이 결국 여성의 성인 - 되기를 원천봉쇄하고 여성주체의 형성을 방해한다는 것이다.

확실히 "(누구나) 배워서 성인될 수 있다"나 "배움을 통해 성인이 되어야 한다"는 성리학적 규범과 "여성의 배움은 권장할 만한 일이 아니다" 내지는 "여성의 배움 내용은 남성의 그것과 달라야 한다"는 성리학적 젠더 규범 사이에는 이중적이고 모순적인 내용이 자리한다. 그리고 이러한 양가성은 여성의 남성에 대한 완전한 동일시를 실현가능하게 두지 않는다. 여성과 남성의 존재론적 동일성을 전제하면서도 동시에 여성이 남성과 완전히 같아지는 것은 허용하지 않기 때문이다. 때문에 여성들은 "낮에는 여자가 해야 할 일을 하고, 밤이 되어서야 낮은 목소리로 책을 읽었다"[46), "문학과 경술에 대해서 깊이 안으로 감추고 내돌리지 않았다"[47), "성현이 남긴 교훈을 마음속으로 탐구하였다"[48) 등과 같이 흉내 내기의 과정에서 모종의 두려움과 부담을 지닌다.

## 2) 혼종의 성리학적 여성주체

그러나 이러한 성리학의 모순성, 양가성은 여성들이 성인 - 되기의 과제를 포기하거나 좌절시키기보다는 '여성 - 성인'이라는 혼종의 주체를 산출하는 계기로 작용한다. '누구나' '배워서' 성인될 수 있다는 성리학적 테제는 여성들

---

46) 『允摯堂遺稿』, 「遺事」, "晝則終日攻女事, 至夜分低聲念書."
47) 『允摯堂遺稿』, 「遺事」, "於文學經術, 雖深自韜晦內而不出,……"
48) 『允摯堂遺稿』, 「引」, 〈文草謄送溪上時短引〉, "乃敢不拘方內, 潛心默究於方策所載聖賢遺訓."

역시 성인 · 되기의 과제를 간절히 희망하게 만들기 때문이다. 소혜왕후의 "너 희는 이를 마음에 새기고 뼈에 새겨 날마다 성인이 되기를 기약하라"[49]나 임윤 지당의 "내가 비록 부인이지만, 부여받은 성품은 애초 남녀의 구분이 있는 것이 아니다. 안연이 배운 바를 할 수는 없어도 내가 성인을 사모하는 뜻은 절실하다"[50], 강정일당의 "비록 부인이라도 실천할 수 있다면 또한 성인에 이를 수 있습니다"[51] 등은 그 단적인 예이다.

성리학적 규범이 젠더 규범과 부딪치면서 분열되는 양가성은 여성 역시도 성인 · 되기를 받아들이고 흉내 내기를 수행하게 만들지만, 이 모방과 반복은 그저 여성에게 남성을 덧씌우는 과정이 아니다. '여성−성인'이라는 혼종의 주체 는 성인의 아류이거나 남성의 재현이 아니라 남성, 성인으로 동일화되지 않고 미끄러지는 과정에서 산출되는 차이의 주체이기 때문이다. 남녀의 구분을 명확 히 하는 성리학적 젠더 규범 안에서 여성들의 성인 · 되기는 남성들의 성인 · 되 기와 다른 방식으로 이루어지며, 이 미끄러짐, 차이는 여성들 안에서도 다양하 게 나타난다. 여성도 성인될 수 있음을 직접적으로 표방하는 방식이나[52] 여성 들이 일상에서 담당했던 일을 성리학의 핵심 내용과 연결하는 방식[53], 또는 부덕을 통해 여성도 성인의 도를 극진히 할 것을 강조하는 방식[54] 등을 통해

---

49) 『內訓』, 「序文」, "汝等銘神刻骨, 日期於聖."
50) 『允摯堂遺稿』, 「克己復禮爲仁說」, "噫, 我雖婦人, 而所受之性, 則初無男女之殊, 縱不能學顔 淵之所學, 而其慕聖之志則切."
51) 『靜一堂遺稿』, 「尺牘」 42, "然則雖婦人而能有爲, 則亦可至於聖人."
52) 소혜왕후나 임윤지당, 강정일당 등과 같이 여성도 성인될 수 있음을 주장하면서 성인 되어야 할 것을 강조하는 것이다.
53) 이빙허각이 음식 만들기, 술 빚기, 옷 짓기와 양잠, 길쌈, 농사일과 가족 경제, 태교와 양육 등 여성의 일을 인간 본성, 도덕주체, 교육 등의 문제와 연결하여 이해한 것은 그 대표적인 예이다. 관련 내용이 김세서리아, 「조선 후기 여성 문집의 유가경전 인 용 방식에 대한 여성철학적 고찰: 이사주당의 『胎敎新記』와 이빙허각의 『閨閤叢書』를 중심으로」, 『한국여성철학』 30집(2018), 111~116쪽에 보인다.
54) 김호연재의 성인 · 되기를 향한 자기배려적 실천은 하나의 예이다. 『자경편』, 〈자수

여성들의 성인·되기가 지니는 '차이들'을 발견할 수 있다.

여기서 흥미로운 것은 '성인·되기'라는 성리학적 규범과 '여성의 배움을 부분적으로만 허용하는' 젠더 규범 사이의 모순적 양가성으로 인해 발생하는 여성들의 '다르게 흉내 내기'가 지배담론으로서의 성리학적 젠더 규범을 약화시키는 효과를 산출한다는 것이다. 여성들의 흉내 내기는 단지 '재현'(representation)이 아니라 '반복'(repeat)으로 '차이'(difference)를 발생시키며, 이는 지배담론의 권위를 분열시키고 복수화함으로써 성인의 이미지를 단일함, 순수함으로 유지하지 못하게 만든다.[55] 그리하여 매우 통일적이고 안정화된 성인 정체성의 이미지를 복수적(plural)인 것으로 만들면서 성리학 담론을 비틀고 전복하는 효과를 보여 준다.

또한 '누구나 배워서 성인될 수 있음'을 강조하지만 '배움'에서 여성을 삭제 혹은 위축시키는 성리학의 지배담론은 누구나 성인·되기의 욕망과 그러나 규범에 대한 타자로서의 여성을 배제하려는 욕망의 양가성으로 성리학적 여성 정체성 역시도 순응적인 이미지로 단순화하거나 고정화시키지 못한다. 성리학적 젠더 규범에 전적으로 순응하기만 하는 것처럼 보이는 여성들은 성리학의 지배담론의 양가성을 전개하면서 흉내 내기의 이중적 전망 안에서 타자의 지식을 생산하고, 여성들의 언어와 방식으로 재구성, 재의미화 하기 때문이다.

이처럼 성리학의 양가적 특성은 성리학적 규범과 젠더의 문제가 절묘하게 섞여 남성에게만 성인·되기의 과제를 허용하고자 했던 지배담론 자체를 흔드는 아이러니를 산출한다. 양가성으로 인해 (남성)성인과 닮았지만 (남성)성인과는 다른 '여성-성인'이라는 혼종성, 차이를 발생시키고, 이를 통해 애초 성리학

---

장), "但當修身養德, 專治其行 雖有不通無識之類, 終不覺悟, 非吾所知, 惟當自盡其道而已."
55) Homi K, Bhabha, 앞의 책, pp.125~126.(국역: 호미 바바, 나병철 옮김, 『문화의 위치』, 182·184쪽)

이 구상한 성인의 통일적이고 안정된 이미지는 물론 성리학적 여성정체성의 단일함을 분열시킨다. 그리고 이러한 성리학적 의도와 실천 사이의 균열은 마침내 성리학과 여성의 조우가 가능한 지점을 상상할 수 있게 만든다.

## 4. 나오는 말

여성주의적 성리학이 가능한지, 어떻게 가능한지를 답하기 위해서 우리는 어떤 특정한 의미를 지니고 내뱉어진 말에 내포된, 감추어진 의미를 새로운 틀 안에서 드러내는 방식으로 작업할 필요가 있다. 이러한 방법을 통해서 본래의 의미와 아주 다른 새로운 의미를 창출할 수 있고 본래의 목적과 정반대로 인용될 가능성이나 획기적인 반전을 일으키는 방식으로 의미화할 수 있을 것이기 때문이다. 이러한 문제의식 하에서 본 논문에서는 '그것(성리학)을 통해 말하기'(speaking through), '비틀어 말하기', '되받아쳐 말하기'(speaking back)의 방식56)을 활용하여 여성주의적 성리학을 성공적으로 재구성하고자 하였다.

본 논문에서 이러한 논의는 '극기복례'와 '성인가학'에 대한 성리학적 논의를 여성주의 관점에서 성찰함으로써 성리학에 대한 가치전도, 역발상, 논리 비틀기, 의도된 오독을 통해 이루어졌다. 즉 극기에서 나를 이김이 목적어로서의 나를 통해 타자성을 소환한다는 것, 복례에서 예를 주체의 내면을 잠식, 억압하는 외부 조건으로만 이해하지 않고, 주체형성 자체가 예를 떠나서 혹은 예라는 규범에 정면으로 맞서서가 아니라 예에 의존하여 이루어지는 것임을

---

56) 어떤 동일한 발언이 그 발언을 건네받은 자에 의해 어떻게 차지되고 변하게 되느냐에 따라 전복의 효과를 산출할 수 있다는 전략에 대해서는 주디스 버틀러, 유민석 옮김, 『혐오발언』(알렙, 2016), 178쪽을 참고.

밝히는 속에서 예와 여성주체의 관계를 설명하였다. 예와 주체형성의 관계를 이렇게 설명함으로써 기(己)와 대비되는 예(禮)를 보고 듣고 말하고 행동하기에 적용하는 과정이 단순히 억압이 아니라, 주체를 생산하는 근본적이고 본질적인 조건이자 이론 근거임을 보여 주고자 하였다.

또한 배워서 성인될 수 있다는 성리학적 규범에서 원형 모델을 충실히 따르는 흉내 내기가 어떻게 차이를 발생시키면서 그 규범 자체를 흔드는 전복의 논리를 만들어 내는지를 살펴보았다. 그리하여 전통 유교사회에서 여성들은 남성들의 성인 - 되기를 흉내 내지만, 그 흉내 내기는 '다르게' 흉내 내기로서의 '성인'이 아니라 '여성 – 성인'이라는 혼종의 주체를 산출한다는 것, 그리고 이 혼종의 주체가 남성에게만 성인 - 되기의 계기를 마련해 주었던 성리학적 젠더 규범을 흔드는 효과를 발생시킨다는 것을 제시하였다.

이러한 논의를 통해 애초 성리학적 말하기가 초래한 억압의 상처로부터 멀어질 것을 희망하고, 성리학과 여성주의의 만남이 어렵지만 불가능한 것은 아님을 강조하였다. 성리학에서 여성은 억압에 순응하는 아무것도 아닌 존재인 것 같지만, 사실은 여성들이 나름의 방식으로 주체형성을 꾀하는 장면, 성인 - 되기에 참여하도록 허용하는 장면을 포착할 가능성을 지님을 보여 준다. 물론 성리학과 여성주의 사이에는 어려운 난점이 놓여 있음을 부정할 수는 없다. 하지만 그 난점들은 성리학에 대한 가열한 비판이나 전면적 파괴, 또는 방어적 유지, 단순 포기할 것 등을 명명하는 것이 아니라, 성리학의 내용을 재배치, 재구성하는 방식 안에서 해결의 실마리를 드러낸다.

왜냐하면 여성에 대한 성리학적 '말하기'가 유교적 여성 정체성을 최종적으로 결정하는 것은 아니며, 그럴 수도 없기 때문이다. 또한 '여성'과 '성리학' 사이에는 결정되지 않은 관계 맥락이 있으며, 그 관계는 애초에 계획된 수행적인 권력(예)이 양가적이고 애매모호함을 밝히는 전략, 의미를 재구성하는 작업,

재의미화의 과정을 통해 드러날 수 있다.[57] 이 논문은 이러한 문제의식 하에서 성리학과 여성의 관계를 재조명하는 하나의 시도였으며, 이 같은 작업은 앞으로도 계속되어야 한다.

---

57) 버틀러는 권력을 지닌 발언이 생각만큼 단단하거나 확실하지 않으며 애매모호하다고 주장하며 이 애매모호함으로 인해 발언은 항상 같은 방식으로 의미화되지 않고 변화, 탈선할 수 있다고 말한다. 주디스 버틀러, 유민석 옮김, 『혐오발언』, 168쪽.

# 제4장 동아시아 실학의 형성과 발전에 대한 재고*
## ― '동아시아 실학' 개념 정립과 그 시대 구분을 중심으로

김결

## 1. 서론: '동아시아 실학' 개념 정립의 당위성에 대하여

'실학實學'이라는 명칭은 본래 여러 대상에 두루 적용 가능한 일반명사다. 일반명사로 기능하는 실학의 '실' 또한 어떤 학술적인 내용이 아닌 한자 뜻 그대로 풀이한 '진실한', '진정한' 의미의 수식어에 해당하며, 따라서 일반명사로서의 실학은 사실상 학문 자체를 가리키는 '진정한 학문'(genuine learning)을 의미한다. 그러나 현재 한국에서 실학은 더 이상 일반적인 의미에서의 진정한 학문이 아니라 조선 후기 양난兩亂 이후, 특히 17세기부터 18세기까지라는 구체적인 시간 동안 "정치·경제·종교 및 문화 등의 제반제도를 개선하여 임진왜란·병자호란으로 인한 절박한 민생문제와 사회문제를 해결하자는 데 치중"[1] 했던 특정한 내용을 담은 역사용어로 이미 고유명사화되었다. 정리하자면, 한

---

* 이 글은 성균관대학교 유교문화연구소 비판유학·현대경학 연구센터 주최 학술대회 〈현대경학의 방법론적 모색 II: 21세기 성리학 연구, 어떻게 할 것인가?〉(2023.2.10.)에서 발표한 것으로 "Rethinking the Foundation and Development of East Asian Silhak" (*Journal of Confucian Philosophy and Culture*, vol. 41, Feb. 2024)의 국문본임.
1) 이홍직 편저, 「실학사상」, 『國史大事典』(서울: (주)학원출판공사, 1999), 806쪽.

국에서 '실학'(practical learning)이란 17~18세기까지 현실에서의 실천을 특히 중시하고 이로부터 사회제도의 개선을 적극적으로 추진하는 조선 후기의 강화된 유교적 경세론經世論이며, 이것이 바로 한국 실학의 가장 원초적인 의미라고 할 수 있다.

이와 같이 '한국 실학' 정의定義 자체에 뚜렷하게 드러나는 역사적 특수성으로 인해 중국과 일본까지 포함하는 '동아시아 실학'의 개념 정립과 그 내용의 구성은 더욱 까다로워질 수밖에 없다. 일반적인 의미에서 진정한 학문을 가리켰던 '실학'이 한국에서는 17세기부터 18세기까지 '조선 후기'라는 역사의 특수한 학술적 경향을 가리키는 용어로 고유명사화된 상황에서, 동아시아 실학이 단순히 한국, 중국, 일본의 학문과 사상을 지역적으로 병합하는 수준에 그치지 않고 삼국을 관통할 수 있는 어떤 일관성을 구축하고자 한다면 기본적으로 조선 후기인 17~18세기에 중국과 일본에서도 '강화된 유교적 경세론'과 같은 학술적 경향이 존재해야 하기 때문이다. 그리고 주지하다시피 임진왜란(1592)과 병자호란(1636)의 발발, 명의 멸망과 청의 건립(1644), 에도 막부의 시작(1602) 등 한중일 동아시아 삼국에 이른바 '역사적 전환'이라고 할 수 있을 만한 사건들이 17세기 초중반 연이어 발생하면서, 중국 명말청초의 기학氣學과 일본 에도시대의 고학古學에서도 조선 후기 실학 학풍과 유사한 흐름, 즉 유교사상의 내용을 구성하는 이론들 가운데 형이상학적인 심성론보다 현실에서의 적극적인 실천과 사회 개혁적 성격을 중시하는 유교적 경세론이 강화되는 현상이 나타난다. 이렇듯 17~18세기라는 비슷한 시기에 조선 후기의 실학, 중국 명말청초의 기학, 일본 에도시대의 고학이 이론적인 측면보다 현실세계의 실제적 행위에 무게중심을 두기 시작했다는 점은 이 현상이 개별 국가의 일시적 유행이 아니라 동아시아 삼국을 아우르는 사상적 추세임을 방증함과 다름없다. 따라서 만약 소위 '동아시아 실학'이라는 개념이 '17~18세기 유교적 경세론의 강화'라는 맥락 위에서 한중일의 실학, 기학, 고학을 가리키는 내용으로 성립된다면, 그 개념 정립의 당위성만큼은 충분하다고 볼 수 있다.

그러나 '19~20세기'라는 시기를 대상으로 '동아시아 실학'을 논한다면, 우리는 다음과 같은 여러 질문을 던져야 한다. 즉 17~18세기 한국, 중국, 일본의 '강화된 유교적 경세론'이라는 사상적 공통점으로 '동아시아 실학'이라는 특정한 학술 영역을 구축한 것처럼, 19~20세기에도 삼국의 사상과 문화에서 공통적으로 드러나는 유사한 흐름을 발견할 수 있는지, 발견되는 그 유사한 흐름을 여전히 우리는 '유교적 맥락'에서의 실학이라고 부를 수 있는지 말이다. 게다가 앞서 밝혔듯 한국에서 현재 '실학'은 사실상 시대를 막론하고 주로 조선 후기 유교사상 내 현실개혁적 사유를 중시하는 학문을 가리키는 학술용어로 고정되었음을 감안한다면, 19~20세기를 포함해서 현재 중국과 일본에서 이해되는 '실학'을 '조선 후기 유교적 경세론의 강화로 특정화된 한국 실학과 동일 선상에 놓고 비교 가능한지도 짚고 넘어가야 할 문제다.

본고는 이상의 문제의식에 근거하여 거시적인 관점을 위주로 동아시아 실학 사조思潮의 형성과 발전을 재조명하려 한다. 먼저 17~18세기 한국, 중국, 일본의 실학 사조 형성과 그 특징을 간략하게 살펴보고, 그 다음 한중일 동아시아 실학에 대한 19~20세기 연구의 문제점을 분석, 검토할 것이다. 마지막으로 21세기 동아시아 신실학은 유교 내부의 고유한 관점인 내성외왕에 근거하여 먼저 주자학과 실학의 동시적 관계를 정립하는 데에서 시작해야 함을 논해 보고자 한다.

## 2. 17~18세기 동아시아 실학과 19~20세기 한국 실학의 변화

앞서 언급한 바와 같이 17세기에 접어들면서 한국, 중국, 일본이 '따로 또

같이' 급변하는 역사적, 정치적 상황을 조우하며 동아시아 삼국의 학문과 사상에도 상당한 변화가 일어나기 시작한다. 바로 현실세계의 실제 행위와 구체적인 실천을 중시하며 이를 통해 생활과 사회를 개선하고자 하는, 이론보다는 실천 중심의 사상적 추세가 공통적으로 형성되기 시작한 것이다.

먼저 한국에서 이러한 사조는 양난 이후 점차 부각되면서 18세기에 이르러 하나의 사상적 경향으로 특정화할 수 있을 만큼 명확해졌는데, 이것이 바로 한국인에게 익숙한 '조선 후기 실학'이다. 일반적으로 유형원柳馨遠(1622~1673), 이익李瀷(1681~1763), 정약용丁若鏞(1762~1836) 등을 대표적인 학자로 꼽는 이 사조는 당시 주자학의 이론화에 과도하게 치중하면서 상대적으로 실천적인 측면이 약화된 상황을 비판하며 나라를 다스리고 민생을 안정시키는 경세론을 강화하는 데 중점을 두고 있다.

한편, 한국뿐만 아니라 중국에서도 위와 같은 비슷한 사상적 전환이 일어난다. 17세기 중국에서는 양명 심학이 말류에 이르러 광선狂禪의 폐단으로 흐르면서 심성心性에 대한 공허한 담론이 만연하고 경세제민에 대한 의지가 결핍된 사회적 풍조를 비판하는 목소리가 이미 명 말부터 출현하기 시작한다. 그리고 1644년 명나라가 멸망한 이후 세워진 청나라에서는 이러한 사상적 경향이 더욱 심화되어 추상적인 형이상적 담론보다 인간의 경험적 기질 및 정감을 강조하고 현실적인 개선을 더욱 중시하게 된다. 이러한 사상적 경향이 바로 명말청초 '기학氣學'의 주요 내용이며, 대표적인 학자로는 황종희黃宗羲(1610~1695), 안원顏元(1635~1704), 대진戴震(1724~1777) 등이 있다.

17세기경부터 사회와 현실에 대해 실질적인 행위를 요구하는 사상적 추세가 한국과 중국에서 조선 후기의 실학, 명말청초 시기의 기학으로 발전했다면, 일본의 경우 에도시대의 '고학古學'으로 드러났다고 볼 수 있다. 에도시대 고학 또한 실학 및 기학과 마찬가지로 초월적인 천도天道 혹은 심성에 대한 논의보다는 현실에서의 경험적 지식과 실천을 더욱 중시하고 있는데, 특히 주자학을 비판하며 공맹의 가르침으로 돌아가 유학의 진리를 파악할 것을 강조한다. 이러한 '고학'에 속하는 대표적인 학자들, 즉 이토 진사이(伊藤仁齋, 1627~1705), 오규 소라이(荻生徂徠, 1666~1728), 다자이 슌다이(太宰春台, 1680~1747) 등은 주자학이 유학의 본의를 오해했다고 파악하며 공맹의 저술에 직접 근거하여 실천할 것을 주장하였다.

이와 같이 17세기부터 18세기까지라는 특정한 시기에 흥기한 '신학풍'이었던 한국 조선 후기의 실학, 중국 명말청초 시기의 기학, 일본 에도시대의 고학이 공통적으로 드러내는 특징을 대략 세 가지로 요약해 보면 다음과 같다. 첫째, 리기론과 같은 철학적 이론에 기초한 주자학이 천도와 성명 및 심성 개념으로 보편절대적 진리를 주창하는 데 비해, 실학, 기학, 고학은 모두 경험이 가능한 현실에서의 구체적인 행위를 더욱 강조한다. 둘째, 바로 실학, 기학, 고학이 실질적인 행위와 그 사회 제도의 효과적인 개선을 특별히 중요시하기 때문에, 상대적으로 리理보다는 기氣가 더욱 부각된다. 셋째, 실학, 기학, 고학은 전체적으로 주자의 학설에 대해 비판적이며, 따라서 비교적 공맹 위주 선진유학으로의 회귀적 경향이 두드러진다. 이처럼 조선 후기 실학, 명말청초 시기 기학, 에도시대 고학이 공통적으로 지니는 유사성을 통해서 알 수 있듯이 이들 학풍의 기조는 여전히 유교사상이라는 토양에 그 뿌리를 두고 있으며, 이런 점에서 17~18세기 이후 한중일의 실학, 기학, 고학을 중심으로 하는 '동아시아 실학'은 사회 실천적인 측면이 상당히 강화된 유교적 경세론이라고 할 수 있다.

하지만 우리는 19~20세기, 특히 20세기 중후반에 주로 언급되기 시작한 '동아시아 실학'의 '실학'과 앞서 언급한 17~18세기 '조선 후기 실학'의 '실학'이 가리키는 내용에 상당한 거리가 있음을 주의해야 한다. 구체적으로 말하자면 19세기 후반 개항기를 전후하여 영英·정조正祖 시대 유교사상의 경세제민經世濟

民을 집중적으로 강화시켰던 유학자들에 대한 관심이 고조되었고,[2] 20세기 초에 이르러 일제의 식민통치를 조우한 한국의 지식인들에 의해 17~18세기의 강화된 유교적 경세론은 '실학'으로 지칭되며 체계화된다.[3] 이때 핵심은 '실학'의 체계화 및 계보화를 추진했던 19~20세기 한국 지식인들의 목적이라고 할 수 있는데, 그들은 첫째, 일제의 식민통치에 저항하기 위한 민족의식을 고취하고자 조선의 전통사상을 주목하였으며, 둘째, 세계열강이 일찍이 이룩한 경제발전과 서구적 근대화를 현실화하고자 조선 역사 중에서도 조선 후기 경세치용 및 이용후생 정신을 특히 강조했던 사조를 '실학'이라 부르며 전통사상 내 근대적 사유의 존재를 발굴한다.[4]

이처럼 출발부터 '근대화'에 중점을 두고 시작된 한국 실학의 연구 경향은 한국이 1945년 일제로부터 독립한 이후에도 지속된다. 특히 1953년 한국전쟁이 끝난 후 한국은 1960년대부터 경제 방면에서 본격적으로 근대화를 추진하기 시작하는데, 이때 조선 후기 실학은 경제 성장을 통해 민부와 국부를 추구하는 '근대화의 맹아'로 묘사되었을 뿐 아니라 더 나아가 약 35년의 일제강점기를 포함해서 지금까지도 만연한 식민사관을 극복하기 위한 '내재적 발전론'(indigenous

---

2) 1876년 개항기 전후 조선 후기 유교 經世家들의 사상에 대한 개념화 시도에 관한 논의는 다음을 참고하였다. 조광, 「개항기 및 식민지시대 실학연구의 특성」, 『한국실학연구』 제7호(한국실학학회, 2004), 214~223쪽.

3) 노관범에 따르면 학술적 개념, 역사적 지식으로서의 '실학'의 체계화는 최남선이 「조선역사강화」(1930)에서 英·正祖 시대 유교사상의 경세론을 단순 서술이 아닌 최초로 '실학의 풍'이라 규정하며 사상적 측면에서 적극적으로 해석함으로써 시작되었다. 노관범, 「한국 통사로 보는 '실학'의 지식사 시론」, 『한국문화』 88호(서울대학교 규장각 한국학연구원, 2019), 229쪽.

4) 이경구, 「실학」, 한국학중앙연구원 편저, 『한국학 학술용어』(성남: 한국학중앙연구원 출판부, 2020), 182쪽 참고. 대한제국 및 일제강점 시기의 실학 연구 과정과 실학 개념 변화에 대한 논의는 다음을 참고하였다. 이경구, 「실학」, 한국학중앙연구원 편저, 『한국학 학술용어』(성남: 한국학중앙연구원 출판부, 2020), 189~195쪽; 노관범, 「전환기 실학 개념의 역사적 이해」, 『기억의 역전: 전환기 조선사상사의 새로운 이해』(서울: 소명출판, 2016), 276~319쪽.

development theory)의 주요한 근거로 지목된다.5) 이와 같이 본래 유교사상의 강화된 경세론을 의미했던 17~18세기 조선 후기 '실학'은 이상 일련의 과정을 거쳐 20세기 중후반 특히 경제적인 방면에서 근대성을 추구하는 '실학'이라는 의미가 더해진다.

그런데 실학에 있어서 '근대화의 실학'이라는 역사적, 정치적 의식을 주류로 하는 연구 경향은 한국에서 그치지 않는다. 본래 조선 후기 실학과 같이 유교사상의 강화된 경세론을 뜻했던 중국의 기학과 일본의 고학을 '실학'이라 부르며 '경제 성장 중심의 근대화'라는 특정한 시대 의식을 강하게 투영시키는 연구 추세가 점차 주류화되면서 20세기 중후반부터 본격적으로 '동아시아 실학'이 논해지게 된 것이다. 여기서 우리는 19~20세기 '동아시아 실학'이 애초에 지향하는 바가 전통적 의미에서의 유교사상과는 매우 다르다는 것을 알 수 있다. 즉 17~18세기 사상적, 학술적 맥락에서 유교적 경세론이라는 동일 범주에 속했던 한국 실학, 중국 기학, 일본 고학이 19~20세기 역사적, 정치적 맥락 위에서 서구와 대비되는 '동아시아'라는 지역으로 특정화되며 (경제적) 근대화에 대한 강한 요구를 전제로 하는 '실학'으로 통칭되는 현상은 한국뿐만 아니라 중국과 일본에서도 17~18세기 '동아시아 실학'의 '실학'과 19~20세기 '동아시아 실학'의 '실학'이 기본적으로 그 내용을 달리하고 있음을 반영하고 있으며, 이러한 차이는 기학과 고학에 대한 중국과 일본의 '근대적' 실학 연구 경향에서도 찾아볼 수 있다.

---

5) 해방 후 천관우의 『반계 유형원 연구』(1952)를 기점으로 1950년대부터 80년대까지 천관우와 홍이섭, 한우근, 이우성, 지두환으로 이어지는 '실학' 논쟁과 실학에 대한 발전론적 해석에 관한 논의는 다음을 참고하였다. 한영우, 「실학 연구의 어제와 오늘: 실학 개념의 재정리」, 한영우 외 저, 『다시, 실학이란 무엇인가』(서울: 푸른역사, 2007), 29~40쪽.

## 3. 19~20세기 중국과 일본의 실학 연구

한국과 마찬가지로 중국에서 '실학'은 본래 어떤 특정한 학술 내용을 지칭하는 명칭은 아니었다. 다만 유교의 관점으로 기타 사상을 논할 때 주로 불교를 '허학虛學'으로, 유학을 '실학實學'으로 대비시키는 표현이 상투적으로 쓰였음을 염두에 둔다면, 중국에서 실학은 일반적으로 유학 전체를 지칭하고 있음을 알 수 있다. 이처럼 중국에서 유학의 또 다른 이름으로 여겨졌던 실학이 '명청시대'라는 특정한 시기의 유교사상을 가리키는 개념으로 연구되는 경향은 1980년대에 출현한다. 1985년, 국립 대만대학 철학과 교수 진고응陳鼓應과 중국사회과학원 철학연구소 교수 신관결辛冠潔, 중국 인민대학 철학과 교수 갈영진葛榮晉은 당시 양안兩岸의 첫 번째 합작 연구 프로젝트를 제안하면서 '명청실학사조사'를 과제로 선정하였고, 그 후 중국 대륙의 명청시기 연구자들이 초청되어 단체로 집필을 시작한다. 이 프로젝트의 연구 성과가 바로 1989년 중국 대륙에서 출판된 『명청실학사조사明淸實學思潮史』(총 3권)이다. 그리고 『명청실학사조사』가 출판된 이후에야 중국 대륙뿐만 아니라 대만과 홍콩을 포함한 중문中文학계에서 비로소 '실학'이 특정한 학술적 내용을 가진 개념으로 받아들여지고 각종 논저에서 언급되기 시작한다. 이러한 추세에 발맞추어 특히 갈영진은 1990년대부터 중국 대륙 학계에서 실학을 적극적으로 제창하며 근래까지도 실학 연구를 이끌어 가고 있다.

하지만 실학에 대한 연구를 촉진하고 조성하는 풍조가 곧바로 그 연구 내용의 논리성과 명확성으로 연결되는 것은 아니었다. 1992년 9월 대만중앙연구원 중국문철연구소에서는 1990년대 초 중국 대륙에서 유행처럼 번지고 있었던 실학 연구 상황에 대한 검토를 목적으로 '명청실학 연구의 현황과 전망' 좌담회(明淸實學研究的現況及展望座談會)를 개최하였다. 이 회의에는 특히 『명청실학

사조사』집필에 직접 참여한 중국사회과학원 역사연구소 교수 강광휘姜廣輝가 참석해 단행본의 집필 배경과 과정, 그리고 중국 대륙의 명청대 실학 연구에 관한 평가를 상세히 진술함으로써 더욱 이목을 끌었다. 강광휘를 포함하여 이 좌담회에 참가한 대만과 대륙 양안의 학자들[6]은 명청시대의 사상만을 특정해 '실학'으로 부르는 현상에 대해 각자 다양한 견해를 가지고 있었지만, 적어도 1980년대부터 중국 대륙에서 갈영진을 위시로 진행되고 있는 '명청 실학' 연구는 그 범위와 기점, 그리고 그 내용의 여러 가지 측면에 대해 다시 논의해야 할 점이 적지 않음을 이구동성으로 지적하였다.[7]

---

6) 좌담회에 참가한 학자의 명단은 다음과 같다. 姜廣輝(현 중국 호남대학 악록서원 역사학과 교수), 陳來(현 중국 청화대학 철학과 교수), 詹海雲(현 대만 원지대학 중국어문학과 교수), 張壽安(전 대만중앙연구원 근대사연구소 연구원), 劉君燦(전 대만여명기술학원 전자공학과 교수), 林慶彰(전 대만중앙연구원 중국문철연구소 연구원). 姜廣輝 등, 「明淸實學硏究的現況及展望座談會」, 『中國文哲硏究通訊』第2卷 第4期(中央硏究院中國文哲硏究所, 1992), 9~26쪽 참고.

7) 강광휘에 따르면 '실학'이라는 개념을 명청 사조에 적용함에 있어『명청실학사조사』집필팀 내부에서조차 통일된 견해를 이루지 못하였고, 1985년 7월 북경에서, 1986년 8월 성도에서 열렸던『명청실학사조사』집필 작업 대형학술토론회에 참가한 학자 절대 대다수가 '실학' 개념의 사용을 반대하였으며 이상 두 차례의 회의에서 갈영진 교수는 사실상 집단 공격을 받은 셈이나 마찬가지였다고 회상한다. 姜廣輝,「明淸實學硏究現況述評」,『中國文哲硏究通訊』第2卷 第4期(臺北: 中央硏究院中國文哲硏究所, 1992), 11쪽. 여기에서도 알 수 있듯 명청시기의 학문을 일반적 의미가 아닌 특정 학술 용어로서의 '실학'이라고 파악하는 관점에 대해 홍콩, 대만 및 중국 대륙 학계 전체가 회의적인 시선을 보냈다 해도 과언이 아니다. 현재 중국 대륙에서 언급되는 '중국 실학'이란 연구자 개인의 관점에 따라 그 범위나 규정이 매우 유동적인데, 예를 들면 제일 먼저 명청 실학을 제창했던 갈영진은 현재 실학의 적용 시기를 북송까지 끌어올렸으며(葛榮晉,「導論」,『中國實學思想史』上卷, 首都: 首都師範大學出版社, 1994, 1~24쪽), 진래는 남송의 永嘉學派야말로 진정한 의미에서의 '실학'이라 할 수 있다고 주장한다. (陳來,「事皆是理─陳傅良與永嘉學派再認識」,『葉適與永嘉學派研究』第3期, 溫州: 溫州市葉適與永嘉學派研究會, 2019, 134~135쪽) 이와 같이 중국에서 '실학'은 사실상 유교사상 전체를 가리키는 별칭과 다름없으며, 한국에서 조선 후기와 같이 특정한 시기의 학문을 가리켜 실학으로 규정하는 것과는 상당히 다른 양상을 보이고 있다. 홍콩과 대만 학계의 경우, '실학'을 자국의 유교사상에 적용시키는 '중국 실학'으로 받아들인다기보다 '한국의 조선 후기 실학'으로 분리해서 이해하는 경향이 강하다. 따라서 그들은 '실학'을 한중일 개별 국가의 학문으로 연구할 뿐 동아시아 전체의 범주로까지 확장

그중에서도 가장 논란이 됐던 부분은 20세기 한국 실학 연구와 마찬가지로 중국 명청 실학에 투사된 특정한 역사적, 정치적 이데올로기였다. 즉 '계몽사상' 또는 '자본주의 맹아'라는 프레임으로 명청 사상을 해석하는 과정에서 이른바 '중국 실학'은 명청시기 자본주의 맹아의 발생, 그리고 시민 계층의 이익과 염원을 반영하는 계몽의식이라는 의미를 부여받게 되고, 따라서 갈영진은 중국 명청 실학을 '계몽실학'으로 명명하기도 한다.[8] 여기서 알 수 있듯 1980년대 중국실학연구가 제기한 '계몽의식'과 '자본주의의 맹아'는 20세기 초부터 한국 실학이 추구했던 '근대성 맹아'라는 구호와 다름이 없으며, 이는 곧 20세기 한국과 중국의 실학 연구가 모두 '근대성'을 좌표로 삼아 과거 시대의 유교사상을 이해한다는 공통점을 지니고 있음을 뜻한다. 이때 '근대성'을 해석의 기준과 틀로 삼은 이상, 현실에서의 실제 행위를 강조하며 경세제민의 이념을 강화했던 유교사상이 주로 경제 성장 및 계몽 사조로 대표되는 서구적 근대성에 부합될 수 있는지의 여부는 곧 19~20세기 '실학'이 주목하는 핵심적인 문제의식이 되었다.

다소 겉잡아 말하자면 모종의 강박으로까지 느껴지는 근대성과 실학의 연결고리에 대한 20세기 한국과 중국의 실학 연구는 사실 일본과 직접적인 관련이 있다. 19세기 중후반 일본의 저명한 근대 사상가인 후쿠자와 유키치(福澤諭吉, 1835~1901)는 『학문을 권함』(學問のすすめ, 1872)에서 '실학'을 아래와 같이 정의하고 있다.

---

시키지는 않는다. 이 또한 홍콩, 대만학계에서 동아시아 유학에 관련된 담론이 1990년대 초부터 근 20여 년간 상당히 발전했음에도 '동아시아 실학'에 관련된 논의는 거의 전무한 이유라고 볼 수 있다.

8) 葛榮晉, 「導論」, 陳鼓應・辛冠潔・葛榮晉 編著, 『明淸實學思潮史』上卷(濟南: 齊魯書社, 1989), 1~14쪽 참고.

그렇다면, 여기서 말하는 학문이란 무엇인가? 그것은 단지 어려운 글자를 안다거나 이해하기 힘든 고문을 읽는다거나 시조를 읊거나 시를 짓는 등 실제 사회에 도움이 되지 않는 학문을 가리키는 것이 아니다. 물론 이러한 학문도 자연 인간의 마음을 위로하는 대단히 좋은 일이지만 옛 선비들의 말처럼 반드시 그런 것만은 아니다. 예부터 선비들 중에서 능숙하게 생활을 꾸려 나가는 사람은 적었으며, 시를 잘 지으면서 장사도 잘한다는 상인의 이야기도 좀처럼 들어본 일이 없다. 그래서 어떤 사업가들 가운데에는 학문에 열중하는 아이를 보고 이놈은 언젠가 재산을 축내고야 말 아이가 아닌가 해서 부모의 마음으로 걱정하는 사람들이 있다. 사실 무리도 아니다. 요는 그 학문이라는 것이 실용과는 거리가 멀어서 일상생활에 맞지 않기 때문이다. 따라서 이제는 그와 같이 학문은 보류해 두고 먼저 공부해야 하는 것이 있는데, 이것이 바로 만인공용의, 일상생활과 긴밀히 연결되는 '실학實學'이다. 예를 들면 가나 47문자를 배우고, 편지 쓰는 법과 회계장부 쓰는 법, 주판 놓는 법, 저울을 재는 법 따위로부터 시작하여 더욱 배워야 할 것들이 많이 있다.[9]

후쿠자와 유키치는 일반적으로 유교사상으로 대표되는 전통 학문이 "실용과는 거리가 멀어서 일상생활에 맞지 않는다"고 생각하며, "일상생활과 긴밀히 연결되는" 학문을 해야 한다고 주장한다. 그에게 있어 "일상생활과 긴밀히 연결"된다는 의미는 곧 돈을 벌어 생계를 유지한다는 말과 다름없다. 즉 그가 권하는 학문, 곧 '실학'이란 상업적, 과학적 기술과 관련된 회계 및 공학 기술을 익혀 일자리를 찾을 수 있게 도움을 주는 학문이며, 이런 점에서 후쿠자와 유키치의 '실학'은 실업의 학문이라고도 할 수 있다. 그리고 이때 '실업'이란, 즉 산업혁명 이후 기계화된 공업이 주류를 이루는 근대적 산업의 총칭이다. 이와 같이 서구화를 기준으로 삼는 근대적 경제, 과학, 실업의 학문을 가리키는

9) 후쿠자와 유키치 저, 엄창준·김경신 역, 『학문을 권함』(서울: 지안사, 1993), 20~21쪽.

후쿠자와 유키치의 '실학'은 서구 열강의 지배력이 확대되는 추세에 따라 동아시아 사회에 뚜렷하게 각인되었다. 사실상 19세기를 거쳐 20세기 내내 한중일 동아시아 삼국에서 진행된 실학 연구는 모두 후쿠자와 유키치가 말한 '실학'의 영향 아래 있다고 해도 과언이 아니며, 이 점에서 19~20세기 '동아시아 실학'의 '실학'이란 기본적으로 후쿠자와 유키치가 정의한 실업적인 '실학'을 의미한다고 볼 수 있다.

현재 일본의 실학은 19세기 중반을 전후로 내용상 현저한 차이를 보이는 두 종류의 다른 '실학'으로 이원화되어 있다.[10) 후자부터 말하자면 메이지유신(1868) 이후의 '실학'은 앞서 말했듯 일본뿐만 아니라 한국과 중국을 포함한 동아시아 전체에 결정적인 영향을 끼친 후쿠자와 유키치의 '실학'이다. 전자인 메이지유신 이전의 '실학'에 관해서는, 약 1970년대부터 도호쿠대학 문학부 교수 미나모토 료엔(源了圓, 1920~2020)의 근세近世 실학 연구를 기점으로 19세기 중반 이전의 일본 유교사상에 대해서도 '실학'으로 보는 관점이 점차적으로 형성되면서 17~18세기 에도시대 고학 또한 '실학'의 범주에 속하게 된다.[11)

미나모토 료엔은 메이지유신 이전의 유학을 "실제사회에 도움이 되지 않는 학문"으로 정의한 후쿠자와 유키치와 달리 에도시기의 고학에도 '실학'이라는

---

10) 2007년 중국의 관영매체 光明日報가 갈영진과 동경대학 오가와 하루히사(小川晴久), 성균관대학교 宋載邵 한중일 삼국의 학자를 대상으로 진행한 인터뷰 〈'실학'의 삼국 '연의'〉("實學"之三國"演義")에서 오가와 하루히사는 일본에서 실학의 개념이 근대 이전 유학을 중심으로 하는 '실심 실학'과 근대 이후 후쿠자와 유키치가 제창한 실업의 학문인 '근대 실학'으로 구분된다고 말한다. 葛榮晉·小川晴久·宋載邵, 「實學'之三國 演義」, 『光明日報』 2007년 4월 19일자 기사 참고.(https://www.gmw.cn/01gmrb/2007 -04/19/content_593720.htm)
11) 오가와 하루히사는 일본에서 17세기 중엽에서 19세기 중엽까지의 학문을 사상사적인 측면에서 '실학'으로 파악하고 연구하게 된 계기에 대해서 외부적으로는 한국과 중국의 실학 연구를, 내부적으로는 미나모토 료엔의 실학 연구를 언급하고 있다. 오가와 하루히사 저, 한예원 역, 「일본실학의 형성과 발전」, 『일본사상』 제8호(한국일본사상학회, 2005), 1~2쪽.

명칭을 부여한다. 그러나 일본의 근대화를 설명하기 위해 에도시대 고학을 근대로 나아가기 위한 하나의 준비 과정으로 파악하는 한,[12] 한국, 중국의 실학 연구와 마찬가지로 후쿠자와 유키치가 말한 근대성을 위주로 하는 실업 실학의 틀을 벗어나기 어려워 보인다. 이러한 상황을 방증하듯 현재 대다수의 일본인이 '실학'에 대해 가지는 인상은 후쿠자와 유키치가 정의한 실학의 의미가 사실상 절대적이라고 할 수 있다. 왜냐하면 현대 한국인이나 중국인에게 있어 '실학'이라는 학문이 가지는 인상은 비록 근대적, 실용적인 이미지로 비추어진다고 할지라도 여전히 유교라는 '전통사상'의 범위를 벗어나지 않지만, 일본인에게 있어 '실학'이란 전통과는 완전히 다른 현대적인 사업, 경영과 관련된 용어로 쓰이고 있기 때문이다.[13]

## 4. 19~20세기 동아시아 유교사상의 근대적 변용

### 1) 조선 후기 실학과 고증학 사이의 개념적 혼란

이상을 통해 우리는 19~20세기 '동아시아 실학'의 '실학'이 담고 있는 기본 내용은 19세기 중후반 후쿠자와 유키치가 정의한 근대적 실업의 학문임을 살펴

---

12) 미나모토 료엔 저, 박규태·이용수 역, 『도쿠가와 시대의 철학사상』(서울: 예문서원, 2000), 15~26쪽 참고.
13) 한예원은 일본 현대사회에서 '실학'이라는 용어는 "비즈니스의 실학", "실학적 경영" 등 상업과 직접적으로 연결, 사용되고 또 각 대학의 경제학부 교육과정 설명에 자주 출현하고 있음을 예시로 들며 일본에서 실학은 곧 "실생활에 도움이 되는 실업의 학문"으로 우리가 일반적으로 생각하는 조선 후기 실학과는 상당한 차이가 있음을 지적하고 있다. 한예원, 「일본의 실학에 관하여」, 『일본사상』 제6호(한국일본사상학회, 2004), 211쪽.

보았다. 바꿔 말해 한국, 중국, 일본의 지식인들은 후쿠자와 유키치가 말한 실업적, 상업적 '실학'을 전제로 전통사상에서 근대성을 발굴해 내고자 한 것이다. 이와 같이 조선 후기 실학, 중국 명말청초 시기 기학, 일본 에도시대 고학에 대한 19~20세기 동아시아 삼국의 연구가 공통적으로 근대성 혹은 적어도 근대성의 싹이 존재했었음을 확인함으로써 '동아시아 실학'이라는 개념 정립의 당위성을 확보한다는 점으로부터, 우리는 19~20세기 동아시아 실학이 17~18세기의 그것과는 내용상 근본적인 차이가 있음을 알 수 있다. 즉 17~18세기 동아시아 실학이 '강화된 유교적 경세론'으로 동일한 맥락을 형성한다면, 19~20세기 동아시아 실학 연구의 가장 큰 특징이자 공통 요소는 '서구적 근대로의 지향성'인 것이다.

따라서 19~20세기 '동아시아 실학'은 더 이상 17~18세기처럼 '유교적 맥락에서의 실학'이 아니라, '동아시아 유교사상의 근대적 변용'으로 파악해야 할 필요가 있다. 만약 이러한 구분 없이 19~20세기 '동아시아 유교사상의 근대적 변용'이라는 사상적 흐름을 유교 경세론 중심의 '실학'이라는 개념에 담으려 한다면 우리는 적지 않은 모순에 부딪히게 되는데, 그 중의 하나가 한국의 조선 후기 실학과 중국의 청대 고증학 사이 개념적 혼란이다. 즉 17세기부터 19세기까지 한중일의 300여 년 사상 전체를 '동아시아 실학'으로 논할 때, 한국의 조선 후기 실학과 대응되는 중국 실학으로는 예외 없이 청대 고증학과 그 이념적 구호라고 할 수 있는 '실사구시實事求是'가 거론되는데, 이때 우리는 아래의 두 가지를 숙고해 봐야 한다.

첫째, 고증학의 근본적 성격은 치학治學의 방법이지 치도治道의 방법이 아니다. 보통 한국에서 '실학자'라고 불리는 인물치고 토지, 상업, 세수, 과거, 신분 등등 국가와 사회 제도 전반에 관한 개혁론을 제시하지 않는 유학자가 없듯, 국가를 다스리는 방침과 조치 등을 집중적으로 논하는 '치도治道'는 조선 후기 실학의 정체성이자 근본적 특징이라고 할 수 있다. 더구나 '치도治道'에 대한 조선 후기 실학자들의 관심과 중시는 소위 재야지식인들의 구호에 그치지 않고 정조正祖(1752~1800)의 적극적인 지지 아래 실제 정책으로 추진, 실천되기도 했다.

이와 달리 "학문을 닦으며 옛것을 좋아하여 실지의 사실에서 옳은 것을 찾았다"[14]는 실사구시의 뜻 자체가 방증하듯 고증학은 기본적으로 학술 연구의 방법론인 '치학治學'의 학문이다. 게다가 양계초의 말대로 고증학이 문자의 옥으로 인해 반강제적으로 성립되었음[15]을 염두에 둔다면, 사실상 고증학이 지향하는 궁극적인 목표는 애초부터 조선 후기 실학의 현실 개혁적인 성격과는 거리가 있음을 알 수 있다. 물론, 명의 멸망 전 20여 년부터 중화민국 성립 후 10여 년까지의 중국 유교사에서 경세론적 요소가 전혀 존재하지 않았던 것은 아니다. 청대 학술에서 현실에 대한 개혁과 실천의 요구를 표출하는 '경세치용經世致用'적 요소는 17세기에 집중적으로 나타나고[16], 상주학파常州學派의 창시자 장존여莊存與(1719~1788)의 공양학 연구로부터 경세치용적 면모가 유지된다고 볼 수 있다. 그러나 장존여의 공양학 연구는 양계초의 지적대로 청대 학술사에서 일종의 "별동대別動隊" 역할을 했던 비주류에 불과했을 뿐 건가乾嘉시대는 "절대 정치에 관여하지 않는" 고증학이 주류 학문이었다.[17] 더구나 19세기 이후에야 눈에 띄는 발전을 이루는 상주학파가 고증학의 비정치적 성격을 비판하며 19세기 근대 개혁에 영향을 끼쳤음을 고려한다면, 현실 개혁적 특징이

---

14) 금장태, 「실학사상의 학풍과 전개―실학의 세계(1)」, 『한국유학의 탐구』(서울: 서울대학교출판부, 1999), 146쪽.

15) 梁啓超 著, 夏曉虹·陸胤 校訂, 『中國近三百年學術史』 新校本(北京: 商務印書館, 2017), 30쪽.

16) 梁啓超 著, 夏曉虹·陸胤 校訂, 『中國近三百年學術史』 新校本, 19쪽. 참고로 '명청실학연구의 현황과 전망 좌담회에 참가했던 첨해운은 갈영진이 주장하는 '명청 실학'에 관하여 긍정적인 태도를 보이면서도 명청 사상에 대하여 '실학'이라고 부를 수 있는 시기는 명말청초까지이며 건가고증학은 실학이 아니라는 관점을 취하고 있다. 詹海雲, 「淸初實學思潮」, 『淸初學術論文集』(臺北: 文津出版社, 1992), 1~70쪽 참고.

17) 梁啓超 著, 夏曉虹·陸胤 校訂, 『中國近三百年學術史』 新校本, 30~31쪽.

두드러지는 조선 후기 실학과 청대 고증학을 동일 선상에서 이해하기에는 다소 무리가 있다.[18]

둘째, 양계초는 과연 정말로 청대 고증학을 실학으로 파악하고 있었을까?[19] 이에 대해 우리는 아래 발언을 자세히 살펴볼 필요가 있다.

건가학파乾嘉學派를 중심으로 하는 청대 학자들은 명대 사람들의 공소한 습성을 반대하고 오로지 서적에서 깊이 연구하고 고찰하여 그들이 소위 말하는 '실사구시實事求是'의 목적을 달성하고자 한다. 오늘날 우리가 보기에 그들의 작업은 적어도 절반 이상 헛수고라고 할 수 있다. 왜냐하면 그들이 만약 정력을 다른 방향으로 썼다면 그 성취가 여기에 그치지 않았을 것이기 때문이다. 그러나 이것은 시대의 한계이므로 우리도 너무 책망해서는 안 된다. 그들의 연구 정신과 방법에 관해서 일부분은 확실히 우리의 모범이 될 수 있으니, 우리는 절대로 경시해서는 안 된다. 그들이 했던 작업 또한 일부분은 확실히 우리가 마땅히 해야 할 일을 이미 했거나 우리를 대신해 많은 길을 열어 주었으니 우리는 감사하지 않을 수 없다.[20]

---

18) 조선 후기 실학에 대응하는 중국 실학으로 청대 고증학을 거론하며 "박학은 실학과 상통하는 개념"으로써 "박학은 중국과 한국의 실학의 세계로 들어가는 키워드의 하나"(171쪽)라는 임형택의 주장은 재고되어야 한다.(임형택, 「17세기~19세기 동아시아 실학, 그 개념 비교론」, 『한국실학연구』 40호, 한국실학학회, 2020, 164 · 171쪽) 고증학과 조선 후기 실학을 동일하게 이해할 경우 조선 후기 실학의 핵심적 특징인 현실 개혁적 성격은 축소될 수밖에 없기 때문이다. 또한 樸學은 經學, 漢學과 같이 고증학을 가리키는 별칭 중의 하나일 뿐 고증학의 어떤 핵심적인 특징을 나타내는 키워드는 아니다. 가령 『청대학술개론』(1921)에 비하여 상대적으로 청대 학술사에 대한 한층 심화된 내용을 담고 있는 『중국근삼백년학술사』(1926)에서 양계초는 '박학'을 단 한 차례도 언급하지 않는다.

19) "양계초는 청대 학술의 특색을 실학이라는 용어로 구사하진 않았지만 내용상 실학으로 파악하고 있었다고 보아도 좋다." 임형택, 「동아시아 실학의 개념정립을 위하여」, 『한국실학연구』 18호(한국실학학회, 2009), 12쪽.

20) 梁啟超 著, 夏曉虹 · 陸胤 校訂, 『中國近三百年學術史』 新校本, 216쪽.

양계초가 청대 학술에 대해 시종일관 존중하는 태도를 보이는 것은 사실이다. 그러나 전통 학문을 존중하는 태도와 그가 정말 고증학을 '실학'으로 생각했는지는 별개의 문제다. 위의 인용문에서 양계초가 언급하는 '다른 방향'이란 바로 근대 과학을 의미하며, 근대 과학이야말로 그가 이해하는 '실학'이다. 물론 양계초는 고증학을 "과학적 고증학파科學的古典學派"라고 칭하면서 그 과학적 맹아를 인정했지만,[21] 끝내 고증학으로부터 과학은 발전하지 못했으며 그는 이 점을 고증학의 한계로 파악하고 있다.[22] 정리하자면, 양계초는 고증학을 '실학'으로 파악한 것이 아니며, 그가 생각하는 '실학'은 강화된 유교적 경세론과 구별될 뿐만 아니라 대립적이기까지 한 근대 과학이다.[23] 결국 양계초에게

---

21) 梁啓超 著, 夏曉虹・陸胤 校訂, 『中國近三百年學術史』 新校本, 27쪽.

22) "청대 유학자들이 과학 정신으로 학문을 연구했다는 점은 누구도 부인할 수 없다. 비록 그 정력은 대부분 고전을 고증하는 데 소모되었으니, 기껏해야 인문과학의 일부분에 불과한 연구자를 칭송할 수 있을 뿐 전체 인문과학과는 그 거리가 매우 멀다." (淸儒頗能用科學精神以治學, 此無論何人所不能否認也. 雖然, 其精力什九費於考證古典, 勉譽之亦只能謂所研究者爲人文科學中之一小部分, 其去全體之人文科學已甚遠.) 梁啓超 著, 夏曉虹・陸胤 校訂, 『中國近三百年學術史』 新校本, 418쪽. 이 밖에도 『중국근삼백년학술사』 도처에서 양계초는 청대 학술계로부터 근대 과학이 발전하지 못한 아쉬움을 토로하고 있는데, 그는 명말 예수회 선교사들로 인해 흥기했던 근대 과학이 결국 발전하지 못한 직접적인 이유를 내부적으로는 명청 과거제의 답안 양식인 팔고문의 성행에서, 외부적으로는 예수회의 분열에서 찾고 있다. 더불어 양계초는 청 초 강희제 말년 황자들의 세력 다툼 속에서 예수회가 후에 옹정제가 되는 4황자 胤禛이 아닌 황태자 胤礽을 지지하면서 옹정제 재위 이후 일체 활동이 금지된 것 또한 중국에서 근대 과학이 발전하지 못한 부수적인 원인으로 꼽고 있다. 梁啓超 著, 夏曉虹・陸胤 校訂, 『中國近三百年學術史』 新校本, 22~23쪽.

23) 예를 들어 명말청초 기학사상에서 중요한 위치를 차지하는 안원에 대한 양계초의 평가에서 그가 전통적인 유교사상과 근대 학문을 대립적으로 이해하고 있음을 알 수 있다. "우리는 습재(인용자 주: 안원의 호)에 대하여 개탄하지 않을 수 없다. 그의 唯習主義는 근대 경험학파와 출발점을 같이하며, 본래 과학정신과 극히 가까웠으나 '古聖成法'이라는 네 글자에 속박되어 당우삼대의 실무를 반드시 익혀야 했으니 시대적 착오에 빠지지 않을 수 없었음이 너무나 안타깝다."(我們對於習齋不能不稍有觖望者, 他的唯習主義, 和近世經驗學派本同一出發點, 本來與科學精神極相接近, 可惜他被"古聖成法"四個字縛住了, 一定要習唐虞三代時的實務, 未免陷於時代錯誤.) 梁啓超 著, 夏曉虹・陸胤 校訂, 『中國近三百年學術史』 新校本, 153쪽.

있어 고증학이란 여전히 그 자신이 생각했던 근대적 '실학'(과학)과는 다른 구(舊)
학문에 속하는 것이었다.

## 2) 근대성의 전제로서의 반反주자학적 관점

이상 17~18세기 '강화된 유교적 경세론'에 19~20세기 유교사상의 근대적
변용을 함께 묶어 '동아시아 실학'이라고 칭할 때 조선 후기 실학과 청대 고증학
사이에서 발생하는 개념적 혼란 외에도, 한 가지 반드시 재고해야 하는 문제는
소위 '19~20세기 동아시아 실학' 연구가 이미 근대성과 역사 진화론의 관점을
해석의 틀로 삼은 이상, 반드시 전제로 삼을 수밖에 없는 반주자학적 관점이다.

앞서 인용한 후쿠자와 유키치의 『학문을 권함』에서 사실상 유교사상으로
대표되는 전통사상은 사회와 일상생활에 쓸모없는 학문으로서 실용적인 실업
의 실학과 선명한 대조를 이루는데, 이러한 대립적 구도는 마루야마 마사오(丸山
眞男, 1914~1996)에 의해 더욱 심화된다. 마루야마 마사오는 「후쿠자와 유키치에
서의 실학의 전환」(福澤に於ける「實學」の轉回)에서 에도시대 고학을 포함하는 동양
의 "구제도 학문의 핵심적 가치"를 윤리학으로, 후쿠자와 유키치의 서구적
'실학'은 물리학으로 규정, 대립시킨다.[24] 즉 그는 일본의 근대성이 바로 에도시
대 실학인 윤리학에서 명치시대 실학인 물리학으로의 전환으로부터 비롯되었
다고 주장하는 것이다. 이러한 근대적 실학관은 그의 대표작 『일본정치사상사
연구(日本政治思想史硏究)』를 통해 반유교적, 특히 반주자학적 특징이 더욱 강화된
다. 마루야마 마사오는 에도시대 고학을 대표하는 유학자 오규 소라이가 정치
적, 사회적 질서를 수동적인 태도로써 '자연'으로 받아들이는 주자학을 비판하

---

24) 丸山眞男 著, 區建英 譯, 「福澤的實學的轉回—福澤諭吉哲學硏究緖論」, 『福澤諭吉與日本近
    代化』(上海: 學林出版社, 1992), 30쪽.

고 인간의 주체성에 의해 행위를 주재하는 것을 강조하며 이를 통해 정치사회 질서의 '작위'를 만들었다고 주장한다. 주지하다시피, 서양의 역사에서 일반적으로 도덕과 정치는 중세기에 결합되고 근대시기에 분리된다. 이러한 맥락에서 본다면 주자학은 도덕과 정치가 서로 결합된 중세 봉건적 사상이며, 이와 반대로 오규 소라이의 사상은 도덕과 정치를 분리하여 근대로 나아갔다는 것이다.

이렇게 마루야마 마사오가 규정한 '고학=반주자학=근대상'이라는 공식은 사실상 19~20세기 전체 한중일 삼국 유교사상 연구의 기본 방향을 설정하였으며, 이 공식을 17~18세기 동아시아 실학, 즉 동아시아 유교적 경세론에까지 적용시키면서 주자학은 근대화를 실현하기 위해서 반드시 물리쳐야 할 봉건, 구습, 폐단의 상징이 되었다. 물론 조선 후기의 한국 실학, 명말청초 시기의 중국 기학, 에도시대의 일본 고학은 확실히 천도와 성명性命에 관한 학설보다는 현실 개혁과 그 실천 방안을 더욱 중시했다는 면에서 형이상학적 이론 중심의 주자학과 어느 정도 그 강조점이 다르기는 하다. 하지만 설사 그렇다 하더라도 동아시아 삼국의 '현실 개혁적 실천 방안'이 주자학을 타파함으로써 근대화의 발판을 밟는 것과 직결될 수는 없다. 왜냐하면 한국 실학, 중국 기학, 일본 고학은 사실 모두 주자학의 토양에서 자라났으며, 또한 여전히 주자학의 정신을 계승하고 있기 때문이다.

먼저 "후대의 유자들은 리로써 사람을 죽인다"[25]라는 말로 유명한 중국 기학의 대표적인 학자 대진은 잘 알려졌듯 주자학을 격렬하게 비판하며 '리'를 부정하고 '기'를 본인 사상의 첫 번째 핵심 개념으로 삼았다. 그러나 여기서 주의해야 할 것은 대진이 말한 '기'가 근대적 의미의 물질이 아니라 한대 유학자

---

25) 戴震,「與某書」,『戴震集』(上海: 上海古籍出版社, 2009), 188쪽, "聖人之道, 使天下無不達之情, 求遂其欲而天下治. 後儒不知情之至於纖微無憾, 是謂理. 而其所謂理者, 同於酷吏之所謂法. 酷吏以法殺人, 後儒以理殺人, 浸浸乎舍法而論理死矣, 更無可救矣!"

들이 '기화氣化'로 '상'을 말한 바와 같은 '기성氣性'을 가리킨다는 점이다.26) 이는 결국 대진 또한 여전히 전통적인 의미의 본체론의 관점을 유지했음을 의미한다. 뿐만 아니라 비록 대진이 '라'가 가지고 있는 형이상적인 천도의 의미를 탈각시키고 '라'를 객관적인 사물의 원리로 규정했다 하더라도,27) 이것이 곧 그가 '라'를 자연과학적으로 이해했음으로 직결되는 것은 아니다. '라'는 천하의 모든 사람이 하루도 지키지 않는 날이 없는 경상經常으로써 언행이 도리에 알맞을 때 리를 얻으며 언행이 도리에 합당하지 않으면 리를 잃고,28) 그 리를 얻는 것을 좋아하고 그 리를 잃는 것을 싫어하는 것이 인심의 같음29)이라고 정의하는 대진의 사유방식에 근거하면, 그는 '라'를 자연 사물의 원리 차원에서 윤리도덕적 가치의 차원까지 미루어 나가고 있으며, 이러한 '라'는 여전히 주자학과 같은 도덕규범의 뜻에서 벗어나지 않는다. 결국 대진 '기학'의 궁극적인 목표는 자연과학이 아니라 도덕윤리를 향하고 있는 것이다.30)

일본 고학의 경우, 앞서 살펴보았듯 오규 소라이는 마루야마 마사오에 의해 반주자학적이며 근대적인 사상가로 널리 알려졌다. 그러나 만약 일본 사상 내부의 관점으로 본다면, 오규 소라이의 고학과 근본적으로 대립 관계를 형성하

---

26) 氣性에 관한 논의는 다음을 참고하였다. 鄭宗義, 「論儒學中'氣性'一路之建立」, 楊儒賓・祝平次 編, 『儒學的氣論與工夫論』(臺北: 臺大出版中心, 2005), 247~277쪽.

27) 戴震, 『孟子字義疏證』卷上(『戴震集』), 265쪽, "理者, 察之而幾微必區以別之名也, 是故謂之分理; 在物之質曰肌理, 曰腠理, 曰文理; (亦曰文縷. 理, 縷, 語之轉耳.) 得其分則有條不紊, 謂之條理."

28) 戴震, 『緒言』上(『戴震集』), 357쪽, "詩曰: '天生烝民, 有物有則; 民之秉彝, 好是懿德.' 孔子曰: '爲此詩者, 其知道乎!' 故有物必有則, 民之秉彝也, 故好是懿德.' 理也者, 天下之民無日不秉持經常者也, 是以云'民之秉彝'. 凡言與行得理之謂懿德, 得理非他, 言之而(已)是, 行之而當爲得理, 言之而非, 行之而不當爲失理."

29) 戴震, 『緒言』上(『戴震集』), 357쪽, "好其得理, 惡其失理, 於此見理者, 人心之同然也."

30) 대진 철학 사상이 지향하는 도덕적 가치에 대한 논의는 다음을 참고하였다. 鄭宗義, 「戴東原的達情隨欲思想」, 『明淸儒學轉型探: 從劉蕺山到戴東原』增訂版(沙田: 香港中文大學出版社, 2009), 225~258쪽.

는 대상은 주자학이 아니라, 중국의 도道를 '고古'로 삼는 오규 소라이와 달리 유교사상을 전면 부정하고 일본만의 도道를 '고古'로 이해하는 일본 국학이다.[31] 즉 18세기 일본사상의 발전 과정에서 볼 때, 오규 소라이의 고학과 그에 반대하는 국학의 대립 양상이 주자학이 아닌 '중화주의'의 수용 여부에서 비롯된다는 점은 주자학과 주자학에 대한 비판적 사상 간의 논쟁과는 그 성격이 다를 수도 있음을 의미한다. 게다가 일반 개인이나 민중이 후천적인 학습을 통해 성인이 될 수 있음을 부정하며 중국 고대 성인만이 정치 문제를 해결하는 주체가 될 수 있다는 오규 소라이의 주장[32]을 고려한다면 그의 사상에서 서구의 근대정신을 확인하기에는 다소 곤란한 부분이 있다고 볼 수 있다.

마지막으로 한국 실학과 주자학의 관계에 대해서는 일본의 영향을 제외하고 말할 수 없다. 사실상 19세기 중후반부터 일제의 영향 아래 있었던 한국 실학 연구는 20세기까지 메이지유신 이후의 일본과 같이 줄곧 '근대성'과 '반주자학'을 주된 담론으로 삼았는데[33] 그 대표적인 사례가 바로 정약용에 대한 연구라고 할 수 있다. 즉 일본에서 마루야마 마사오가 에도시대 고학의 오규 소라이 사상을 반주자학으로 해석하고 근대화의 발판으로 삼았듯, 한국에서도

---

31) 고지마 야스노리(小島康敬) 저, 최재목 옮김, 「유교 내부의 논쟁」, 이마이 준(今井淳) · 오자와 도미오(小澤富夫) 편저, 한국일본사상사학회 역, 『논쟁을 통해 본 일본사상』 (서울: 성균관대학교 출판부, 2001), 213~252쪽; 무기 마코토(茂木誠) 저, 한예원 역, 「국학과 유교의 논쟁」, 『논쟁을 통해 본 일본사상』, 253~288쪽 참고.

32) 함현찬, 「『論語徵』에 나타난 오규 소라이의 聖人觀」, 『양명학』 제41호(한국양명학회, 2015), 337~365쪽 참고.

33) 실학 연구의 반주자학적 관점 형성에 대해 본고는 한중일 동아시아 삼국의 공통 맥락을 우선시하므로 메이지유신과 후쿠자와 유키치의 영향을 대표적인 원인으로 들었다. 다만 개별 국가의 측면에 봤을 때, 한국에서는 일제강점기 이전 후쿠자와 유키치의 실업실학의 영향 외에도 재중선교사들이 배포한 서학한역서가 조선 말기에 유행하면서 "서학과 중학의 학술적 대비"라는 이분법적 도식이 실학의 근대화와 중학, 즉 주자학의 수구화에 적지 않은 영향을 끼쳤다. 이상 대한제국기 실학 개념 형성의 외부적 요인에 대해서는 다음을 참고하였다. 노관범, 「전환기 실학 개념의 역사적 이해」, 『기억의 역전: 전환기 조선사상사의 새로운 이해』, 303~313쪽.

조선 후기 실학파에 속하는 정약용을 대상으로 반주자학적 특성과 근대정신을 강화시키는 연구 경향이 20세기 정약용 연구의 주류를 이룬 것이다. 물론 심성론의 측면에서 정약용은 주자 리기론의 구조를 따르지 않는다는 점에서 주자학과 큰 차이를 보인다. 그러나 정약용이 리기론을 따르지 않은 직접적인 이유는 근대화를 목표 삼았기 때문이 아니라 그의 철학적 구조가 근거하고 있는 천주교 이론 때문이라고 할 수 있다. 즉 천주교의 관점에서 볼 때 이 세계에서 절대보편적이며 영원히 변하지 않는 유일한 본체는 오직 상제일 뿐 결코 리가 아니기 때문이다.[34] 더구나 도심인심道心人心, 대체소체大體小體에 관한 정약용의 서술은 수양론의 측면에서 사실상 주자학을 계승했다고 말해도 무방하다.[35] 이상의 맥락에서 우리는 정약용 사상과 그 철학에 대해 주자학의 이론적 구조를 따르지 않는 '탈脫주자학'이라고는 할 수 있어도 주자학을 적대시하며 근대화 추구를 목적으로 하는 '반反주자학'이라고 하기는 곤란함을 알 수 있다.[36]

---

34) 정약용의 사상과 천주교의 관계에 대한 문제의 중점은 정약용의 신앙 여부가 아니라 양자가 이론적으로 얼마나 일치하는가에 있다. 정약용의 이론 체계, 특히 본체론의 경우 그는 『天主實義』에서 마테오 리치(Matteo Ricci, 利瑪竇, 1552~1610)가 드러낸 反理學적 도식을 그대로 따른다. 정약용은 주자의 리를 사물에 依據해야만 존재할 수 있는 依附之品, 즉 사물의 속성으로 재정의하고, 기는 體質을 가짐으로써 현실에서 스스로 존재하는 自有之物로 이해했는데, 정약용의 이러한 해석은 리치가 無形과 有形의 이분법에 기초하여 리와 기를 依賴者와 自立者로 구분한 것과 일맥상통한다. 뿐만 아니라 리치와 정약용 모두 리에 지각과 감정, 즉 인격이 없다는 이유로 리를 부정하고 있다는 점, 그리고 그들이 자립자와 자유지물로 파악한 기는 만물 생성 과정에 직접적인 영향을 미치는 중국 전통적 기 개념과 달리 전적으로 수동적인 사물이며 물질적 차원에만 머무른다는 점으로부터 정약용의 문제의식과 지향점은 기본적으로 종교적 인격신을 향하고 있음을 확인할 수 있다. 金玟, 『理與上帝'之間: 朱熹與丁若鏞'道心人心論'之比較研究』(新北: 花木蘭, 2020), 143~173쪽 참고.

35) 가령 정약용 사상에서 자주지권이라 불리는 心之權이란 도덕적 판단에 의거한 선택과 그 실천을 의미하는데 주자 역시 공부론적 맥락에서 도심과 인심의 차이는 도덕적으로 응당함과 응당하지 않음을 자세히 고려하여 진행하는 선택과 실천에 있다고 보았다. 따라서 현실에서 실제로 수행하는 도덕 실천을 본체가 아닌 지각심을 지닌 인간에게 귀속시킨다는 점에서 주자와 정약용 양자의 수양론은 동일한 맥락 위에 있다고 볼 수 있다. 金玟, 『理與上帝'之間: 朱熹與丁若鏞'道心人心論'之比較研究』, 191~198쪽 참고.

## 5. 결론: 21세기 동아시아 신실학과 주자학의 관계

위에서 살펴본 바와 같이 17세기부터 18세기까지 천도 및 심성과 관련된 추상적 이론을 비판하고 현실세계의 실천과 사회 활동을 중시한 동아시아 실학, 즉 한국 실학, 중국 기학, 일본 고학은 주자학과 단절된 근대사상이라기보다 주자학을 비판적으로 계승하면서 상대적으로 경세론적 측면을 강화시킨 유교 사상이라고 할 수 있다. 그러나 19~20세기 근대성 담론의 성행 아래 유교사상 의 근대적 변용에 관심이 집중되면서 17~18세기 한국 실학, 중국 기학, 일본 고학을 중심으로 하는 동아시아 실학은 근대화를 주도한 선구적인 사상으로 정의되며 동시에 주자학은 극복해야 할 봉건적인 구舊사상으로 인식되었다.

여기서 주목해야 할 것은 이와 같은 동아시아 실학 연구 경향에 대한 반성 및 새로운 방향 모색이 바로 1990년대에 접어들며 시작되었다는 점이다. 구체적 으로 말하자면 1990년 5월 한국을 시작으로 2년마다 한중일 삼국을 번갈아 가며 20년여 동안 10차례 지속적으로 개최된 동아시아실학 국제학술회의를 통해 한중일은 '경제 개발 중심의 근대지향성'이라는 고정된 틀로 실학을 연구 한 결과 "무엇보다도 인간성-도덕성의 회복과 끝없는 이윤추구에 대한 일정한 절제가 필요"[37]함을 한국뿐만 아니라 중국과 일본의 실학 연구가 함께 논의해 야 할 문제라는 공동의 인식에 도달하게 된 것이다.

---

36) 대만중앙연구원 중국문철소 연구원 임월혜는 근대 동아시아 유학사상의 흐름을 '反理 學'으로 이해하면서 특히 조선 실학, 그 중에서도 정약용의 사상을 일본 근대사상의 영향 아래 반주자학적 성격으로 파악, 근대성과 연결시키는 연구 경향을 비판하며 "정약용을 '반주자학'에 귀속시키기보다는 '탈주자학'이라고 부르는 편이 낫다"고 주 장한다. 林月惠, 「異議的再議─近世東亞的理學與氣學」, 『東吳哲學學報』 第34期(2016), 133~134쪽.

37) 이우성, 「韓國에서의 實學硏究 현황과 동아시아 連帶意識」, 『이우성 저작집 4: 실시학 사산고』(파주: 창비), 230쪽.

이처럼 20세기의 마지막 10년이었던 90년대 전환점을 맞이한 한중일의 동아시아 실학계에 21세기에 들어서며 '신실학新實學'이라는 개념이 제기된 것도 이러한 문제의식의 연장선에 있다고 볼 수 있다.[38] 즉 "자본주의적 발전논리, 즉 서구 주도의 근대와 근대문명에 대한 발본적 성찰과 문제제기로 의의를 갖는"[39] 신실학에 대해 임형택은 다음과 같이 말한다.

> 신실학이란 고전적 인문전통에 근원하면서 17세기 이래 동아시아 삼국에 공존하여 공유의 사상적 자원이 된 실학은 21세기의 급전한 시대의 요청에 따라 탈바꿈하려는 학문이라고 정리할 수 있다.…… 실학이란 내면으로 주체의 각성, 외면으로 사회적 실천을 기본 성격으로 하는 학문이다. 수기修己－치인治人으로 귀결되는 논리구조인데 내성內聖－외왕外王으로 말을 바꿔서 표현할 수 있다. 곧 유학의 패러다임으로 본말本末의 논리이니, 도기道器나 체용體用도 같은 의미구조이다. 문제는 주체 확립과 주체의 사회적 실천의 양면의 내용을 무엇으로 채우느냐다.…… 신실학은 수기修己－치인治人의 패러다임을 어떻게 해체하고 개변하느냐에 관건關鍵이 달렸다고 하겠다.[40]

---

38) '신실학'은 2009년 10월 한국에서 개최된 제10회 동아시아실학 국제학술회의(〈동아시아 실학, 그 의미와 발전〉)에서 갈영진이 「시대는 동아시아의 '新實學'을 부르고 있다」(時代呼喚東亞 "新實學")를 발표하면서 제기되었다. 이후 2011년 7월 중국에서 〈동아시아 신실학을 세우다〉(構建東亞新實學)라는 주제로 열린 제11회 동아시아실학 국제학술회의에서 임형택이 「新實學, 그 가능성과 方向」을 발표하며 신실학의 개념 및 정초에 관해 서술함으로써 본격적으로 논의되었다. 갈영진, 「시대는 동아시아의 '新實學'을 부르고 있다」, 『한국실학연구』 18호(한국실학학회, 2009), 119~135쪽; 임형택, 「新實學, 그 가능성과 方向」, 『한국실학연구』 22호(한국실학학회, 2011), 147~166쪽. 참고로 동아시아 차원이 아닌 한국 실학만을 논했을 때 2006년 7월 한림대학교 한국학연구소에서 개최한 학술대회 〈실학의 재조명〉에서 서울대 국사학과 명예교수 한영우가 「실학 연구의 어제와 오늘: 실학 개념의 재정리」를 발표하며 한국 실학 연구의 탈근대적 관점을 강조한 "미래의 '신실학'"을 대안으로 제시한 바 있다. 한영우, 「'실학' 연구의 어제와 오늘: 실학 개념의 재정리」, 한영우 외 저, 『다시, 실학이란 무엇인가』, 61쪽.
39) 임형택, 「新實學, 그 가능성과 方向」, 147쪽.
40) 임형택, 「新實學, 그 가능성과 方向」, 160~161쪽.

21세기 동아시아 실학 연구의 방향성 정립에 있어 '고전적 인문전통'과 한중일 삼국 '공유의 사상적 자원'을 강조하며 '유학의 패러다임'인 수기와 치인, 즉 내성과 외왕의 관계를 주목하는 임형택의 논의는, 서구적 근대성의 지향이라는 투사에서 벗어나 '신실학'이라는 21세기 동아시아 실학을 형성하고자 할 때 수기치인, 즉 내성외왕이라는 유교사상 내부의 고유한 관점으로부터 출발해야 함을 명확하게 드러내고 있다는 점에서 주목할 필요가 있다.

하지만 그의 논의에서 짚고 넘어가야 할 점은 이상의 동아시아 실학 연구의 근대화 편향을 극복함은 반주자학적 관점의 극복과 다름없으며, 양자는 동시에 이루어져야 한다는 것이다. 그 이유는 지난 19~20세기 유교사상의 근대적 변용이라는 흐름 속에서 시대와 역사가 요구한 특정 이데올로기를 우선시하며 실학을 근대적인 학문으로 파악함으로써 실학은 사실상 주자학과 단절된 채 이해되었다는 데에 있다. 엄밀히 말하자면, 실학이 '유학의 패러다임'인 수기치인, 즉 내성외왕을 '기본 성격'으로 삼는다는 점에 있어서는 주자학도 예외가 아니며, 따라서 '신실학'의 관건은 내성외왕의 '해체'와 '개변'에 있는 것이 아니라 오히려 '내성'과 '외왕'의 관계를 통해 실학과 주자학의 관계를 재정립하는 데에 있다.

원래 『장자』「천하」편에서 유래했지만[41] 일찍이 유자로서 실현해야 할 이상적인 목표로 설정된 '내성외왕'의 '내성'은 맹자의 성선으로 대표되는 도덕적 자족성에 근거하여 심성을 함양하는 수기를, '외왕'은 사회적 실천을 위주로 조화로운 인간관계 및 합리적인 사회를 형성하는 치인을 그 내용으로 한다. 이러한 내성외왕의 맥락에서 볼 때 비교적 심성 함양 위주인 주자학은 '내성'에, 사회적 실천과 제도 개선을 무엇보다도 중시하는 '실학'은 '외왕'에 가깝다고

---

41) 『莊子』,「天下」, "天下大亂, 賢聖不明, 道德不一, 天下多得一察焉以自好.……是故內聖外王之道, 闇而不明, 鬱而不發, 天下之人各爲其所欲焉以自爲方."

할 수 있다. 그런데 '내성'을 주자학으로, '외왕'을 실학으로 볼 때 핵심이자 중점은 바로 '내성'과 '외왕'의 관계 설정에 있다. 내성과 외왕은 내성이 실현되면 외왕이 실현될 수 없거나, 반대로 외왕을 실현하면 내성이 실현될 수 없는 모순 관계가 아니다. 또 내성을 먼저 완성한 후에야 외왕을 성취할 수 있거나 외왕을 먼저 한 후에야 내성을 이룰 수 있는 인과 관계도 아니다. 내성과 외왕은 서로 분리되는 두 가지의 독립적인 가치가 아니라 불리부잡不離不雜하는 단 하나의 가치로서, 인간 본유의 성선性善에 근거하여 가정, 학교, 직장 등의 사회 환경에서 이 성선의 존재를 현실화함으로써 상호 함축하는 동시적 관계다.[42] 다시 말해 마치 일종의 동기화(synchronization)와 같이, 내성이 있으면 외왕이 있으며, 외왕이 있으면 내성 또한 있는 것이다.

이는 주자학과 실학 간의 관계에도 동일하게 적용된다. 즉 '내성'에 가깝다고 할 수 있는 주자학과 '외왕'을 위주로 하는 실학은 단절된 모순 관계도, 인과적인 선후 관계도 아니다. 내성과 외왕의 관계처럼, 주자학과 실학도 모두 동일한 유교사상으로서 서로를 함축하는 동시적 관계이다. 물론, 내성과 외왕 혹은 주자학과 실학의 동시적 관계의 현실화에 있어 양자가 제대로 '동기화'되지 않는 오류는 당연히 나타날 수 있다. 그러나 내성과 외왕, 주자학과 실학의 동시적 관계란 완성完成이 아니라 과정過程이며, 부정否定이 아니라 수정修正이라는 점에서 봤을 때, 19~20세기 유교사상의 근대적 변용이 주자학을 영구 삭제하며 동기화 자체를 포기하려 했다면, 17~18세기 한중일 동아시아의 실학자들은 그 '오류'를 해결하기 위해 주자학을 비판하고 수정했다고 할 수 있다. 또한 17~18세기 유교적 경세론의 최종 목표는 서구 중심적 근대성의 실현이 아니라

---

42) 내성과 외왕에 대한 인과적 해석을 비판하고 양자의 상호 함의성과 동시성을 강조하는 논의는 다음을 참고하였다. 陳熙遠, 「聖王典範與儒家'內聖外王'的實質意涵—以孟子對舜的詮解爲基點」, 黃俊傑 編, 『孟子思想的歷史發展』(臺北: 中央研究院中國文哲研究所籌備處, 1995), 23~67쪽.

도덕의 '내성'과 현실의 '외왕'이 동시 존재하는 '평천하'에 있었다는 점도 복기해야 할 필요가 있다.

　17~18세기 강화된 유교적 경세론인 동아시아 실학은 19~20세기 유교사상의 근대적 변용을 거치면서 지속적인 논의와 비판을 반복하여 발전해 왔다. 이제 21세기 동아시아 '신실학'이 유교사상의 고유한 관점인 '내성외왕'으로 주자학과 실학의 동시적 관계를 정초함으로써 동아시아 삼국에 강요된 근대성이 아닌 내재된 유교사상을 본령本領으로 삼는다면, 지난 역사 동안 반주자학적인 근대 학문으로 실체화된 한계에서 벗어나 끊임없이 시대와 소통하며 자정역할을 발휘했던 유교적 면모를 온전히 나타낼 수 있을 것이다.

# 제5장 대륙신유가 집단의 정치주장과 '레드차이나'의 부활[*]
## ― 심성유학과 정치유학의 분기와 의미

## 1. 레드차이나의 부활과 대륙신유가의 정치유학 주장

　타이완과 대륙 양안 사이에서 벌어진 심성유학과 정치유학의 분기는 대륙 중국의 정치상황과 밀접한 관련이 있다. 중국이 재유교화할 것이라는 낙관적 확신이 배경에 있다. 그러나 시진핑智近平 정부가 유교를 전면에 내세울 것이라는 대륙신유가의 초기 예상과 달리 시진핑 3기는 '레드 차이나'로 회귀했다. 시진핑의 '레드 차이나'의 부활은 해외에서도 예상치 못한 것이었음이 분명하다. 여하튼 시진핑의 마르크스─레닌주의로의 전환은 미국의 외교정가에서도 현실로 받아들이고 있는 분위기다. 중국외교 분야 전문가 케빈 러드(Kevin Rudd)에 의하면, 시진핑은 정치는 레닌주의 좌파, 경제는 마르크스주의 좌파, 외교

* 이 논문은 2022년 대한민국 교육부와 한국연구재단의 지원을 받아 수행된 연구임 (NRF-2022S1A5B5A16055666)
　이 글은 「유학의 재해석과 21세기적 함의―대륙 신유가와 대만 신유가의 분기 제도유학, 심성유학의 분기를 의식하며」(《현대경학의 방법론적 모색 II ― 21세기 성리학 연구, 어떻게 할 것인가?》, 2023년 2월 10일, 성균관대학교 유교문화연구소 주최)라는 제목으로 발표한 것을 대폭 수정한 것이다.

정책은 민족주의 우파 경향을 보여 준다.[1]

중국은 2022년 10월 20차 당대회로 시진핑 3연임을 확정했다. 이 대회에서 시진핑은 '중국의 갈을 갈 것임을 명확히 하였다. 여기서 중국의 길이란 무엇일까. 서방 자본주의의 민주주의 VS 중국의 마르크스－레닌주의와 천하주의라는 대립구도를 의미한다. 마르크스－레닌주의와 유교 이념에 근거한 대내외적 정책 노선의 채택이다.[2] 여기서 우리가 주목해야 하는 것은 무엇일까. 이 두 노선 간의 관계이다. 평등 관계인가, 상하 관계인가. 시진핑은 당의 영도를 분명히 하면서 마르크스주의의 견지를 내세웠다. 시진핑 3기 체제는 중국의 대륙신유가 집단의 '기대'와 달리 유학을 당의 영도와 마르크스－레닌주의 아래에 분명하게 위치시켰다.

현실적으로 대륙신유가가 집단적으로 움직이게 된 것은 정치노선이 획기적으로 변화한다는 판단 아래서다. 이들은 중국공산당의 입장 변화를 두 가지 계기를 통해 직감했다. 하나는 2011년 17차 6중전회에서 나온 공산당은 "중화우수 전통문화의 충실한 전승자요 선양자이며, 또한 중국 선진문화의 창도자이며 발전자이다"라는 중국공산당의 성명서다. 이는 중국공산당의 혁명당에서 집정당으로의 이미지 변신을 위해 나온 것이다. 다른 하나는 2013년에서 2014년 사이에 보여 준 시주석의 정치행보다. 첫째, 2013년 11월 시진핑은 공자묘를 방문했다. 중국의 국가주석으로서는 처음이다. 둘째, 2014년 9월 시진핑이 국제 유학연합회에 참석하여 연설했다. 셋째, 2014년 5월 시진핑이 베이징대학의 유장 책임자 탕이제(湯一介)의 병상을 방문하여 무릎을 맞대고 대화했다. 시주석의 이러한 행보는 대륙신유가를 흥분시키기에 충분했다.

---

1) Rudd, Kevin, *The World According to Xi Jinping: What China's Ideologue in Chief Really Believes*, Foreign Affairs; New York Vol. 101, Iss. 6(Nov/Dec 2022): p.10.
2) 조경란, 「시진핑 3기와 천하주의 그리고 동아시아 갈등」, 『동북아역사리포트』 2023, 3. 15.

물론 대륙신유가이든 중국공산당이든 '지금은 중국의 시간'이라는 것에서는 일치한다. "19세기가 영국의 세기이며 20세기가 미국의 세기라고 한다면, 21세기는 이미 "세계 역사에서 중국의 시간"[3]이다. 대륙신유가는 중국의 세기에 그들이 중요한 역할을 해야 한다고 생각한다.

우선 대륙신유가는 인민 통치의 권위와 합법성의 근거를 유가경전에서 찾아야 한다고 주장한다. 정치와 사회의 안정을 위해서는 '대일통의 헌정제도'가 유가문화의 탄탄한 기초 위에 건립되어야 한다고 보는 것이다. 지난 몇 년간 '중국의 재유학화'라는 슬로건을 내걸고 현실 정치에 적극 개입하려 했던 대륙신유가는 중국에서 마르크스주의는 사라졌다는 판단을 했던 것 같다. 그들에 의하면 중국은 경제성장에만 의존한다면 중국 정치와 사회는 안정을 보장할 수 없다. 그렇기에 시진핑에 의한 이른바 '붉은 중국'의 부활은 이들에게는 거의 역습에 가깝다고 해야 한다. 2013년에서 2014년 사이에 보여 주었던 시진핑의 몇 가지 친유가적 행보를 통해 고무됐고 그 연장선상에서 타이완의 심성유학과 결별했던 신유가로서는 예상치 못한 결과였다.[4]

그러나 시진핑 정부는 세계 역사에서 공산주의의 승리가 역사의 거스를 수 없는 흐름이라 주장하면서 자신들의 통치를 정당화한다. 그러나 사실상 공산당에게는 우선적으로 그들의 지배의 영속성이 가장 중요하다. 하지만 집단지도 체제가 무너지고 시진핑 개인독재로 전환하면서 그의 캐릭터가 반영된 '시진핑의 사상'이 국내 정치나 외교의 방향을 결정할 가능성이 높아진 상황이

---

3) 姚中秋(秋風),「世界歷史的中國時刻」,『文化縱橫』2013년 6월호, 78쪽.
4) 물론 공산당의 방향 전환은 2022년 20차 당대회를 통해 비로소 나타난 것은 아니다. 2017년 19차 당대회를 통해 암시되었다. 큰 범위에서 보면 이는 중국의 경제성장률의 추이와 그에 따른 정치노선의 변화를 의미한다. 그러나 무엇보다 기본을 지배하는 주선율은 정치의 엄격한 통제다. 따라서 국내 일각에서 유교를 중국의 최종병기로 보는 것은 중국의 상황을 전혀 모르고 하는 소리다.

다. 그 타당성 여부와 무관하게 이를 무시하는 것은 매우 위험할 뿐 아니라 현실성이 떨어진다는 외교가의 견해가 지배적이다.

이 글은 위와 같은 상황 인식 아래 다음의 세 가지를 중심으로 서술할 것이다. 첫째, 중국에서의 유교 부활의 실제는 어떤 것인가를 살펴본다. 양안관계의 유학과 그들 간의 분기는 철저하게 중국 대륙의 정치적 조건과 무관하게 나올 수 없다. 이 점을 고려하여 공산당과 대륙신유가의 관계를 검토한다. 둘째, 양안 간의 신유가의 분기를 설명하고 그 의미를 짚어 본다. 심성유학과 정치유학, 내성內聖과 외왕外王의 문제는 유학의 본령에 관한 문제이다. 셋째, 대륙신유가의 정치주장이 철저히 과거지향적이라는 점을 감안하여 그것이 과거 '중화적 종주권의식'을 심리적 차원에서 탈피하지 못함으로써 나타난 귀결임을 주장한다.


## 2. 대륙신유가와 공산당의 관계: 중국에서 '유교부활'의 실제

중국은 21세기형 중화제국 체제의 위용을 갖추기 위해서는 통치의 도구로만 남아 있는 마르크스-레닌주의만으로는 역부족이라 판단했다. 이에 시진핑 정부가 완전히 공식화한 것이 공자와 유교다. 마오쩌둥(毛澤東) 시기에 박물관에 처박아 두었던 것을 다시 끄집어내 시민권을 준 셈이다. 공자를 활용한 정치적 마케팅 수법이 효과를 극대화할 수 있다는 것을 중국지도부는 경험을 통해 알고 있다. 공자와 진시황은 문화와 제도의 창시자이며 지금까지도 중국에서 마오쩌둥에 버금가는 정치적 의미를 갖는다.

"마르크스주의를 견지하고 발전시키는 것은 반드시 중화의 우수한 전통문화와 결부시키는 것을 통해서 이루어져야 한다." "사회주의 정신문명을 건설하고 '의법치국依法治國 이덕치국以德治國'의 상호 결합을 실행해…… 사회주의 문화강국을 건설한다."(『중국공산당 제20차 전국대표대회 보고』)

유교사상이 공산당 이데올로기에 원용되는 것, 이것이 중국에서 전가의 보도인 '중국 특색의 사회주의'다. 의법치국과 이덕치국은 중국 역사에서 한나라 이후 만들어진 유법체제儒法體制(유가와 법가가 결합된 통치체제)의 통치 원리이기도 하다. 이번 당대회를 통해 좀 더 분명하게 한 것이 문화강국 사회주의라는 면모다. 중국에서 소프트파워에서도 자신감(文化自信)을 내보이는 근거가 ─밖에서 인정하든 그렇지 않든─ 유가와 법가를 중심으로 한 전통사상의 존재다. 양쪽은 이상과 현실이라는 면에서 정반대이지만 한나라 이후 중국 역대 왕조는 이 대립을 협력의 정치학으로 바꾸어 이용했다. 그래야만 장기 집권에 성공할 수 있었기 때문이다.[5] 사실 당익黨益 우선이 중국에서 공식적으로는 마르크스주의를 내세우지만 실제 통치의 기술은 유법체제에서 발휘된다는 뜻이다. 전통 시기나 지금이나 중국에서 금과옥조인 대일통과 군현제는 유가보다 법가에 저작권이 있다.

시진핑 체제에서 전통을 부활시킨다 해도 그것은 어디까지나 당국 체제 아래서다. 경제, 군사, 문화 등 패권 체제의 근간을 이루는 이 모든 핵심 사안은 마르크스─레닌주의라는 통치이념과 당의 강력한 지도 아래 펼쳐진다는 점을 잊어서는 안 된다. 시진핑 집권 초기 "바보야 문제는 당이야"라는 소련을 반면교사로 하는 패러디는 그래서 나온 것이다. 마르크스주의와 천하주의, 왕도사상을 가지고 봉건주의와 자본주의라는 부패한 사상의 침식을 막으면서 이상이

---

5) 조경란, 「시진핑 3기와 천하주의 그리고 동아시아 갈등」, 『동북아역사리포트』 2023, 3. 15.

있고 도덕적이고 문화적인 인민을 양성하겠다는 것이다.(『중국공산당 제20차 전국대
표대회 보고』)

천하주의가 여기서 중요한 역할을 한다. 자오팅양(趙汀陽)에 따르면 네그리
(Antonio Negri)와 하트(Michael Hardt)가 주장한 제국 모델은 서양의 약탈적 자본주의
의 반영일 뿐이다. 반대로 중국의 '천하 모델'은 국가 간의 관계주의적 비전을
말하기에 호혜적이다. '포스트 공산주의'로 천하주의가 선택된 것이다. 이 점은
푸틴의 이데올로그로 활약하고 있는 러시아의 네오유라시아주의자 알렉산드르
두긴(Алекса́ндр Ге́льевич Ду́гин)과도 통한다. 이들은 각각 '천하'와 '유라시
아'라는 키워드를 가지고 자기식의 '보편'을 만들어 제국을 유지하려 한다.[6]

공산주의와 더불어 천 개념이나 천하주의는 중국이 세계를 호령한다는
기획 아래서도 매우 중요한 키워드다. 앞에서 말한 것처럼 중국의 유학자들에
게 천하주의는 서양의 개인주의와 민주주의의 문제점을 극복하는 대체 개념이
기도 하다. 학문적 개념에 그치지 않고 중국 지식인의 정체성을 드러내는 데도
매우 유용하다. 특히 보편적 도덕 질서나 초국가성을 강조하는 경우에도 매우
효과적이다. 국가와 민족의 경계를 넘어 도덕적으로 뛰어난 엘리트가 주재한다
는 정치를 광역에 걸쳐 펼친다는 유교적 이념이 천하라는 의식을 통해 공고하게
될 수 있다.[7] 이처럼 천하 개념은 신유가 집단과 공산당 정부가 공유하는 지점
이기도 하다.

그러나 유교를 부활시키는 과정에서 대륙신유가가 착각했다고나 할까, 미
처 인식하지 못한 것이 하나 있다. 공산당에게 통치의 정당성은 공산당이 살아
있는 한에서는 공식적으로 마르크스주의에서 나온다는 사실이다. 여기에서

---

6) 일본발 천하주의 비판에 대해서는 福嶋亮大, 『ハロー, ユーラシア21世紀中華圏の政治
思想』(講談社, 2021) 참조.
7) 福嶋亮大, 『ハロー, ユーラシア21世紀中華圏の政治思想』(講談社, 2021), 87~88쪽.

벗어나는 것은 마오쩌둥이 세운 당 관료, 마르크스주의 통치이데올로기, 인민해방군이라는 철의 삼각의 한 부분인 통치이데올로기가 무너지는 것이 된다. 시진핑 정부는 다른 것이 아닌 마르크스주의 이념에 의해 공산당 통치가 지속되어야 한다는 것을 무엇보다 강조한다.

이 점과 관련하여 시진핑 체제가 등장하면서 당 관료에게 부과된 첫 번째 임무가 무엇인지 기억할 필요가 있다. 그것은 바로 소련의 공산당이 왜 무너졌는가 그 원인을 분석하라는 것이었다. 그 분석 결과는 당원들의 마르크스주의에 대한 이념의 해이였다. 그리고 1991년 소련공산당이 해체된 것은 1917년 소련 체제가 만들어진 지 74년이 되는 해였다. 사실 중국의 역사에서도 왕조의 평균 존속 기간은 70년이었다.[8] 시진핑 체제가 등장하기 전부터 이 체제는 이중의 임무를 부여받았다고 할 수 있다. 하나는 청조로부터 물려받은 중국 영토의 '보전 또는 확대이다.[9] 다른 하나는 마오쩌둥의 중화인민공화국 성립으로 만들어졌고 덩샤오핑(鄧小平) 시기에 무너졌던 철의 삼각의 한 축인 이데올로기의 재건이다. 시진핑 체제의 고민은 사회주의 30년, 개혁개방 45년이 된 지금, 빈부격차의 딜레마에서 오는 '정치 통합성' 또는 '국가적 일체성'의 약화이다. 현재의 위정자들은 '정치 통합성'이 약화되면 '지배의 정당성'을 상실한다는 점을 중국의 긴 역사를 통해 너무나 잘 알고 있다.[10]

시진핑은 이전의 실용적이고 비이념적인 통치 시대를 무너뜨리고 그 자리에 새로운 형태의 마르크스주의적 민족주의를 대체시키고 있다. 그런 의미에서

---

8) 위화 왕, 「중국 역대 왕조로부터 어떤 교훈을 얻을 것인가」, 이은주 옮김, 『하버드대학 중국특강』(미래의 창, 2018), 89쪽.
9) 홍콩 문제와 기타 소수민족 문제에 대해 시진핑 체제에서 더욱더 강력하게 나오는 것은 '지배의 정당성'과 밀접한 관련이 있다. 이 최종 목적은 타이완의 통일이다.
10) 조경란, 「21세기 중국 신유가의 정세인식과 시진핑체제의 철의 삼각—중화제국체제의 데자뷰와 타자성의 문제」, 『유교사상문화연구』 제81집(2020.09).

시진핑의 부상은 '이데올로기적 인간'의 귀환을 의미한다. 하지만 마오쩌둥의 세계관보다는 더 복잡하며, 이념적 순수성과 기술주의적 실용주의가 혼합되어 있다.11) 이처럼 레드차이나의 부활은 시진핑 정부의 위기의식을 반영한다.

중국에서 1970년대 후반 중국공산당 지도자 덩샤오핑이 전임자 마오쩌둥의 마르크스–레닌주의를 버리고 국가 자본주의 노선을 채택하여 경제성장에 성공했다. 때문에 대부분의 서구 사상가들도 이미 오래 전에 공산주의 이데올로기를 사실상 죽은 것으로 간주했다.12) 하지만 경제성장이라는 공적을 바탕으로 통치의 정당성을 견지해 온 공산당은 격차가 더 심화되면 사회 통합을 해치는 상황에 이를 수 있다고 우려한다. 시진핑이 소득분배를 통한 '공동부유'를 내건 이유도 여기에 있다. 그러나 이 자체가 하나의 도전이 될 수 있다. 성장이든 격차의 완화든 어느 쪽도 성과를 보여 주지 못하면 포퓰리즘적 구호로만 그칠 위험성이 도사리고 있기 때문이다. 예컨대 중국의 인민은행은 경제성장률이 2030년대에는 4%대로 둔화될 것으로 예상했지만, 일부 분석가들은 급진적인 정책 수정이 없다면 2020년대에는 3%대로 정점을 찍고 2030년대에는 2%대로 떨어지면서 경제가 곧 침체될 것으로 우려한다.13)

여하튼 시진핑 시대는 덩샤오핑 시대의 '탄력적 권위주의'에서 이탈하여 레닌주의적 정치와 마르크스주의적 경제로 노선변화를 취한 것은 분명하다. 중국공산당은 그들이 목표한 대로 21세기 중반 미국 경제를 추월하게 될 경우 권위주의로 세계 재편을 시도할 것이 확실하다.14) 거기에 대비하여 마르크스주

---

11) Kevin Rudd, *The World According to Xi Jinping: What China's Ideologue in Chief Really Believes*, Foreign Affairs; New York Vol. 101, Iss. 6(Nov/Dec 2022): p.10.

12) Kevin Rudd, *The World According to Xi Jinping: What China's Ideologue in Chief Really Believes*, p.10.

13) Kevin Rudd, *The World According to Xi Jinping: What China's Ideologue in Chief Really Believes*, p.19.

14) Michael Pillsbury, *The Hundred-Year Marathon: China's Secret Strategy to Replace*

의는 역사를 공산주의의 승리를 향한 거스를 수 없는 흐름으로 묘사한다. 공산당은 이를 통해 자신들의 통치를 정당화하고 미화한다.[15] 그러나 시진핑의 노선이 국익보다는 당익을 우선시하다보니 당의 안정을 위해서는 기술적 진보와 심지어는 대중의 지지마저 희생하기 시작했다는 지적도 있다.[16]

시진핑의 3기 체제를 이렇게 파악한다면 대륙신유가 집단은 중국의 특성상 공산당의 정치경제 노선을 무시하고 연구를 진행할 수 없을 터이다. 고민이 깊어질 수밖에 없다. 지난 45년 동안 정치는 통제하는 대신 경제는 국가자본주의 정책 하에 고도성장을 이룬 덕에 중국은 전체 GDP가 높아질 수 있었고 자부심도 배가 되었다. 그러나 경제성장이 정치의 변화를 초래하지는 못했더라도 대륙신유가는 경제성장의 자부심을 자신의 뿌리(유교) 찾기로 연결시켰다. 1990년대부터 국학 진흥이 시작되고, 2004년 갑인문화선언, 2008년 북경올림픽을 치르는 과정에서 자부심은 과도한 확신으로 변했다.

2012년 시진핑이 등장하면서 내건 '중화민족의 위대한 부흥'이라는 슬로건은 대륙신유가에게는 결정타였다. 어떤 유명 신유가는 이 슬로건을 중국공산당이 자유주의와 사회주의 즉 서양사상을 모두 배척하고 유교로 회귀하는 징표로 받아들였다. 이러한 배경 아래 2013년에서 2016년까지는 대륙신유가의 집단적 활동과 선언이 봇물을 이룰 정도였다. 분위기가 과도한 나머지 대학의 유학 연구마저 아카데믹한 학문 연구에 집중할 수 없었고 한두 사람의 유명한 유가의 정치주장에 휘둘리는 형국이 되어 버렸다. 그런 과정에서 타이완의 심성유학과 대륙신유가의 정치유학이 거친 논쟁을 거쳐 분기하게 된 것이다.

---

America as the Global Superpower(New York: Henry Holt, 2015), ch.9.

15) 시진핑은 이를 당의 생존과 동일시한다. Ian Johnson, *Sparks: China's Underground Historians and Their Battle for the Future*(Oxford University Press, USA 2023. 09). 6.

16) Ian Johnson, *Xi's Age of Stagnation: The Great Walling-Off of China*(Foreign Affairs, 00157120, Sep/Oct2023), 권102, 호5.

## 3. 대륙신유가와 타이완신유가의 분기와 의미: 심성유학과 정치유학, 내성과 외왕

　　대륙신유가는 한껏 고무되어 2014년 좌담회를 개최했다. 캉유웨이(康有爲)를 현대중국의 입법자로 등극시켰다. 그가 군주제와 유교국교화를 주장한 것이 주요 이유였다.[17] 2015년에는 타이완 신유학자들과 격렬한 논쟁이 벌어졌으며 결국 분기했다. 2016년에는 싱가포르에서 신유가 유명학자 5명이『중국은 반드시 재유학화해야 한다: 대륙신유가의 신주장』이라는 책을 출판했다. 이러한 일련의 사건을 통해 대륙신유가는 기존의 홍콩과 타이완이 신유가의 영향권에서 이탈했으며 문화에서 정치로 나아갔고 급기야는 정치제도를 설계하는 데까지 이르렀다. 이는 곧 세 가지의 의미를 갖는다. 첫째, 머우쭝싼(牟宗三)계의 심성유학에서 정치유학으로의 전향이다. 둘째, 서양의 보편의 부정과 중국 유가의 절대 긍정이다. 셋째, 그랜드한 유가적 기획을 현실에서 구현하려 한다.[18]

　　타이완의 신유학은 심성과 내성을, 대륙의 그것은 정치와 외왕을 강조한다. 이런 구분이 명확히 나타나기 시작한 것은 90년대 말과 2000년대 초반이다. 이는 중국공산당의 정책 변화와 정확히 맞물린다. 중국공산당이 마오쩌둥 시기와 달리 혁명당에서 집권당으로 성격변화하면서 유교를 적극적으로 활용하려 한다는 시그널이 여러 곳에서 포착된 것이다. 2017년 말에는 드디어 유학이 제도 속으로 진입했다. 교과서 커리큘럼의 변화였다.

　　2010년대 말에는 양자 사이에 논쟁의 단계를 넘어 인신공격까지 가는 사태

---

17) 그러나 사실상 허군공화제를 주장했다. 이는 일본과 영국을 모방한 입헌군주제를 주장한 것이었다.
18) 이 세 가지 과정에 대해서는 거자오광, 양일모 번역,「기상천외: 최근 대륙신유가의 정치적 요구」,『동양철학』 48집 참조.(원문은 葛兆光,「異想天開: 近年來大陸新儒學的政治訴求」,『思想』[臺灣] 第33期, 2017)

가 빚어졌다. 타이완 신유가의 대표적 인물인 머우쭝싼(牟宗三)의 제자 리밍후이(李明輝)와 대륙신유학자들 사이에서 벌어졌다. 리밍후이 교수는 '대륙 신유가'를 작은 무리의 자아표방(自我標榜)이라고 했다. 그는 '대륙신유가'가 심성유학보다는 정치유학에 집중하는 것에 찬성하지 않는다. 유가전통에서 심성유학과 정치유학은 서로 분리될 수 없다고 보기 때문이다. 그러나 이는 대륙신유가 입장에서도 똑같은 논리로 대응할 수 있다. 외왕의 측면이 사라진 유학은 더 문제라는 것이다. 그러나 이 논쟁은 대륙과 타이완의 힘의 비대칭성과 공산당 정권이 천명해 온 '하나의 중국'이라는 '원칙' 앞에서 거의 꼬리를 내린 셈이다. 결국 대륙 신유가와 타이완의 신유가의 분기는 중국 대륙의 공산당이 유학을 정치제도 속으로 끌어들임으로써, 또 여기에 대해 타이완의 유학자들이 더 이상 대응을 하지 않으면서 흐지부지되었다고 볼 수 있다.

'대륙신유가' 중 춘추공양학 전통을 가장 먼저 중요하게 여긴 학자가 장칭(蔣慶)이며 그는 '정치유학'을 1980년대 말부터 선구적으로 구상해 왔다. 1995년 장칭의 『공양학 인론』 출판은 자신의 '정치유학'과 해외 '심성유학'과의 결별을 분명하게 선포한 책이다. 거자오광(葛兆光)은 이를 대륙신유학이 아카데믹한 학계에 정식으로 이별을 고하고 정치 영역으로 진입한 선언서로 해석한다.[19] 장칭은 중국인의 일상이나 제도가 총체적으로 의탁할 곳을 잃었다고 평가한다. 그는 이것을 중국성(chineseness)의 상실이라 말한다.[20] 엘스테인의 요약에 의하면 장칭은 중국에서 가장 잘 알려져 있는 극과 극으로 평가되는 살아 있는 유가(living Ruist)의 한 사람이다. 그의 사상이 갖는 논쟁적 특성과 범상하지 않은 경력으로 그는 유명해졌다.[21] 장칭의 정치유학은 타이완 신유학자들로부터

---

19) 葛兆光, 「"何が中國か"の思想史」, 『思想』(2018.6.), 225쪽.

20) 蔣慶, 『政治儒學』(北京: 三聯書店, 2003), 4쪽.

21) Elstein, "On Jiang Qing-Guest Editor's Introduction", *Contemporary Chinese Thought* 45.1(2013), 3~5쪽.

집중포화를 받았을 뿐 아니라 대륙의 다른 학자들로부터도 강한 비판을 받았다.[22)

그럼에도 불구하고 장칭의 이런 입장 표명은 이른바 2기 대륙신유가들에게 적지 않은 영향을 주었다.[23)] 이후 소위 2기 대륙신유가들은 집단적 형태를 취하면서 활동을 하게 되었고 그런 가운데 리밍후이로 대표되는 대만 유학자들과의 논쟁은 더욱 뜨거워졌다고 할 수 있다.[24)] 그렇다면 장칭이 어떤 인물이기에 대륙에서 그렇게 영향력이 있을까.

장칭에 대한 중국 안에서의 평가는 대륙신유학에 속하는 자와 그렇지 않은 사람과의 사이에 큰 차이가 난다. 예컨대 몇 년 전 작고한 리쩌허우(李澤厚)는 그를 서태후보다도 더 봉건적이라고 비판했을 정도였고 팡커리(方克立) 역시 대륙신유가를 선언한 논문으로 간주되는 앞의 글을 호되게 비판한 적이 있다. 그럼에도 불구하고 그가 비정상적으로 보일 정도로 유명해진 이유는 다음의 두 가지 때문인 것 같다. 첫째, 장칭의 책이 프린스턴대학교 출판부에서 중국정부의 대변인으로 평가받는 다니엘 벨의 영어번역으로 나왔다.[25)] 그 이후 벨기에 대학에서 나온 잡지 *Contemporary Chinese Thought* 2013년 가을호에서 그를 특집으로 구성했다. 둘째는 일부 서양 지식인이 유교를 미지의 '중국의

---

22) Ming-huei Lee, "A Critique of Jiang Qing's "Political Ruism"", *Contemporary Chinese Thought* 45.1.(2014) 및 葛兆光, 「異想天開: 近年來大陸新儒學的政治訴求」, 『思想』(臺灣) 第33期 참조.

23) 1단계 인물로는 蔣慶, 康曉光, 陳明 등이 있고 2단계는 曾亦, 干春松, 唐文明 등이 있다. 하지만 중국에는 이들 말고도 중국 외부에서는 파악할 수 없는 많은 수의 신유가가 존재하는 것 같다.

24) 李明輝는 대륙신유학을 인정할 수 없다고 하였다. 이에 대응하는 글로는 黃玉順, 「論 "大陸新儒家"—回應李明輝先生」, 『探索與爭鳴』第4期(2016)가 있다.

25) Jiang Qing, author; Daniel A. Bell, editor; Ruiping Fan, editor; and Edmund Ryden, translator, *A Confucian Constitutional Order: How China's Ancient Past Can Shape Its Political Future*(Princeton University Press, Princeton China, October 28, 2012).

갈과 연결시켜 보려는 의도와 연결되어 있다. 라모 쿠퍼(Joshua Cooper Ramo)의 베이징 컨센서스가 나온 이후 중국 내외에서 유교에 대한 관심이 철학의 범주를 뛰어넘어 정치, 경제의 영역으로 확대되었다. 아시아의 다른 나라들과 마찬가지로 중국 또한 자기 내부의 인정 구조가 왜곡되어 있기는 매한가지이다. 서양에서 '인장하면 중국에서 인정하는 우스꽝스러운 메커니즘 아래서 장칭은 유명해졌다고 할 수 있다. 또한 중국의 지식은 그것이 아무리 엉뚱하더라도 서구에서는 무조건 학습대상이 되기도 한다. 중국의 규모와 위상 때문에 무시했다가는 큰일을 당할 수도 있다고 생각하기 때문이다. 오리엔탈리즘의 왜곡된 구조 아래 장칭은 중국 내부에서도 갑자기 주목받는 인물이 되었다고 할 수 있다.

장칭의 정교합일의 국가건설이라는 입장 표명은 해외신유가와 따로 가겠다는 일종의 선언이기도 하다. 대륙의 신유가는 1949년부터 1970년대까지 유학 연구가 물리적으로 막혀 있었기 때문에 1980년대 유학 논의가 해제되었을 때 해외신유가의 논의를 많이 참고해야만 했다. 그러나 해외에서 발달해 온 현대 신유가의 심성 중심의 도덕이상주의는 1980년대 중국의 본토에서 수용될 수 없었다. 중국 지식인들에게 탈도덕화는 문화대혁명의 경험을 통해 '비정상적으로' 이루어졌기 때문이다. 중국사회주의는 문혁으로 종식되었기에 사회주의 도덕이상주의는 파탄날 수밖에 없었고 이로써 유교의 도덕이상주의도 중국사회를 향해 설득력을 가질 수 없었다. 이후부터 중국의 사회주의와 유교의 도덕주의는 중국인에게는 조롱의 대상이 되었을 뿐 고민의 대상이 되지 못했다. 대신 1980년대의 중국사회는 경제적 이성과 도구적 이성만이 관심의 대상이 되었다.[26] 해외신유가와 중국의 대륙신유가는 이처럼 사회주의와 자본주의의

---

26) 1989년 5월 천안문 민주화운동 이후 이루어진 한 여론조사에 따르면 학생들의 슬로건이 부정부패와 빈부격차였다 해도 운동참여자들의 자본주의에 대한 찬성 여론은 다른 나라보다 높았다.

역사 경험의 차이로 인해 애초부터 순조로운 조우가 불가능했다. 자본주의와 사회주의 모럴에 대한 관념이 애초에 달랐던 것이다.

해외신유가가 대륙신유가의 좌표가 될 수 없는 이상 대륙신유가는 새로운 길을 모색해야 했다. 거기서 새로운 길이 바로 캉유웨이로 돌아가는 것이었다. 더 이상 슝스리(熊十力)나 머우쭝싼(牟宗三)이 아닌 캉유웨이(康有爲)로 돌아가 정치유학과 제도유학을 기획하게 된 것은 역설적으로 당시 중국사회에 대한 맥락을 지나치게 '정치적으로' 인식한 결과였다. 1989년 천안문사건이 중국사회의 모든 것을 바꾸어 놓은 것처럼 대륙신유가의 탄생에도 깊이 관여되어 있다. 1989년 천안문사건이 일어난 지 얼마 되지 않아 장칭은 「중국대륙의 유학부흥의 현실적 의의 및 그것이 직면한 문제」[27]라는 장문의 글을 발표하여 지식인들을 놀라게 했다. 그 이유는 이 글이 사실상 대륙신유가 최초의 입장 표명이었기 때문이다. 주장 또한 흥미로웠다. 당시의 중국 정치가 유학으로 재구성되어야 한다고 주장하면서도 동시에 유학은 공산당의 주류 이데올로기와 연합이 이루어져야 한다고 말했다.[28]

대륙신유가의 핵심 주장은 앞에서 말한 것처럼 중국이 군주제와 유교의 국교화를 통해 정교일치의 사회가 되어야 한다는 것이다.[29] 이런 주장은 중국의 현실 조건을 무시하는 것일 뿐 아니라 중국의 기층인민의 삶을 혁신하려는 의지와 미래지향적 방향성을 제시해 주는 것과는 거리가 있다. 유교 엘리트의 변화의 열망은 철저히 과거 유교 이념과 제도에 근거해 지배했던 봉건제사회를 지향하고 있다.

---

27) 『鵝湖』(臺北) 제170~171기, 1989년 8월 9월.
28) 조경란, 「중국공산당 통치의 정당성과 '유교중국'의 재구축—Ⅱ: '대륙신유가'와 '유가전통' 또는 '성찰적 유학」, 『사회와철학』 제39집(2020.4), 178쪽.
29) 葛兆光, 「異想天開: 近年來大陸新儒學的政治訴求」, 『思想』(臺灣) 第33期; 거자오광, 양일모 번역, 「기상천외: 최근 대륙신유가의 정치적 요구」, 『동양철학』 48집 참조.

타이완의 심성유학과 대륙의 신유가가 분기하게 된 것은 독립적 사건이 아니다. 이보다는 중국공산당의 중국의 전통에 대한 입장 변화에 따라 나타난 부수적 사건이다. 부수적 사건인 것에 비하면 양쪽의 분기가 파생하는 의미는 적지 않다. 첫째는 유교의 본원이 무엇인가 라는 문제를 제기한다. 즉 심성유학과 정치유학 중 어느 것이 본령인가 하는 것이다. 이는 내성과 외왕의 문제이기도 하다. 둘째, 유학이 작동할 현실 조건으로서 중국의 정치사회적 구조와 조건을 어떻게 볼 것인가의 문제를 유발한다. 유학은 제도이면서 동시에 이론이다. 따라서 유학이 현실에 작용하기 위해서는 그것이 작동할 역사적 조건이 갖춰 주어야 한다. 전통시대에는 그것이 과거제도였다. 셋째, 유학과 민주주의가 더 친화적인가, 아니면 사회주의가 친화적인가 하는 논쟁을 유발한다. 신유가 집단이 나타나기 전, 20세기 초에는 전자에 관한 연구가 많았으나 중국이 사회주의 사회가 되고 나서는 후자에 관한 연구가 상대적으로 많았다.

그러나 현실은 위와 같은 철학적이면서도 정치적 문제들을 복합적이고 세밀하게 다루지 못한 채 서로를 비난하는 것으로 끝났다. 그 이유는 여러 가지가 있을 것이지만 주로는 대륙신유가가 중국공산당의 입장 변화에 너무 감격한 나머지 지나치게 흥분된 상태에서 논의가 전개되었다는 데 있을 것이다. 사실 양안 신유가의 분기와 함께 철학적으로 가장 쟁점이 되는 문제는 첫 번째 문제이다.

이와 관련하여 여기서는 중국철학의 거장인 리쩌허우가 보여 주었던 고민의 일단을 간략하게 소개하면서 마무리하려 한다. 리쩌허우는 유교가 통치지위를 갖게 되면서부터 내성과 외왕 사이에는 양극의 대립 관계가 형성되었지만 공자에서는 상대적으로 통일되어 있다고 주장했다.[30] 개체의 내성은 씨족집단

---

30) 리쩌허우, 정병석 옮김, 『중국고대사상사론』(한길사, 2005), 515쪽.

의 생존적 질서 유지의 여부를 결정하는 외왕의 문제와 밀접하게 연결되어 있다는 것이다. 공자에서 중요한 것은 씨족국가의 생존과 발전의 문제다. 이를 기준으로 하면 객관적인 공업功業을 말하는 성聖이 본래 주체의 자각적 '인'보다 중요하다. 이를 기준으로 보면 관중管仲이 예를 벗어나는 행위를 했지만 제후의 패자가 되어 천하를 바로 잡은 공적이 있기에 그의 행위는 문제 삼지 않아도 된다. 그가 없었다면 자기들은 오랑캐가 될 수도 있었기 때문이다. 공자에 의하면 사람들은 반드시 예를 알 필요가 없고 인에 대해서도 잘 알지 못하면서도 참으로 유익한 거대한 사업을 해 낼 수 있었다.[31] 공자는 은주라는 씨족사회를 상대로 사유를 진행했기 때문에 그런지 역사 조건 자체에 대응하여 이념보다는 실용성을 더 강조했다.

이에 비하면 맹자는 관중에 대한 태도에서 공자와 매우 다르다. 맹자는 관중과 같은 패도(인의를 무시하고 권모술수로써 다스리는 일)의 공격은 이야기할 만한 가치가 없다고 일축한다. 그는 수신치가와 예를 알고 인을 알고 난 다음에야 겨우 치국평천하를 이야기할 수 있다고 했다.[32] 이렇게 공자와 맹자가 갖는 내성에 대한 태도의 차이는 시대의 차이와 무관하지 않을 것이다. 맹자는 도가 땅에 떨어진 전국시기의 사상가였다는 점을 지적해야 할 것이다. 여하튼 공자와 맹자에 이르기까지 유학의 '내성'이라는 측면이 점유하는 지위는 두드러진다. 내성은 시대가 내려오면서 외왕과 분리되기 시작한다. 이 양자는 서로 분리되는 것을 넘어 서로 대립하기까지 한다. 심지어 송명리학은 내성으로 하여금 외왕에서 벗어나게 하고 심지어 독립적인 가치와 의미를 가지도록 만들었다.[33] 이 양자는 시대와 조건에 따라 강조점이 달라지기도 했지만 송대 이후

---

31) 리쩌허우, 정병석 옮김, 『중국고대사상사론』, 516~517쪽.
32) 리쩌허우, 정병석 옮김, 『중국고대사상사론』, 517~518쪽.
33) 리쩌허우, 정병석 옮김, 『중국고대사상사론』, 518쪽.

내성의 중요성이 극단화되어 폐단을 만들어 내기도 하였다. 여하튼 고대 중국에서의 내성과 외왕을 둘러싼 다의적 문제제기가 있었다는 것은 동아시아의 경학이 '동태적 인문', '수기와 치인의 되먹임 구조[34]라는 전통을 가지고 있었음을 증명해 주는 것이기도 하다.

## 4. 결론을 대신하여: 한중일 유학이 처한 다른 상황과 다른 대응

앞에서 살펴본 대로 중국의 대륙신유가의 집단적 고민은 매우 과거지향적이다. 이 지향성은 그들이 벗어나지 못하고 있는 동아시아에 대한 기존의 습관적 인식과 관련이 있다. 여러 가지 인식면에서 '중화적 종주권 의식'에서 전혀 벗어나지 못하고 있다. 마치 20세기를 무시한 19세기 의식을 보여 준다. 따라서 여기서는 대륙신유가의 의식 상황을 이들의 동아시아 인식과 관련하여 간략하게 검토하고 한국 대학의 유교 연구가 어떤 역할을 할 것인지를 제시하는 것으로 결론을 대신할까 한다.

단도직입적으로 말해 시진핑 시대 내에서 중국은 순수한 유교만으로는 '신중화제국 체제의 재구성'이나 재유학화 기획이 불가능해졌다. 우선 유교를 근간으로 한 통치의 정당성을 확보해야 한다는 주장은 자칫 '19세기적 21세기로의 회귀'로 보일 공산이 크다. 중국이 최소한의 자기 정당성을 가지려면 중국문화의 단순한 자기 긍정을 넘어 trans-civilization에 버금가는 '대담한 기획'을 할 수 있어야 한다. 이는 중국공산당의 경우도 동일하다. 이를 위해서는 자신들이 비판해 왔던 서구의 '보편'을 거부만 할 것이 아니라 aufheben(극복과 보존)하는

---

34) 이 두 용어는 김월회·도승연·안재원·윤비, 『인문정책 거버넌스 구축의 이론적 근거 연구』(경제인문사회연구소, 2023) 지정 과제에서 가져온 것이다.

관대한 태도가 필요하다.[35)]

　대륙신유가는 자신의 고금의 문제만이 아니라 동아시아 다른 나라의 변모한 유학에 관심을 가져야 한다. 허나 이러한 '대담한 기획' 또한 문화에 대한 '점유자의 태도'에서 벗어나야 비로소 가능하다. 더 근본적으로는 '중화적 종주권 의식'을 극복해야 한다. 그럴 때만이 윤리적, 분석적 태도가 획득된다. 중화제국 시스템은 기본적으로 '중'과 '외'로 구성되어 있으며 이 구성은 두 가지의 신화, 즉 '중화제국이라는 통일체'와 '제국의 밖에 대한 우월성'에 의거해 있었다.[36)] 하지만 중국에서 '외'는 더 이상 중화제국이라는 중심의 우월성을 돋보이게 하는 주변으로서의 존재가 아니라 중화제국 내부의 동일성을 깨트리는 타자로서 받아들여야 한다.[37)]

　인접한 한국이라는 장소만 하더라도 조선시대의 유교 500년을 경험했으며 경제성장과 민주화를 이루었다. 더 이상 전통적인 '외'가 아닌 것이다. 하지만 중국에서는 19세기 말 중화제국 체제가 무너지고 나서 20세기 이전까지 중화제국 체제를 떠받쳤던 이데올로기인 중화주의를 해체해야 한다는 '의식적'이고 '자각적' 성찰을 한 적이 한 번도 없었다. 물론 어떤 곳이든 중심주의가 해체된다는 것은 쉽지 않다. 그것을 담지한 주체들의 자각적이고 자발적인 의지, 다른 식으로 표현하면 '부친살해'라고 표현할 정도의 자기부정의 과정이 존재해야 가능하다.

　나는 다른 글에서 서구의 침략과 일본의 침략이 오히려 중국의 중화주의

---

35) 조경란, 「중국공산당 통치의 정당성과 '유교중국'의 재구축—유교의 '통치이념화'와 20세기 역사경험의 문제」, 『철학』 132집(2017 가을호), 23쪽 참조.

36) 王柯, 「帝國と民族―中國における支配正當性の視線」, 『帝國の硏究』(名古屋大學出版會, 2003), 219~220쪽.

37) 조경란, 「중국공산당 통치의 정당성과 '유교중국'의 재구축—유교의 '통치이념화'와 20세기 역사경험의 문제」, 『철학』 132집(2017 가을호), 24쪽 참조.

해체를 도운 것이 아니라 중화+근대 민족주의=중화내셔널리즘을 강화시켰다고 주장했고 이를 '일본 침략의 역설'이라고 불렀다. 동아시아에서는 사실 중화주의가 해체되어야 전통시대부터 이어져 온 지배와 차별의 관계를 근본적으로 청산할 수 있다. 중국인들의 '중화적 종주권 의식'의 해체 작업이 선행되지 않고는 21세기의 대등하고 다원적 협력 관계의 수립은 가능하지 않다. 한국과 중국, 타이완, 홍콩 그리고 일본의 지식인들의 심리학적 상호 인정과 연대가 힘든 이유는 첫째, 이러한 전근대적 의식의 청산 작업이 진행되지 않았기 때문이며, 둘째, 21세기의 역내의 타국의 변화에 대한 무지 또는 무시 때문이다. 우리도 중국의 변화에 대해 잘 모르며 알려고도 하지 않는 것처럼 중국과 일본 또한 한국의 변화에 대해 잘 모른다. 특히 중국과 일본은 한국의 2000년대 경제성장과 과학기술의 발전이 정치 민주화, 문화 상상력과 어떤 상관관계가 있는지를 잘 모른다. 한국 역시 중국의 경제성장과 테크놀로지 발전에 힘입어 그들의 국제 위상의 변화를 실감하지 못하고 있다.

동아시아에서 유교문화는 중국을 기점으로 동심원적으로 확산되고 각 나라의 시공간을 거치면서 그 양태가 다양해지고 풍부해졌다. 미조구치 유조(溝口雄三)는 동아시아 각국으로 퍼져 나간 아시아의 유학을 중국의 '외전外傳'으로만 봐서는 안 된다고 강조한 바 있다.[38] 각국의 논의 과정에서 각각의 특성을 가진 유학으로 변모했음을 강조하고자 한 것이다. 이 논리에 의하면 중국의 유학도 중국의 장소성과 특수성이 반영된 중국의 유학일 뿐이다. 중국인의 '점유자의 태도'로 인해 동아시아 유학이 국가별 차이와 다양성 그리고 타자성을 인정하는 데로 나아가지 못한다. 이제 동아시아는 공통성을 말한다거나 문명 본원의 모습을 강조하는 것보다 유교문명이 각국으로 퍼져 나간 이후

---

38) 1997년 汪暉와 미조구치의 대담.

각기 다른 장소에서 어떤 차이를 만들어 냈는가를 설명하려는 노력을 해야 한다. 차이의 비교 속에서 동아시아의 유교의 특징과 이동異同이 새로이 추출될 수 있어야 한다. 그리고 이 바탕 위에서 19세기 말부터 시작하여 20세기 한중일이 어떻게 불화와 침략, 격절의 세월을 거치면서 100년을 보냈는지를 비평적으로 말해야 한다.[39] 그런 토대 위에서만 동아시아 21세기의 새로운 관계 정립이 가능하다.

현재 동아시아에서의 유학 관련 논의는 중국의 대국화에 심각하게 영향을 받고 있다. 20세기 초부터 진행되어 왔던 신유가의 민주주의적 재구성 작업이 어느새 관심을 불러일으키는 것조차 곤란하게 된 지경이다. 홍콩, 대만에서의 정치적 위기는 신유가의 사유방식에 결정적으로 영향을 주고 있다. 머우쭝싼(牟宗三)을 위시한 사상가들이 혹은 다른 많은 민주파 인사들이 유학과 자유와 민주를 결합시키려 했던 고투는 어디론가 사라지고 있다. 중국 대륙의 테크놀로지와 전제정치의 새로운 결합은 모든 것을 집어삼킬 태세이다. 심지어 일본에서는 중국의 사상문화 연구에 대해서 "절학絶學"이라는 말이 나오고 있는 실정이다.[40]

그런데 한국의 상황도 만만치 않다. 한국과 중국은 상대국에 대한 비호감도가 지난 30년 이래 가장 높다. 최근 몇 년 동안, 한국과 중국 모두 상대에 대한 인식이 급격하게 변화하는 것을 피부로 느낄 정도이다. 여론조사에서도 여실히 나타난다.[41] 2021년 조사에 의하면 한국 4050세대의 중국문화에 대한 긍정적 인식은 부정적 인식보다 두 배 이상 높았다. 이에 반해, 20대는 긍정적

---

39) 중국과 한국은 2차대전 후 냉전시기 40여 년 동안 적성국가로서 왕래가 없다가 외교 관계를 맺은 지 이제 32년이 되어간다.
40) 朝倉友海, 「東アジア哲學とは何か, そして何であるべきか」, 『現代思想』(2021년 1월호).
41) 이오성, 「중국의 모든 것을 싫어하는 핵심 집단, 누굴까」, 『시사IN』(2021.6.17); 「중국에 대한 반감, 그 반대편에 친미가 있다」, 『시사IN』(2021.7.12).

인식(23.7%)보다 부정적 인식(33%)이 높았다. 2022년 미국 여론조사 기관인 퓨리 서치센터의 19개국 국민 조사에서 한국만 유일하게 50대 이상의 장년 세대보다 아래 세대가 중국에 대해 더 부정적이다.[42] "중국의 모든 것이 싫다"는 MZ세대 의 중국의 사상문화에 대한 인식은 앞으로 반유학의 정서로 전화할 가능성도 배제할 수 없다. 우리의 문화의 일부이기도 한 유학에 대한 반감은 한국의 조선시기에 대한 인식—비판하든 긍정하든—에도 영향을 미치지 않을까 우려된다.

중국의 대국화는 유학을 살리려 했지만 결과적으로 죽이는 역설적 상황이 만들어지고 있다. 량치차오(梁啓超)는 사상이 세계를 변화시킬 수 있다고 했는데 그것은 19세기 말 20세기 초와 같이 국가가 상대적으로 약한 상황에서 그렇다. 지금과 같은 강고한 당국 체제 아래서 사상은 힘을 발휘하기 힘들다. 사상가가 자신의 생각을 표출한다 해도 곡학아세가 아니면 왜곡된 형태로 나타나기 십상 이다. 한국 대학의 유교경전에 대한 연구는 이런 상황들을 예의 주시하면서 책무(responsibility)를 새로이 인식해야 할 것이다.

---

42) 유재동 특파원, 「한국인 80% 反中여론…… 젊은층 더 부정적인 유일 국가」, 『동아일 보』(2022.7.1).

# 제6장 21세기 성리학의 르네상스*

## ― 재탄생의 길에 관한 몇 가지 단상

나종석

## 1. 전통의 탈식민화와 유럽중심주의의 상대화의 길

주희의 학문, 즉 흔히 성리학으로 불리는 주자학이 중국 및 동아시아 국가들에 끼친 영향은 말할 수 없이 크다. 중국학자 전목은 공자와 주희를 "중국 학술사에서 가장 뚜렷한 발자취를 남긴 두 사람"이라 하면서 이들에 비견될 제3의 인물은 찾아보기 힘들다고 말했다.[1] 일본학자 시마다 겐지에 따르면, 주돈이 → 정호·정이 → 장재로 이어져 내려온 사상, 그러니까 송대에 이르러 전면적으로 부상한 도학道學이라는 새로운 사상의 흐름을 남송대의 주희가 정리하여 주자학으로 완성하였는데, 주자학의 영향은 중국을 넘어 동아시아 전체에 큰 영향을 주었다고 한다. 그래서 시마다 겐지는 주자학을 "동아시아 세계에서

---

* 이 글은 성균관대학교 유교문화연구소/성균관대학교 유교문화연구소 비판유학·현대경학 연구센터가 주관한 〈현대경학의 방법론적 모색 II ― 21세기 성리학 연구, 어떻게 할 것인가?〉라는 대주제로 열린 학술 발표회(2023년 2월 1일)에서 발표한 것을 필자의 여러 선행 연구를 바탕으로 대폭 수정한 것이다. 오늘날 표절, 특히 자기 표절에 관해 예민한 지적 상황이라 필자는 선행 연구를 바탕으로 할 때조차 그것을 가능한 한 재구성하거나 그 출처를 정확하게 밝히고자 했다.
1) 전목, 『주자학의 세계』(이완재·백도근 옮김, 이문출판사, 1990), 9쪽.

세계사적인 사건"이었다고 평가한다.[2]

그러나 19세기 중엽 이후 서구 제국주의 열강이 동아시아로 팽창하면서 중국 중심의 동아시아 질서는 크게 동요하고 해체되고 말았다. 그리고 그 과정에서 중국을 대신하여 동아시아 지역에서 제일 먼저 서구적 근대화에 성공한 일본이 동아시아의 새로운 강국으로 등장하면서 조선이 결국 패망하고, 일본 제국주의의 식민지로 전락하게 된 상황은 우리에게 매우 익숙하다. 그리고 조선이 일본의 식민지로 전락하여 패망하는 과정에서 이른바 전통사회 조선의 정식 통치이념인 주자학에 대한 평가는 급변하였음도 주지의 사실이다.

이를테면 유교적 전통을 한국의 민주적 근대성의 장애물로 바라보는 견해는 우리 사회에 널려 퍼져 있다. 이는 서구중심주의를 내면화한 결과이기도 하다. 앞에서의 서구중심주의는 전통과 근대의 이원론으로 이해된다. 특히 그것은 한국을 비롯한 동아시아 전통과 서구 근대 사이에는 넘어설 수 없는 간극이 존재하는데, 전통은 문명 일반으로 상징되는 서구 근대로 나가는 길을 저해하는 장애물일 뿐이기에 제거되거나 극복되어야 한다는 인식 태도로 규정될 수 있을 것이다. 다시 말해 서구중심주의에 따르면 동아시아 전통은 문명의 타자로 규정되는데, 그것은 문명에 미치지 못하는 전근대적 혹은 미개한 문명 단계에 영구히 정체되어 있어 자기 힘으로는 서구 근대 문명 단계로 도저히 나갈 수 없는 숙명에 처한 것으로 비판된다. 이처럼 서구중심주의는 동아시아 전통과 과거의 일부가 비판받을 소지가 있다는 식의 인식이 아니다. 그것은 서구 근대 문명과의 대비 속에서 비서구 사회, 예컨대 동아시아의 과거 및 전통의 본질을 미개한 것으로 실체화한다. 그리고 그러한 실체화는 서구 근대의 충격 혹은 서구 근대가 이룩한 계몽의 세례가 없이는 동아시아 사회가 결코

---

2) 시마다 겐지, 『주자학과 양명학』(김석근 옮김, AK커뮤니케이션스, 2020), 132쪽.

근대로의 질적 도약을 이룩할 수 없다는 결론을 정당화하게 된다.

이렇게 동아시아의 과거와 전통 전체를 미성숙한 전근대성의 발전 단계에 영원히 머물러 있는 것으로 규정하는 지적 작업을 과거(전통)의 식민화 혹은 타자화라고 부를 수 있을 것이다. 주지하듯이 우리는 서구 근대가 태생적으로 식민 지배를 동반하고 있음을 아메리카대륙에 대한 식민 지배에서 찾아볼 수 있다. 그리고 서세동점 시기에 동아시아로 제국주의적 침략을 본격화할 때도 유럽 세계는 식민화를 선진 유럽이 후진적이고 미개한 사회를 문명화하기 위해서는 불가피하고 필연적인 것으로 미화했음을 알고 있다. 일본 제국주의가 유럽 열강의 문명화 사명이라는 명분을 그대로 받아들여 조선의 식민 지배를 조선을 문명화하기 위한 일환이라고 강변한 사실도 우리는 잘 알고 있다. 즉 동아시아에서 제일 먼저 서구적 근대화를 이룩한 일본은 식민지배의 역사를 정당화하기 위해 "자국 일본을 모델로 '정체(停滯)된' 조선을 '지도'하려는 '일본형 오리엔탈리즘'"을 고안해 냈다. 또한 일본이 조선의 지배를 정당화할 때 동원한 권력의 레토릭 중의 하나가 유교, 특히 조선 유교의 이른바 봉건성과 억압성이었음도 주지의 사실이다.[3] 이처럼 메이지유신 이후 제2차 세계대전에서 패전에 이르기까지 한국과 아시아에 대한 침략과 지배로 점철된 근대 일본은 유교 전통에 의해 규정된 아시아에 대한 멸시를 전제로 한 것이었다.

그런데 서구중심주의적 문명사관과 역사 인식은 일부 피식민지 사회 구성원에 의해서도 적극적으로 수용되었다. 그리고 그러한 서구중심주의적 인식 패러다임은 탈식민시대에 들어와서도 변형된 형태로 지속되고 있다. 서구중심주의가 계속 재생산되는 데는 대학 및 지식사회의 역할이 크다. 그리고 기존 인문학의 비판 정신의 약화를 비롯한 한국 인문학이 가진 여러 문제점은 서구중

---

3) 하라 다케시, 『직소와 왕권: 한국과 일본의 민본주의 사상사 비교』(김익한·김민철 옮김, 지식산업사, 2000), 206쪽.

심주의의 과도한 내면화와 무관하지 않다. 달리 말해 서구중심주의의 주도적 영향력에서 벗어나지 못하고 그것을 재생산하는 제도적 장치로 머무르고 있는 대학과 지식사회로 인해 우리 사회의 모습에 대한 학문적 인식 능력이 왜곡·약화되고 있는 것이다. 서구중심주의를 상대화하려는 문제의식은 그것이 우리 사회 구성원에게서 우리 모습을 제대로 인식할 수 있는 능력과 기회를 박탈하고 있다는 성찰에서 비롯되고 있다. 그렇다면 한국 인문학은 서구중심주의를 중요한 사유의 대상으로 삼아 그것과 비판적 대결을 수행해야 한다. 그렇지 않다면 기존 인문학의 무기력은 물론이고 인문학이 지녀야 할 사회와의 바람직한 새로운 소통 역량을 회복할 수 없으리라고 보아야 할 것이다.

우선 서구 근대를 기준으로 설정함으로써 초래되는 우리 학계의 쟁점을 간단하게 언급해 보자. 한국에서의 근대화 과정을 이해할 때 과연 서구 근대의 발전 모델을 기준으로 삼아야 하는지는 학계에서도 치열하게 논쟁 중이다. 이와 관련한 두 가지 사례만 언급하자. 첫째로, 한국 사회의 근대 이행 과정을 파악할 때 조선시대를 봉건제 사회로 보고 조선 후기를 봉건제 해체기로 이해하는 이른바 내재적 발전론을 둘러싼 논쟁이 활발하게 진행 중이다. 이 논의에서 쟁점이 되는 것은 유럽의 역사적 경험에서 나오는 봉건제에서 자본주의 근대로의 이행이라는 역사 발전 모델이 인류사를 이해하는 데 기본 모델로 설정되어야 할 객관적 이유가 있느냐는 것이다. 봉건제에서 자본주의 근대로의 이행이라는 이른바 인류 역사 발전의 필연적 전개 도식의 타당성을 의문의 여지없이 참인 것으로 받아들이는 토대 위에서 조선 사회에서도 봉건제에서 근대로의 이행에 상응하는 어떤 것을 입증하려는 시도는 사회경제적 조건의 변화에서 이른바 자본주의적 맹아를 찾으려는 노력에 그치지 않는다. 그런 시도는 실학 연구라는 사상사 연구에서도 똑같이 반복되고 있다.

동아시아 유교문명권에 속한 한국이 일본에 비교해 서구적 근대화로의 길에 뒤처져 일제식민지로 전락하게 된 원인을 조선의 통치이념인 주자학적 사유의 봉건성에서 찾으면서 조선 후기의 사상 사조를 실학이라고 명명하고 거기서 '반주자학적인' 혹은 '탈주자학적'인 근대 지향 및 민족 지향의 싹을 발견하려는 실학사상 연구의 주류적 관점 역시 봉건제에서 자본주의 근대로의 이행의 보편성을 의문의 여지없는 진리로 받아들이고 있다. 실제로 20세기 한국의 실학 연구에서 "관건어는 '근대 지향'"이었으며, 이 근대 지향을 발굴하는 작업은 "한국 사회에서 서구적 근대로의 내재적 발전 가능성을 확인"하려는 노력이었음도 널리 승인되고 있다.[4]

그런데 봉건제에서 자본주의로의 이행을 보편적 역사 발전 모델로 긍정하면서 조선 후기에서 봉건제적 사유 방식으로 규정되는 주자학적 사유 방식의 와해 혹은 해체를 탐구하려는 시도도 이제는 커다란 반론에 직면하고 있다. 유교 전통을 서구적 근대화=문명화에 대립하는 삶의 방식으로 단언하는 사유 방식이 초래한 부정적 유산 중에서 필자가 가장 주목하고자 하는 것은 그것이 우리의 인문 정신의 핵심인 대화 및 만남의 정신 능력을 함양할 기회 자체를 원천적으로 박탈한다는 점이다. 서구중심주의적 오리엔탈리즘은 유교 전통을 타자화하여 그것과 대화할 여지 자체를 박탈하여 전통 속에서 살아가기 마련인 인간의 삶의 토대를 허물어뜨리기 때문이다. 그렇다면 서구중심주의적 오리엔탈리즘은 바로 우리의 삶에 가하는 일종의 폭력인 셈이다. 의미 있는 삶을 영위할 수 있도록 해 주는 필수적 조건인 역사적 맥락으로부터 우리를 전적으로 떼어 놓아 우리와 전통을 전적으로 대립하게 만들기 때문이다.

유럽중심주의를 상대화하는 방법은 전통 및 과거의 탈식민화의 길을 거치지 않으면 안 된다. 전통의 의미를 새롭게 반추하여 유럽중심주의를 상대화하

---

4) 임형택, 「新實學, 그 가능성과 方向」, 『韓國實學研究』 22(2011), 7쪽 이하 참조.

는 방법은 바로 타자화되고 식민화된 과거, 따라서 우리의 전통(과거와 역사)이 우리에게 아무런 의미도 없는 죽은 것으로 보는 시각 자체를 해체하는 데 이바지할 것이다. 이는 전통을 진지한 대화상대로 만들어 그것에 새로운 정신적 생명을 부여하려는 작업이기도 하다. 유교 전통이 죽어 있는 존재가 아니라 우리의 마음에 공명을 불러일으켜 세계에 대한 우리의 시야를 확장하게 할 살아 있는 존재로 불러내는 작업이기 때문이다. 그리고 전통의 의미를 새롭게 반추하여 그것에 새로운 생명을 부여하는 모색은 전통이 우리 자신의 삶과 맺고 있는 깊은 연관성을 다시 인식하는 것이다. 이를테면 역사적 전통의 의미를 새롭게 사유하는 것은 전통이 긍정적이든 부정적이든 다양한 양상으로 우리의 현실에 영향을 주고 있음을 자각하게 함에 의해 우리 삶의 모습을 제대로 인식하는 데 이바지한다. 달리 말하자면 전통의 식민화 및 타자화를 자명한 것으로 만드는 유럽중심주의를 상대화하는 작업은 우리에 대한 보다 더 나은 인식, 우리의 자기의식의 실현(정신적 자각)에 이르는 방법인 셈이다.

해석학적 통찰이 우리에게 상기시키고 있듯이 사람은 진공 상태에서 살아가는 존재가 아니다. 사람은 전통 속에 태어나 그것의 제약을 받으면서 그것이 가능하게 해 주는 다양한 가능성 중에서 최상의 것을 선택하여 현재를 구성하면서 살아가는 존재이다. 그리고 전통의 지속은 삶의 방향 감각을 키울 수 있게 해 주는 전통의 제약을 확장하는 구성원의 능력에 의존한다. 이런 맥락에서 필자 역시 해석학적 통찰에 기대어 전통의 존재 방식의 성격을 다음과 같이 규정하고 있다.

이런 방식으로 전통, 달리 말하자면 전통 속에서 살아가는 구성원들의 세계에 대한 이해와 해석을 가능하게 하는 지평이자 전망인 공유된 이해는 불변적인 것으로 존재하지 않고, 변형되어 간다. 여기에서 우리는 전통의 매개를 통해 형성되는 세계에 대한 이해가 전통의 권위를 맹목적이며 아무런 비판 없이 수용하여 이를 단순하게 반복하는 것이 아니라, 그것을 계속해 변형해 가는 과정임을 알게 된다. 전통은 과거와 현재를 매개하는 해석자의 주체적이고 능동적인 이해의 활동 없이는 존립할 수 없다. 달리 말하자면 인간은 전통과의 완전한 단절 속에서 살아갈 수는 없지만, 전통과의 성찰적·비판적 거리를 취해 과거와 현재의 매개를 새롭게 형성하여 전통의 의미를 풍부하게 확장할 수 있는 것이다.[5]

찰스 테일러(Charles Taylor)가 옹호하는 인정(recognition)의 정치를 언급하지 않더라도, 자신이 속한 특정한 문화적 집단에서 형성되어 온 삶의 양식과 공유된 사회의 이해에 대한 인정이 없다면, 특정한 집단의 구성원들은 자존감(self-respect)을 누리지 못하게 되어 결과적으로 그들의 자율성을 행사할 수 있는 능력은 크게 위협받게 된다. 이런 점에서 자존감의 상실이 사람을 무감각과 냉소주의로 흐르게 할 것이라고 말하는 존 롤스(J. Rawls)의 주장에 귀를 기울일 필요가 있다.

우리의 계획이 보잘것없다고 느낄 때 우리는 그것을 즐겁게 추구할 수가 없으며 그 실현에 기쁨을 가질 수 없다. 실패와 자기 불신(self-doubt)을 걱정한 나머지 우리의 노력을 계속해서 기울일 수 없다. 그래서 자존감이 기본적 선이 되는 이유가 명백해진다. 그것이 없이는 어떤 것도 할 가치가 없는 것으로 보이며, 또는 비록 어떤 것이 우리에게 가치가 있는 것일지라도 우리는 그것을 추구하고자 하는 의지를 갖지 못하게 된다. 모든 욕구와 활동은 공허하게 되고 우리는 무감각과 냉소에 빠지게 된다.[6]

---

5) 나종석, 『대동민주 유학과 21세기 실학: 한국 민주주의론의 재정립』(도서출판 b, 2017), 147쪽.
6) 존 롤스, 『정의론』(황경식 옮김, 이학사, 2008), 568쪽.

더 나아가 우리는 전통이 전승하는 사람들의 주체적인 행위의 계기를 매개로 해 존재한다고 강조하는 가다머(H. G. Gadamer)의 입장을 통해 전통에 대한 해석학적 의미 이해가 기본적으로 대화의 구조를 지님을 알게 되었다. 그러므로 극단적인 전통 파괴 혹은 전통 부정은 대화의 힘을 기를 수 있는 길을 스스로 거부한다는 점에서 위험한 것이다. 전통 속에서 살아가는 인간이 그 삶의 지평 자체를 송두리째 거부하는 행위는 자기 파멸적 행위로 귀결된다. 전통에 대한 전적인 부정 위에서 완전히 새로운 문명개화의 길 같은 것이 가능하리라고 생각하는 것은 개인이나 공동체의 성공적 삶에서 필수적 구성 요소라 할 수 있는 정체성 형성의 가능성 자체를 방해하는 것이기 때문이다. 달리 말하자면 과거나 역사 자체를 송두리째 제거한 상태, 즉 무의 상태에서 새로운 어떤 이상적 사회를 구성할 수 있으리라는 것은 "유토피아가 영零에서 시작해서 다시 시작될 수 있다고 믿게 되는 타고난 병"[7]과 상통한다.

그런데 "유토피아가 영零에서 시작해서 다시 시작될 수 있다고 믿게 되는 타고난 병"으로 오염된 급진적 유토피아주의는 사실상 정치적 세계에서 출현한 도구적 합리성에 대한 전적인 신뢰에 기초하고 있다. 폴 리쾨르(P. Ricœur)가 강조하듯이 "도구적 합리성의 특징"은 "기억의 부재"와 공속하고 있기 때문이다.[8] 그러므로 대화의 정신이 살아 움직일 수 있는 영역인 전통과의 대화의 가능성 자체를 박탈하는 우리 내부의 서구중심주의적 세계 이해의 틀을 상대화하는 작업은 단순히 사상의 과제에 그치지 않는다. 그것은 대단히 중요한 실천적 의미를 지닌다.

예를 들어 전통과의 대화를 통한 대화 정신의 함양을 가로막는 전통에 대한 오리엔탈리즘에 대한 비판적 해체는 우리의 민주주의를 한층 더 심화시키

---

7) 폴 리쾨르, 『비판과 확신』(변종배·전종윤 옮김, 그린비, 2013), 236쪽.
8) 같은 책, 189쪽.

는 데에서도 중요한 의미를 지닌다. 전통을 살아 있는 대화의 상대로 설정함으로써 우리의 현재 모습을 비판적으로 검토하는 대화 능력의 함양은 사회 구성원들 사이의 공통 감각, 즉 연대의식을 창출하는 데에도 적지 않게 이바지할 것이라고 필자는 생각한다. 오늘날 우리 사회는 한반도의 항구적인 평화를 구축하여 한반도의 삶의 질을 향상하게 시킬 방안은 물론이고 내부적으로 사회의 완전한 해체로 몰고 갈 정도로 극심한 사회적 불평등으로 인한 문제들을 해결하지 않으면 안 된다.

더 나아가 인류세人類世(Anthropocene)라는 시대 규정이 적절한지를 둘러싸고 뜨거운 진행이 보여 주듯이 생태 위기를 극복하려면 정치 및 도덕에 대한 기존의 주류적인 사유 방식, 더 나아가 인문학의 주류를 이루는 서구 근대의 사유 패러다임을 비판적으로 검토하지 않으면 안 되는 상황이다. 우리 사회와 인류 사회가 직면하고 있는 이런 심각한 문제점들을 사회 구성원들이 민주적이고 평화적으로 해결하기 위해서 시민들에게 요구되는 것은 대화 능력과 비판적 사유 능력, 그러니까 대화의 정신을 함양하는 것이다.


## 2. 유교적 민본주의와 민주주의의 만남에 관한 새로운 연구 경향

오늘날 한국 지성 사회에서도 유교적 민본주의의 성격을 둘러싸고 치열한 논쟁이 계속되고 있다. 유교적 민본주의는 "백성은 가까이할지언정 얕잡아보아서는 안 된다. 백성이야말로 나라의 근본이니, 근본이 굳어야 나라가 튼튼하다"라는 우왕의 주장에서 비롯된 것이다.[9] 유가가 중시하는 민본적 사상들을

---

9) 『書經』, 「夏書」, 〈五子之歌〉(김학주 옮김, 명문당, 2009), 149쪽.

보여 주는 또 하나의 예는 '민심은 천심'이라는 사상을 담고 있는 구절에서 찾아볼 수 있다. 이 구절은 『서경』「고요모皐陶謨」에 등장한다.

> 하늘이 듣고 보시는 것은 우리 백성들이 듣고 보는 것을 따르시며, 하늘이
> 밝히시고 억누르심은 우리 백성들이 밝히고 억누르는 것을 따르는 것입니다.
> 이처럼 하늘과 백성은 통하는 것이니, 공경할진저, 땅을 다스리는 이들이
> 여!10)

간단하게 말해 유교적 민본주의는 민주주의와 질적이고도 근본적인 차이를 지니는 사유 방식으로 보고 양자 사이에는 건널 수 없는 간극이 존재한다고 보는 견해는 아마도 20세기를 관통한 주류적인 인식일 것이다. 오늘날에도 민본주의와 민주주의 사이의 이원론을 주장하는 흐름은 계속된다. 여기서는 대표적으로 이성규의 주장만을 언급하고자 한다.

이성규는, 유가 경전에는 도덕적 완성, 인간의 존엄성 그리고 인도주의 정신을 옹호하는 학설이 존재함을 인정하면서도 동시에 유교를 국교로 삼았던 동아시아 사회는 "황제와 그 관리들이 백성을 지배하는 전제적인 사회였고, 유교는 바로 그 전제적인 황제지배체제의 정당성을 부여하는 이데올로기"였다고 비판한다. 또한 그는 유교의 민본주의와 위민사상을 '소박한 민주주의 사상'으로 보는 관점조차도 부인하면서 유교사상을 "전제주의 사상"으로 규정한다. 그는 자신의 주장을 "진정한 민본과 위민은 '민에 의해서'(by the people)만 실현될 수 있을 뿐"이라는 논거로써 정당화한다.

이런 입장에서 이성규는 유교의 가장 중요한 덕 중의 하나로 간주되는 효를 "전제 황권의 기초인 전제적 가부장제 가족제도를 지탱하는 강제 규범"이

---

10) 『書經』,「皐陶謨」, 97쪽.

었다고 질타한다. 그에 의하면, 유교적 전통을 민주주의와 친화성을 띠도록 비판적으로 재구성하는 모든 시도는 헛될 뿐이다. 유교적 민본주의와 민주주의 사이의 긍정적 관계 설정의 가능성을 부정하는 자신의 결론을 그는 다음과 같이 설명한다.

> 전통 옹호론자들은 민본과 위민에 by the people을 첨가하고 효와 충을 분리시 켜 가부장적 전제를 제거하는 것을 '유교 전통의 계승 발전'으로 주장한다. 그러나 by the people이 첨가되고 전제적 가부장 질서를 제거하는 순간 유교는 이미 유교가 아니다.[11]

이성규의 주장은 지나치다. 그의 입장이 지니는 한계를 여기서는 상론하지 않을 것이다.[12]

그러나 최근에 유교적 민본주의가 기본적으로 민주주의의 계기를 지니고 있음을 강조하는 새로운 연구들이 꽤 등장하고 있다. 예를 들어 이상익은 유교 사상이 주권재민, 즉 백성이 주권자임을 긍정하는 이론임을 역설한다. 그리고 이런 유교적 주권재민사상은 천명사상과 '민심民心이 곧 천심天心'이라는 사상에 들어 있다는 것이 이상익의 주장이다. 그에 따르면 "유교의 천명사상은 '하늘이 주권자'라는 관념"을 지닌다. 달리 말하자면 "하늘이 특정한 사람을 군주로 세워 이런저런 일을 수행하도록 명령했다면, 그 국가의 '주권자'는 분명 '하늘'인 것이요, '군주'란 천명을 대행하여 백성을 통치하는 '통치권자'에 불과한 것"으로 보는 것이 유교 천명사상의 핵심 의미라는 것이다.[13] 이처럼 주권과 통치권

---

11) 이성규, 「왜 아직도 '중국'인가?」, 김광억·양일모 편저, 『중국문명의 다원성과 보편 성』(아카넷, 2014), 475~477쪽.
12) 이에 대해서는 나종석, 『대동 민주주의와 21세기 유가적 비판이론의 모색』(예문서원, 2023), 232~234쪽 참조 바람.
13) 이상익, 「儒敎와 民主主義: 이념·역사·전망」, 『한국 철학논집』 61(2019), 123쪽.

을 구별하면서 유학의 역성 '혁명론革命論'은 이런 사상을 분명하게 드러내고 있다고 이상익은 해석한다. 그러면서 그는 『서경』에 등장하는 다음과 같은 주장을 그 근거로 제시한다.

> 이제 상商의 주왕紂王은 위의 하늘을 공경하지 않고 아래 백성에게 재앙을 내렸다. 주색酒色에 빠져 감히 포학暴虐을 자행했으며, 죄인은 가족까지 연루시키고, 관리는 (賢才를 고르지 않고) 세습시켰다. 궁실宮室과 누각·연못 등을 사치스럽게 꾸며 백성에게 잔혹한 손해를 끼치고, 충현忠賢을 불살라 죽이고 잉태한 부인의 배를 갈랐다. 황천皇天이 진노하시어, 우리 문왕文王께 명령하여 공경하여 하늘의 위엄을 밝히도록 하였다.[14]

위 인용문에 대한 이상익의 이해에 따르면 군주의 통치권이 유지되는 조건은 하늘을 공경하여 백성에게 선정善政을 베푸는 것이고, 그런 경우에만 하늘이 군주에게 위임한 통치권의 정당성이 유지된다는 것이다. 폭정暴政을 자행하여 백성의 삶을 도탄에 빠지게 한다면 하늘은 다른 사람에게 통치권을 넘겨준다는 점을 분명히 하고 있기에, 유교의 천명사상은 군주를 조건부적인 통치권을 행사하는 사람으로, 그리고 하늘을 참다운 주권자로 이해하고 있음을 드러내고 있다고 이상익은 해석한다.[15]

그러나 하늘이 주권자이고 군주는 하늘에 의해 위임된 잠정적인 통치권자에 불과하다는 천명사상은 '민심民心이 곧 천심天心'이라는 사상으로 이어진다. 왜냐하면 하늘의 뜻, 즉 하늘의 명령은 백성의 삶을 편안하게 하라는 것으로,

---

14) 『書經』, 「周書」, 〈泰誓上〉. 필자는 이상익의 번역을 그대로 인용했다. 「儒敎와 民主主義: 이념·역사·전망」, 124쪽.

15) 이미 2000년대 초반에 나온 저서에서 이상익은 민주주의와 유교 전통이 상통하는 지점들을 강조한다. 이상익, 『유교와 자유민주주의』(심산, 2004), 특히 제7장.

민심民心을 통해서만 비로소 하늘의 명령이나 하늘의 뜻이 무엇인가를 정확하게 알 수 있기 때문이다. 따라서 이상익은 전통 유교의 천명사상이 '민심民心이 곧 천심天心'이라는 사상과 서로 떼어 놓을 수 없는 관계를 맺는 것으로 보고 있기에, 이로부터 "사실상 '백성이 곧 주권자'라는 관념이 성립"하게 된다고 결론짓는다. 간단하게 말해 '민심民心이 곧 천심天心'이라는 사상이 발전하면서 전통 유교는 '백성'을 '하늘'을 대신하는 권위로 긍정하게 되고, '백성을 어엿한 정치적 주권자로 승격'시켰다는 것이다.

이상익은 전통 유교가 주권재민사상을 나름의 방식으로 전개했다는 점을 뒷받침하는 전거로 『맹자孟子』 「진심하盡心下」 14에 나오는 민귀군경론과 『맹자』 「이루상離婁上」 9에 등장하는 백성의 마음을 잃어버리면 천하를 잃고 백성의 마음을 얻을 때 비로소 천하를 얻을 수 있다는 주장을 언급한다.

> 백성이 가장 귀중하며, 사직社稷이 그 다음이고, 군주는 가볍다. 그러므로 백성에게 (신임을) 얻으면 천자天子가 되고, 천자에게 (신임을) 얻으면 제후가 되며, 제후에게 (신임을) 얻으면 대부大夫가 된다.

> 걸주桀紂가 천하를 잃은 것은 그 백성을 잃었기 때문이요, 백성을 잃은 것은 백성의 마음을 잃었기 때문이다. 천하를 얻는 데는 방법이 있으니, 그 백성을 얻으면 천하를 얻을 것이다. 백성을 얻는 데는 방법이 있으니, 백성의 마음을 얻으면 백성을 얻을 것이다. 백성의 마음을 얻는 데는 방법이 있으니, 백성이 원하는 것을 베풀어 주어 모이게 하고, 백성이 싫어하는 것을 베풀지 말아야 한다. 백성들이 '인정仁政'에 귀의하는 것은 물이 아래로 흐르는 것과 같으며, 짐승들이 들판으로 달려가는 것과 같다.[16]

---

16) 이상익의 인용문을 재인용함. 민주와 민본의 관계에 대한 이상익의 더 상세한 언급으로는 다음 책 이상익, 『현대문명과 유교적 성찰』(심산, 2018), '제11장 민주와 민본: 비교와 통섭을 위한 시론'을 참조 바람.

김상준의 연구도 2000년대 우리 학계에 등장한 유교 전통과 민주주의의 내적 연관성과 관련해 소중한 업적으로 평가받을 만하다. 그는 『맹자의 땀 성왕의 피: 중층근대와 동아시아 유교문명』(아카넷, 2011)과 『유교의 정치적 무의식』(글항아리, 2014)에서 유교적 민본주의와 민주주의 사이의 단절과 이질성을 강조하는 전통과 근대의 이항 대립의 반복을 넘어 유교 전통과 서구 근대성에 관한 새로운 시야를 성공적으로 제공하고 있다.

김상준은 『예기禮記』「예운」에 등장하는 '천하위공天下爲公'의 대동大同사상을 유교의 근본정신으로 이해한다. 달리 말하자면 유교가 무엇인가 라고 질문하는 사람에게 그는 늘 "천하위공天下爲公"이라고 답한다고 강조한다. 그러면서 그는 공맹에서 본격적으로 시작되어 동아시아 문명을 형성하는 데 주도적 역할을 한 유교 전통의 핵심을 다음과 같이 설명한다.

> 인간 문명, 천하의 모든 일은 공公의 실현을 향해 나간다는 뜻이다. 공公이란 요즘 말로 하면 공공성이요 정의다. 이 '천하위공'의 정신에서 나온 것이 유교의 '우환憂患' 의식이다. 우환 의식이란 무엇인가? '천하위공'이 위태로운 상황에 처했을 때, 사람의 마음 깊은 곳에서 우러나오는 근심이다. 불의와 폭력이 범람하는 세태를 목도하면서 느끼는 윤리적 고통이다. 그것이 바로 공맹孔孟의 마음이었다.[17]

더 나아가 김상준은 동아시아 문명의 축을 구성하는 사상이 유교라고 보고 동아시아 유교 체제의 특징을 다음과 같이 규정한다.

군주의 폭력적 권력 행사에 대한 과감한 비판과 억제, 통치에서 공정함과

---

17) 김상준, 『맹자의 땀 성왕의 피』(아카넷, 2011), 17쪽.

공공성의 추구, 민의 복리에 대한 관심, 안정된 항산恒産 정책의 추구, 국제 관계에서의 평화와 공존의 추구 등이 유교 체제의 두드러진 특징이었다. 집약 하자면, '내치에서 비폭력, 경제에서 소농항산, 국제 관계에서 평화'가 되겠 다.[18]

여기에서 김상준의 유교에 대한 새로운 해석을 상세하게 언급할 수는 없다. 그러나 그가 유교적 사상이 품고 있는 민주주의적 잠재성이 오로지 사상적 차원에 머물러 있다고 보지 않는다는 점은 강조될 필요가 있다. 달리 말하자면 그는 유교 전통의 민주주의적 계기가 동아시아 역사를 형성하는 데 크게 이바지 한 점을 간과하지 않는다. 예를 들어 그에 따르면 요순을 가장 모범적인 성왕으 로 강조하는 유교적 성왕론은 "'국가에 대항하는 국가'라는 유토피아적 신화"를 안고 있다. 이에 대한 그의 설명은 다음과 같다.

먼저, '군주=국가', 즉 국가 폭력의 주인, 현실 군주를 절대적으로 평화로운 '무결점의 요순'이라는 신화로 꽁꽁 묶는다. 여기서 국가 폭력의 예외 권력적 주체, 현실 군주는 무력화된다. 바로 이 포획을 통해 유교 주권은 스스로 호모 사케르를 자임한 유자들의 손에 떨어진다. 이 지점에서 또 하나의 다른 국가, **'왕위 없는 왕'**이 다스리는 이념적 국가가 떠오른다.[19]

위 인용문에서 보듯이 유교적 성왕론은 단순하게 군주정의 정당화 이론에 그치지 않고 그 안에 군주 주권을 내파하는 민주적 잠재성이 강력하게 함유되어 있다. 실제로 유가사상이 강조하는 이상적인 성왕론은 백성의 평안한 삶에 바쳐진 희생양과도 같은 존재로 이해된다. 이런 맥락에서 필자는 유교적 성왕

---

18) 같은 책, 16쪽.
19) 같은 책, 169쪽. 강조는 김상준의 것임.

을 백성의 볼모로 이해할 수 있다고 해석했는데[20], 이런 필자의 해석은 유교적 성왕론에 대한 김상준의 해석과 궤를 같이한다고 여겨진다.

하여간 유교적 성왕론의 핵심에는 "국가의 폭력성을 밑으로부터 민의 힘에 의해 통어"하려는 문제의식이 깔려 있음을 부인할 수 없다. 따라서 유교적 민본주의 정치가 설령 "고대 그리스의 민주정체와 같은 직접민주주의 방식"은 아니었다고 하나, "민의 복리, 민심을 내세워 군주의 자의적 권력 행사를 통제하려 했다는 점에서 민주주의의 원리와 친화성을 가지고 있었다"라는 결론도 타당하다 할 것이다.[21]

그런데 이런 유교적 성왕론의 민주주의적 잠재성은 조선 사회에서 나름대로 구현되는 모습을 보여 준다고 김상준은 생각한다. 그러므로 김상준은 "모든 민중이 요순이 될 수 있는 사회"를 바로 "민주주의의 유교적 버전"으로 보면서[22] 한국 사회의 "민주주의의 위대한 전통과 활력"을 "조선 유교"에서 구한다.[23]

더 나아가 김상준은 유교적 민본주의에서 민본이념을 구현하려는 제도에도 관심을 기울인다. 그중에서 구민救民 혹은 양민養民 제도에 대한 그의 해석은 주목할 만하다. 이를테면 조선이나 중국과 같은 전통적인 유교 문명국가들은 홍수 혹은 가뭄과 같은 자연재해로 인해 어려움을 겪는 가난한 백성을 구제하는 여러 구민救民 혹은 양민養民 제도를 지니고 있었다는 것을 주지하는 바이다. 백성의 삶이 도탄에 빠지는 것은 천하가 어지러운 상황으로 나가는 것인데, 민생의 안정과 천하의 평화를 정치의 근본으로 간주하는 유학 정신에 비추어

---

20) 나종석, 『대동 민주 유학과 21세기 실학: 한국 민주주의론의 재정립』, 517쪽 그리고 738~741쪽 참조 바람. 나종석, 『대동 민주주의와 21세기 유가적 비판이론의 모색』, 특히 '제4장 6절 백성의 볼모로서의 유교적 성왕론' 참조 바람.
21) 김상준, 『맹자의 땀 성왕의 피』, 580쪽.
22) 김상준, 『유교의 정치적 무의식』(글항아리, 2014), 43쪽.
23) 김상준, 『맹자의 땀 성왕의 피』, 18쪽.

볼 때, 그런 상태를 그대로 방치한다는 것은 있을 수 없는 것이었다.

물론 구민救民 혹은 양민養民 제도에 관한 유교의 관심은 유구한 역사를 지닌다. 그리고 그런 제도는 오늘날의 용어로 한다면 일종의 유교적인 사회보장 정책과 제도에 관한 상상이라 할 것이다. 그리고 그런 사회보장 제도는 일시적인 위기 상황을 극복하기 위해서만 설립된 것은 아니었다. 이를테면 사창社倉과 환곡還穀 제도는 항구적인 사회보장형 양민 제도로 일반 백성들의 기본적 생활을 안정시키려는 대표적인 제도였다. 백성의 삶의 물질적 조건에 관한 유교적 관심은 당연히 모든 인간의 도덕적 잠재성의 발현을 위한 필수적 조건을 창출하려는 목적에 수반하는 것이었음도 함께 기억해야 할 것이다. 결론적으로 김상준에 의하면 "중국과 조선의 상평창−환곡−사창 시스템"은 오늘날 현대 국가가 시행하는 시장 조절 정책이나 소득 이전 및 재분배 정책을 방불케 한다. 그런 점에서 그는 조선을 "소민대부小民貸付형 사회보장국가"로 규정한다.[24]


## 3. 반복되는 성리학에 대한 부정적 견해

앞에서 살펴보았듯이 유교적 정치사상과 그것을 구현하려 애쓴 동아시아 사회와 역사가 전근대적/봉건적 세습체제 사회만을 답습한 것이라 보는 서구 중심적 사유 방식에 대해 강력한 반박이 제기되었다. 그런 점에서 유교 전통이

---

24) 김상준, 『유교의 정치적 무의식』, 158쪽. 오늘날 복지 국가의 재분배 체제의 한계를 넘어설 대안적 재분배 제도로 논의가 되는 기본소득 제도를 유교적인 양민−구민 사상 제도와 연관해 이해하려는 모습도 매우 흥미롭다. 『유교의 정치적 무의식』, 159~162쪽 참조.

나름의 민주주의를 지니는 사상이었음을 밝히려는 최근 우리 학계 일각에서 등장한 새로운 연구 경향은 매우 중요한 의미를 지닌다.

그런데도 흥미롭게도 유교 전통의 민주주의적 성격을 강조하는 새로운 연구 경향 내에서조차도 성리학은 세습 신분 체제의 이념이며 그런 점에서 이른바 공자와 맹자의 원시유학이 지니는 진보성과 혁신성을 배반한 학문으로 비판하는 태도가 유지되고 있다. 도식적인 분류라는 반론이 예상되기도 하지만, 필자는 잠정적으로나마 지식인 사회에 새로 등장하고 있는 유가사상에 대한 긍정적인 접근 방식을 대동大同유학의 흐름으로 규정할 것이다. 원시유학이라고도 하는 공맹사상의 핵심을 진보적이고 민주적인 이념과 상통하는 것으로 보고 그 사유의 근원을 대동 이념에서 구하려는 시도는 최근 우리 사회의 유학 연구에서 나타난 새로운 연구 경향이다. 이런 새로운 연구 경향들은 개별 연구가 지닌 미묘한 차이에도 불구하고 유학의 핵심적 사상의 얼개를 천하위공天下爲公의 대동사상에서 구한다는 공통점을 보여 주고 있기 때문이다. 이때 등장하는 새로운 대비가 성리학적 소강유학 대 공맹의 대동유학이라는 분석 틀이다.

이런 인식은 조선시대 사상사를 봉건적 주자학 대 근대 지향의 실학이라는 이항 대립의 틀에서 접근하는 기존 사유 방법과 차이를 보인다. 대동유학의 관점을 공유하는 학자들 가운데 일부는 공맹의 대동적 유가사상과 대비되는 주희에 의해 집대성된 송대 주자학(조선 주자학을 포함한)을 소강小康유학에 불과하다고 비판한다. 이런 흐름을 대표하는 학자로는 황태연, 이창일, 이영재 등이 거론될 수 있다.[25] 그러니까 유교적 민본주의 자체가 민주주의와는 만날 수

---

25) 황태연, 『대한민국 국호의 유래와 민국의 의미』(청계, 2016) 및 『한국 근대화의 정치 사상』(청계, 2018); 이영재, 『民의 나라, 조선』(태학사, 2015); 이창일, 『민중과 대동: 민중사상의 연원과 조선 시대 민중사상의 전개』(모시는사람들, 2018). 이하 부분은 나종석, 「대동 민주주의와 21세기 유가적 비판이론의 모색」, 172~178쪽의 내용을 약

없는 전근대적 사유 방식에 지나지 않는다는 유럽중심주의에 동의하지 않으면서도 성리학적 사유 체계에 대해선 그것을 여전히 전근대적 신분 체제의 정당화 이념에 지나지 않는다고 보는 관점이 새로이 등장한 연구 경향 중 하나다.

이제 이들의 주장을 좀 더 살펴보자. 오늘날 대동유학으로 공맹사상의 정수를 이해하면서 성리학을 공맹의 대동유학의 경향에 위배되는 사조로 보는 학자 중에서 한국 지식사회에 한정했을 경우 가장 큰 영향력을 발휘하는 학자는 단연 황태연이다. 그의 유학 해석은 이창일과 이영재 등이 그들의 논의를 전개하는 데 주된 논거들을 제공해 주고 있기 때문이다.

황태연은 주자학 및 조선 주자학의 보수성과 공맹철학의 민주적 경향을 날카롭게 대조시킨다. 황태연은 공맹철학의 핵심을 ① 민유방본론, ② 민귀군경론, ③ 백성자치론으로 요약하면서, 공맹철학은 조선시대 후기 즉 영·정조 시기 '민국民國' 이념의 바탕이 되었다고 한다.[26] 또한, 황태연은 민유방본론과 민귀군경론의 적극적 해석의 흐름과 소극적 해석의 흐름을 준별하여 전자를 적극적 민유방본론, 후자를 소극적 민유방본론으로 표기하기도 한다.

이 두 가지 흐름을 구별하게 하는 가장 결정적인 기준은 민유방본론과 민귀군경론이 백성자치론과 결부되는지 아닌지이다. 황태연에 따르면, 민본주의의 적극적 해석은 민유방본론과 민귀군경론을 백성자치론과 결합시켜 공맹 민본주의의 참다운 정수를 드러내 준다. 그런 점에서 그는 민본주의의 적극적 독해만이 "유학 경전의 민본주의"를 "모순 없이 수미일관하게 이해"할 수 있으리라고 강조한다.[27] 이에 반해 민본주의의 소극적 해석은 백성자치론을 제거하고 신분제를 정당화하는 데 그치고 만다.[28] 민유방본론의 소극적 해석은 백성

---

간 수정한 것이다.
26) 황태연, 『대한민국 국호의 유래와 민국의 의미』, 83~85쪽 참조 바람.
27) 황태연, 『한국 근대화의 정치사상』, 544쪽.
28) 황태연, 『대한민국 국호의 유래와 민국의 의미』, 102쪽 이하 참조.

자치론을 제거하여 공자의 근본정신과 배치된다는 것이다.[29]

> 『서경』의 민유방본론民惟邦本論과 『예기』의 백성자치론百姓自治論, 그리고 『맹
> 자』의 민귀군경론民貴君輕論은, "대도가 행해질 때 천하는 공물이었고, 현군과
> 능력자를 선출했다"(大道之行也, 天下爲公, 選賢與能)라는 공자의 대동사회론과
> 연결되면 백성은 '나라의 주인'이고 임금과 사대부는 '백성을 위한 백성의
> 선출직 공복'이라는 명제로 부연될 수도 있다. 따라서 유가적 민본주의民惟邦
> 本・民貴君輕論와 백성자치론의 대동론적 이해로부터도 바로 '민국' 이념이
> 도출될 수 있었다. 왜냐하면 '천하위공天下爲公, 선현여능選賢與能' 등 대동론적
> 명제와 민본주의・백성자치론의 결합에서 얻어지는 국가 개념은 국가가 '임
> 금과 사대부의 사적 국가가 아니라 '만백성을 위한 만백성의 공적 국가라는
> 것을 함의하기 때문이다. 또 그것은 백성이 백성을 위해 뽑은 임금과 사대부
> 는 백성을 위해 있는 것이고, 거꾸로 백성이 임금과 사대부를 위해 있는
> 것이 아니라는 것도 함의한다.[30]

위 인용문에서 볼 수 있듯이 황태연은 백성자치론과 결합한 민유방본론과
민귀군경론, 즉 유가적 민본주의를 『예기』 「예운」편에서 말한 공자의 대동사회
론과 상통하는 것으로 이해한다. 따라서 황태연이 사용한 용어는 아니지만,
그가 분류한 적극적 민유방본론과 소극적 민유방본론을 대동유학과 소강유학
의 흐름으로 대비해서 볼 수도 있을 것이다. 달리 말해, 적극적 민유방본론은
대동유학의 정신을 이어받은 것으로, 소극적 민유방법론은 소강유학의 정신을
이어받은 것으로 정리할 수 있을 것이다.

황태연에 의하면 민유방본론을 적극적으로 해석하는 사람으로는 명나라의
여곤呂坤(1536~1618)과, 조선의 정여립, 영조, 반계 유형원, 성호 이익 등이 있

---

29) 같은 책, 120쪽.
30) 같은 책, 85쪽.

다.31) 그는 민유방본론과 민귀군경론의 민본주의는 기본적으로 "백성에 의한, 백성을 위한, 백성의 근대적 민주주의로까지 발전"할 잠재성과 "혁명적 폭발성"을 지닌 이념이라고 하면서 민유방본론의 적극적 해석의 흐름 내에는 이런 혁명적 폭발성이 함유되어 있다고 평가한다. 이에 반해 조선 사대부들은 "고착되어 가는 세습 신분적 지위를 분쇄할 위험"을 피해 가기 위해 공맹의 민유방본론을 소극적 방식으로 해석하지 않을 수 없었다는 것이다. 그러면서 황태연은 조선 양반의 세습 신분적 지위라는 특권을 옹호하는 이론을 제공한 선두 주자는 주희라고 주장한다.

> 그러나 조선 사대부들, 특히 서인―노론계의 정통 성리학자들은 맹자의 이 순수한, 자유로이 선택 가능한 유동적 사회분업론을 치자와 피치자 간의 고정된 신분 분업론과 강상윤리론으로 변조하여 자신들의 종신적 또는 세습적 지배자 신분을 정당화했다. 주희는 이런 방향의 해석의 선두 주자였다.32)

이처럼 황태연은 공맹의 관점에서 볼 때 "성리학은 유자儒者의 아편"이라고 규정한다. 더 나아가 조선의 실학 역시 "공맹 철학의 본의"를 다시 탐구해 성리학을 극복해 보고자 했지만 결국 성리학을 넘어서지 못했다고 그는 평가한다. 그의 판단에 의하면 실학 역시 "'성리학적 아편'을 본질로 함유"한 사조에 지나지 않는다.33) 필자는 여기에서 실학을 성리학에 대비하여 더 근대적인 지향성을 뚜렷하게 보여 주고 있음을 긍정하지 않기에 황태연의 실학 평가를 비판하고자 하지 않는다. 필자 역시 실학이라고 일컬어지는 조선 후기 시대에 드러난 새로운 유학의 경향이 기본적으로 주자학과의 연속성을 더 많이 포함하

---

31) 같은 책, 95쪽.
32) 같은 책, 102쪽 및 107쪽.
33) 황태연, 『한국 근대화의 정치사상』, 158쪽.

고 있다는 점에서는 황태연의 해석에 동의한다. 필자가 의구심을 갖는 부분은 성리학을 신분 체제를 옹호하는 유자의 아편이라고 보는 그의 해석의 타당성 여부일 뿐이다.

이창일도 민주주의와 관련하여 공맹유학 혹은 근본 유학의 혁신성을 매우 높이 평가한다. 그는 유가의 백성(民) 중심의 정치사상이 "서구로부터 수용된 민주주의와 대립적인 성격"을 지닌다고 보는 일반적인 견해와 달리, "서구식 민주주의의 본질에 대한 비판과 새로운 민주주의 모델의 대안 역할을 할 수 있다는 새로운 차원을 열어 보여 주고 있다"라고 평가한다.[34] 물론 이창일이 지적하듯이 유교적 민본사상에 관해서는 다양한 해석들이 존재한다.[35] 간략하게 말해, 유가가 중시하는 민본이란 왕은 다스리고 백성은 지배를 받는 통치의 객체임을 주장하는 것에 지나지 않는다고 보는 해석이 있다. 이창일은 이런 해석을 유가의 민본적 이상을 신분제도를 정당화하는 이데올로기로 비판하는 관점이라고 이해하면서, 이런 비판은 "주로 성리학의 정치철학에 대한 것"으로는 옳을지 모르지만, 그것을 "유가의 혁명적 성격"조차 부정하는 데로까지 몰고 간다면 한쪽으로 과도하게 치우친 비판이 될 수밖에 없다고 반박한다.[36]

---

34) 이창일, 『민중과 대동』, 27쪽.
35) 현재 민본이라는 용어로써 유가 정치사상의 특색을 표현하는 것이 일반화되어 있는
데, 이 용어는 청대 이전 어느 전적에서도 찾아볼 수 없다는 비판도 제기된 상태이다.
한국고전종합DB에서 검색되는 民本은 '민은 본래……'라는 뜻으로, '本'자가 부사로
사용될 뿐이라 한다. 더 나아가 오늘날 유행하는 '백성이 다스리는 정치의 근본'이라
는 뜻의 민본이라는 용어는 유가가 아니라 법가 계열에서 유래된 것이라고 한다. 박
병석, 「중국 고대 유가의 '민' 관념: 정치의 주체인가 대상인가?」, 『한국동양정치사상
사연구』 13-2(2014), 62~63쪽 참조. 오늘날 '민주'라는 말은 일반 백성, 즉 民이 주인
이라거나 주권재민과 같은 주권이 민에게 있다는 뜻으로 사용되지만, 한자어 '民主'는
원래 민의 주인이나 우두머리, 즉 군주를 의미하는 말이었다. 이에 대해서는 김석근,
「'민본'과 '민본주의' 개념과 정치: 비판적 고찰과 현재적 함의」, 신정근 외 지음, 『민
본과 민주의 개념적 통섭』(성균관대학교출판부, 2017), 69쪽 참조.
36) 이창일, 『민중과 대동』, 32쪽.

그런데 이창일은 공맹의 근본 유학과 성리학의 관계를 평가할 때 공맹유학의 핵심을 대동사상에서 구한다. 그는 "공맹의 근본 유학에 함의된 정치철학은 주나라 봉건제의 기반이 되는 예치禮治를 중심으로 전개되는 것이라고 보는 일반적인, 즉 성리학적인 이해와 달리, 실제로는 대동大同사상이 더 근본 유학의 정수에 가깝다"라고 말한다. 그러면서 그는 성리학에 대해, 그것은 예치禮治를 중시하는 소강사회 중심으로 세계를 이해하면서 공맹유학의 정수인 대동 이념을 은폐하거나 무관심으로 일관하는 사유라고 평가한다. 달리 말해 성리학은 "대동의 관점에서 보자면 소강사회의 스펙트럼 가운데 최선인 사회를 이상으로 삼고 있는 체계에 불과"하다. 이와 달리 공맹의 대동철학은 천하는 천하 사람의 공유라는 기본적인 관점 아래 권력을 사유화하여 왕위를 세습하거나 관직을 세습하는 예치 사회를 근본적으로 거부한다. 결국, 대동철학은 권력을 선양의 방식으로 이양하며 관직을 능력에 따라 선출하는 사회를 지향한다는 점에서 탈신분제적이고 근대적인 사회를 지향하는 사상이라는 것이다.[37] 그에 반해 성리학은 예치에 기초한 소강사회를 긍정하는 이론으로, 불변적인 신분 체제를 자연스러운 것으로 보는 사상이다. 이처럼 이창일은 공맹사상을 대동사상으로 규정하면서 성리학은 소강사회를 이상사회로 보는 사상이라고 평가한다.

이처럼 이창일은 황태연과 마찬가지로 성리학은 공맹의 대동사상을 왜곡하거나 축소하여 소강사회 지향의 방향으로 변형시켰다고 본다. 그에 따르면 맹자가 행한 노심자勞心者와 노력자勞力者의 구분은 원래 분업의 불가피성을 옹호하는 주장일 뿐, 직업과 신분을 결합시켜서 분업을 고정불변의 세습적인 신분제 질서로 보는 관점과는 근본적으로 다르다. 그런데도 성리학은 노심과 노력의 담당자를 대인과 소인으로 구분한 맹자의 이론을 불변적인 신분 분업의

---

37) 같은 책, 283~284쪽.

군자와 소인에 대응시켜 이해한 결과 신분적 차등 질서를 정당화하고 말았다. 요약하자면 이창일은 소강유학으로서의 성리학을 기본적으로 신분제 사회를 옹호하는 보수적이고 전근대적인 사유라고 본다.[38]

조선이 성리학을 토대로 한 유교 국가를 지향했다는 것은 널리 알려져 있다. 그리고 "조선의 성리학자들이 그렇게 소망하던 지치至治는 바로 맹자가 기획한 왕도정치를 통한 인정仁政"의 실현이었다.[39] 그런데 일부 학자는 도통론과 성인가학론을 주창하며 맹자를 아성의 지위로 격상시켰던 성리학을 이른바 공맹유학의 근본정신인 대동정신을 외면한 소강유학으로 분류하면서 그것을 세습신분제 사회를 유지하는 통치이념으로 규정한다.

이영재는 앞에서 언급한 황태연이나 이창일의 경우와 유사하게 군신유의君臣有義와 불사이군不事二君을 "성리학적 통치이념"이라고 규정하면서, 선조 시기 천하를 공물이라고 주장한 정여립의 입장을 성리학적 지배 질서에 반하는 이념이라고 본다. 달리 말해, 정여립의 주장은 왕위선양제, 천하위공(천하공물), 선현여능選賢與能 등을 핵심으로 하는 공맹의 대동 이념을 이어받고 있다는 것이다. 그리하여 공맹의 대동적 이상은 조선 후기에 '탈성리학적 혹은 반성리학적' 흐름으로 이어진다고 한다.[40]


## 4. 대동 민주주의의 관점에서 본 성리학의 새로운 이해

필자는 주자학을 봉건제적인 세습 신분 체제 이념에 불과하다고 보는 관점

---

38) 같은 책, 60~62쪽 및 특히 154쪽 참조 바람.
39) 함영대, 『성호학파의 맹자학』(태학사, 2011), 16쪽.
40) 이영재, 『民의 나라, 조선』, 133~134쪽.

과 달리 그것은 공맹 원시유학의 핵심이라고 할 대동 이념을 계승하면서 일정 부분 발전시키고 있는 사유로 본다.[41]

## 1) 공맹 대동사상의 기본 이념

유가 경전에서 대동大同이라는 개념이 등장하는 경우는 그리 많지 않다. 대략 두 경서에 대동이라는 이념이 등장한다. 유학의 경전 중에서 대동 이념과 관련해 가장 널리 알려진 것은 아마도 『예기』 「예운」편을 통해서일 것이다. 그 부분을 인용하면 다음과 같다.

> 공자께서 말씀하셨다. "옛날에 큰 도가 행해진 일과 3대(하·은·주)의 영현한 인물들이 때를 만나 도를 행한 일을 내가 비록 눈으로 볼 수는 없었으나, 3대의 영현들이 한 일에 대해서는 기록이 있다. (기록에 따르면) 큰 도가 행해진 세상에서는 천하가 모두 만인의 것으로 되어 있었다. 사람들은 현명한 자와 능력이 있는 자를 선출하여 관직에 임하게 했고, 온갖 수단을 다하여 상호 간의 신뢰와 친목을 두텁게 하였다. 그러므로 사람들은 각자의 부모만을 부모로 여기지 않고 각자의 자식만을 자식으로 여기지 아니하여, 노인에게는 그의 생애를 편안히 마치게 하였고 장정에게는 충분한 일을 시켰으며 어린이에게는 마음껏 성장할 수 있게 하였고 홀아비·과부·고아·자식 없는 사람·몹쓸 병에 걸린 사람에게는 고생 없는 생활을 시켰으며 성년 남자에게는 직분을 주었고 여자에게는 그에 합당한 남편을 갖게 하였다. 재화라는 것이 헛되이 낭비되는 것을 미워하였지만 반드시 자기 자신만이 사사로이 독점하지 않았으며, 힘이라는 것은 사람의 몸에서 나오지 않으면 안 되는 것이지만 그 노력을 반드시 자기 자신의 사리를 위해서만 쓰지는 않았다.

---

41) 주자학과 대동사상 사이의 내적 연관성에 관해서는 나종석, 『대동 민주주의와 21세기 유가적 비판이론의 모색』, 특히 제3장 참조 바람.

모두가 이러한 마음가짐이었기 때문에 (사리사욕에 따르는) 모략이 있을 수 없었고 절도나 폭력도 없었으며 아무도 문을 잠그는 일이 없었다. 이것을 대동大同의 세상이라고 말하는 것이다.[42]

위 인용문이 보여 주듯이 "큰 도가 행해진 세상", 즉 대동세계에서는 권력이 특정한 개인이나 특권 세력에 의해 전유되어 세습되지 않는다. 그런 점에서 유가적 이상인 대동세계는 "천하위공", 즉 "천하가 모두 만인의 것"으로 여겨지는 공통의 세계이었다. 이를 구체적으로 설명해 주는 것 중 하나가 바로 권력을 이양하는 방법에 관한 것인데, 대동세계에서는 천하의 백성들 혹은 일반 사람들이 "현명한 자와 능력이 있는 자를 선출하여 관직"에 오르게 한다. 이렇게 권력을 사사로이 이용하여 남용하는 것을 방지하기 위해 일반 사람들 사이에서 현명하고 덕이 있는 사람을 추천하거나 선발하여 그런 유덕자에게 권력을 위임하는 일은 대동세계가 지향하는 또 다른 이상의 측면이라 할 사회 구성원 사이의 화목하고 조화로운 연대 사회의 구성에 이르는 길이기도 했다. 간단하게 말해 특정한 세력이 권력을 독점하고 사유화하여 공공의 것인 권력의 공공성을 해치지 않도록 할 공공적인 정치제도의 구현은 분화된 사회 영역 사이의 상호 연대와 신뢰의 구축을 통한 화목하고도 조화로운 사회를 구성하는 첩경이라는 것이다.

대동 이념이 등장하는 또 다른 경전은 『서경』이다. 『서경』 「홍범洪範」에 대동이라는 구절이 등장한다. 「홍범」은 기자箕子가 지어 올린 글이라고 하는데, 그는 임금에게 왕이 지켜야 할 도리를 언급하면서 왕이 따라야 하는 일곱 번째 규칙을 설명하는 과정에서 대동을 언급한다.

---

42) 『예기』 중(이상옥 옮김, 명문당, 2003), 617~618쪽. 陳澔, 『역주 禮記集說大全』(정병섭 옮김, 학고방, 2012), 38~39쪽에 나오는 번역도 참조 바람.

당신에게 큰 의문이 있으면 마음에 물어보고, 공경公卿과 관리들에게 물어보고, 서인庶人에게 물어보고, 거북점과 시초점으로 물어보십시오. 그리하여 당신이 따르고, 거북이 따르고, 시초가 따르고, 공경과 관리들이 따르고, 백성들이 따르면, 이것을 일컬어 '대동'이라고 하는 것으로, 자신은 안락해지고 자손들은 창성하게 될 것이니 길한 것입니다.[43]

강정인이 주장하듯이 위 인용문에 나오는 대동사상은 큰 관심을 얻지 못했다. 그러나 그는 『서경』「홍범」에 나오는 대동 이념을 의사결정과 관련된 대동을 강조하는 것으로 이해하면서, 이런 대동 이념이 원시적 민주주의 사상의 원형을 이루고 있다고 강조한다. 그래서 그는 『예기』「예운」편에 등장하는 대동을 "위대한 조화"(great harmony)로서의 대동이라 하면서, 이와 비교해 『서경』「홍범」에 나오는 대동 이념을 "위대한 합의"(great consensus)라고 규정한다. 이는 매우 중요한 지적이라고 여겨진다.[44]

그런데 "위대한 합의"를 강조하는 대동 이념은 사실 유교의 정치사상에서 늘 강조된 민의에 기반한 통치 사상과 통한다. 앞에서 설명했듯이 '민심이 천심'임을 주장하는 천명사상이나 맹자의 백성이 군주보다 더 귀하다는 주장은 말할 것도 없고, 백성들이 자유롭게 정치에 대해 논의하고 비판하는 것을 적극적으로 옹호한 정나라 명재상인 자산子産에 대한 공자의 높은 평가 등은 모두 민의를 반영하는 정치에 대한 강조의 예다.[45] 간단하게 말해 민의를 중시하는 정치를 통한 정당성의 확보는 유교적 민본정치를 구성하는 핵심적 요소 중 하나라 할 것이다. 바로 뒤에서 살펴보겠지만 민의를 중시하는 유교적 민본주의의

---

43) 『서경』, 289쪽 및 292쪽. "庶人에게 물어보고"(謀及庶人)라는 구절이 누락되어 있어 필자가 넣었다.
44) 강정인, 『넘나듦(通涉)의 정치사상』(후마니타스, 2013), 194쪽 및 206~207쪽.
45) 자산에 대한 공자의 평가에 대해서는 나종석, 『대동 민주주의와 21세기 유가적 비판 이론의 모색』, 93~96쪽 참조 바람.

유구한 전통은 송대 주자학에 이르러 공론公論 정치의 강조로까지 이어진다.

그리고 이런 민의를 중시하는 유교적 민본사상은 역사 현실과 무관한 한갓 사상에 불과한 것은 아니다. 백성의 뜻을 중시하는 유교의 민본사상은 나름 역사적 현실 속에서 구현된 경험에 터를 두고 있다. 이와 관련해 두 가지 사례가 흥미롭다. 첫째로, 『주례』의 '소사구小司寇' 제도다. 이에 따르면 "소사구의 직분은 외조外朝의 정사를 관장한다"라고 규정되어 있다. 그리고 그 직분에 관해 다음과 같이 구체적으로 설명한다.

> 소사구의 직분은 외조의 정령政令을 관장하여 모든 백성이 이르도록 책략을 세운다. 첫째는 나라가 위태로울 때 (백성에게) 묻는다. 둘째는 수도를 옮길 때 상의한다. 셋째는 군주의 후계자를 도모한다.…… 소사구는 번갈아 나아가서 인도하여 묻고 많은 의견으로 왕을 보좌하여 계획을 세운다.[46]

위 인용문에서 드러나듯이 소사구는 중요한 정무가 있을 때 백성의 의견을 알아보는 직무를 담당했다. 소공권에 따르면 소사구 제도는 춘추시대에 더러 사용된 것으로, 늘 운영되는 보편적 제도는 아니었다고 한다.[47] 물론 이런 제도가 고대 중국에 얼마나 실현되고 제도적으로 튼튼히 운영되어 있는지를 따져 보는 것도 중요한 일일 터이지만, 그보다 더 중요한 점은 유교적 민본사상이 나름의 현실 속에서 작동하던 전통을 해석하면서 등장한 이론이라는 사실이고, 그런 역사 속의 경험은 동아시아에서도 고유한 민주주의의 뿌리가 작동하고 있었음을 보여 주는 사례라는 점일 것이다.

한국 학계에서도 소사구 제도의 의미에 주목하면서 유교적 민본주의의

---

46) 『주례』(이준영 옮김, 자유문고, 2002), 410~411쪽.
47) 소공권, 『중국정치사상사』(최명·손문호 옮김, 서울대학교출판부, 2002), 159쪽.

민주주의적 특질을 강조하는 학자들이 존재한다. 이를테면 이상익은 궁궐 밖에 백성들의 의견 즉 민의를 수렴하는 기관을 설치하여 국가의 중대사가 있을 때 백성의 뜻을 존중해서 정사를 처리하는 '외조外朝'를 오늘날의 "일종의 민회"로 이해하는 장승구의 연구를 이어서 그것을 오늘날의 "국회"로 보고 그리고 외조의 정무를 관장하는 '소사구'를 오늘날의 '국회 사무총장'으로 해석한다.[48] 배병삼도 바로 뒤에서 언급하는 맹자의 국인國人 이론을 소사구 제도와 연결하여 해석하는 성호 이익을 거론하면서 그는 "만민萬民(인민대표)이 참석"하는 일종의 "거국 의회"를 구상하고 있다고 높이 평가한다.[49]

둘째로, 『맹자』 「양혜왕하」 7에서 등장하는 '국인國人'의 사례다. 맹자는 '국인國人'이라 분류되는 사람들의 견해를 중시하면서 국가의 공적 사안을 결정할 때 이들의 의견이 결정적으로 반영되어야 함을 역설한다.

> 맹자孟子께서 말씀하였다. "나라의 군주君主는 어진 이를 등용할 때는 부득이한 것처럼 해야 합니다. 장차 지위가 낮은 자로 하여금 높은 이를 넘게 하며 소원한 자로 하여금 친한 이를 넘게 하는 것이니, 신중히 하지 않을 수 있겠습니까. 좌우의 신하가 모두 (그를) 어질다고 말하더라도 허락하지 말고 여러 대부大夫가 모두 어질다고 말하더라도 허락하지 말며 국인國人이 모두 어질다고 말한 뒤에 살펴보아서 어짊을 발견한 뒤에 등용하며, 좌우의 신하가 모두 (그를) 불가不可하다고 말하더라도 듣지 말고 여러 대부가 모두 불가하다고 말하더라도 듣지 말며 국인國人이 모두 불가하다고 말한 뒤에 살펴보아서 불가한 점을 발견한 뒤에 버려야 합니다. 좌우의 신하들이 모두 (그를) 죽일 만하다고 말하더라도 듣지 말고 여러 대부가 모두 죽일 만하다고 말하더라도 듣지 말며 국인國人이 모두 죽일 만하다고 말한 뒤에 살펴보아서 죽일 만한

---

48) 이상익, 『현대문명과 유교적 성찰』, 429쪽.
49) 배병삼, 『맹자, 마음의 정치학』 1(사계절, 2019), 206쪽.

점을 발견한 뒤에 죽여야 합니다. 그러므로 국인國人이 죽였다고 말하는 것입니다. 이처럼 한 뒤에야 백성의 부모父母라고 할 수 있습니다."50)

위 구절에 따르면 '국인國人' 즉 일반 백성51)의 동의가 나라의 중요한 공적 사안을 결정할 때 그 토대가 된다. 달리 말하자면 백성의 동의가 모든 정치적 결정의 궁극적 정당성의 근원이 됨을 강조하는 것이라고 해석할 수 있다. 사람을 등용하는 일에서부터 사람의 생명과 관련된 사형 문제에 이르기까지 모두 국인의 동의를 통해 결정이 내려져야 한다고 강조하기 때문이다.

소공권에 따르면 "국인國人이 모두 죽일 만하다고 말한 뒤"에 왕이 잘 살펴서 결정해야 한다는 맹자의 주장은 『시경』에 나오는 '말이나 소에게 먹일 풀을 베는 사람이나 나무꾼 등과 같은 평범한 백성'과 상의하여 민의를 수렴하는 정치제도와 같다.52) 바로 앞에서 언급했듯이 성호 이익도 맹자의 국인國人 관련 이론을 소사구 제도와 관련해 이해하고 있다. 여기에서도 우리는 공맹의 유교적 민본주의가 고대 중국의 역사적 경험 내에 뿌리내린 민주주의적 요소들에 기인한다는 점을 다시 인식할 수 있다.

그리고 위에서 언급한 민의를 중시하는 정치와 천하의 공공성을 구현하는 대동적인 민본주의 이념에 크게 거슬러 권력을 오로지 왕이나 소수의 특권 계층의 전유물인 것으로 착각하여 권력을 남용하여 백성들의 삶을 힘들게 한다면, 공맹의 대동유학은 백성들에게 최후의 방책으로 저항권과 같은 행위를 허용한다는 것은 주지의 사실이다. 이를 보여 주는 것은 바로 역성혁명론일

---

50) 『맹자집주』(성백효 옮김, 전통문화연구회, 1991), 61~63쪽.
51) 물론 국인이 과연 모든 백성을 뜻하는 것인지에 관해서는 학계에 여전히 쟁점으로 남아 있다. 이에 대해서는 나종석, 『대동 민주주의와 21세기 유가적 비판이론의 모색』, 129~131쪽 참조 바람.
52) 소공권, 『중국정치사상사』, 159쪽.

것이다.[53]

## 2) 성리학과 대동사상

(a) 천하위공 사상의 전환: 선양禪讓의 공공성에서 천리天理의 공공성으로의 이행

이제 우리는 성리학이 세습 신분 질서와 전제적인 군주정을 옹호한 보수적 학문이라는 통념을 넘어서기 위해 과연 성리학이 공맹의 대동사상을 어떻게 이어받고, 그것을 한층 확장하고 있는지를 살펴보기로 하자. 우선 필자는 성리학性理學의 성격을 다음 네 가지로 요약할 수 있다고 본다. 1) 천즉리天卽理에 의한 보편주의적 인간관의 유교적 옹호. 2) 천하위공天下爲公에 의한 중앙 집중적 국가권력을 견제하고 통제할 이론 정립을 통한 유교적 문명주의의 확립. 3) 성인가학론聖人可學論에 입각한 일반 백성의 자발성과 자율성(선비 자율주의)을 존중하는 이론. 4) 균분적인 공公관념에 의한 조화로운 사회의 지향.[54]

그런데 천리天理의 보편성과 평등성에 기반을 둔 누구나 다 배움을 통해 성인이 될 수 있다는 평등주의적 '성인가학론聖人可學論'은 공맹의 대동사상과 궤를 같이한다. 필자는 이런 점을 선행 연구에서 다음과 같이 주장하였다.

> 앞에서 주장했듯이 주자학의 철학적 근본 원리는 천리天理의 보편성과 평등주의였다. 이런 천리적 평등주의는 누구나 다 배움을 통해 요·순 및 공자와 같은 성인聖人이 될 수 있다는 믿음으로 표현되었다. 주자학의 대전제인 '성인가학론聖人可學論'에 의하면 사람이 추구해야 할 궁극적 가치는 바로 배움을

---

53) 공자와 맹자의 대동유학의 성격에 대한 보다 상세한 설명은 나종석, 『대동 민주주의와 21세기 유가적 비판이론의 모색』, 제1장과 제2장 참조 바람.
54) 나종석, 「헤겔과 아시아: 동아시아 근대와 서구 근대성에 대한 비판적 성찰」, 『헤겔연구』 32(2012), 115~139쪽 참조.

통해 성인이 되는 것인데, 가장 이상적인 인간상인 성인이 하는 일이 바로 세상을 평화롭게 하는 평천하이자 그 누구도 소외됨이 없는 대동세계의 구현 이었던 것이다.[55]

주자학에서 천명된 천리天理의 보편성과 평등주의가 지니는 획기적 의미는 일본의 저명한 중국학자였던 미조구치 유조(溝口雄三)도 강조하는 바이기도 하다. 그에 따르면 "천天이 리理이다"라는 명제는 "초월적이거나 혹은 알 수 없는 힘의 지배로부터 인간을 해방시켜 자신의 이성으로 세계를 인식하기 시작했다는 것을 의미"한다는 점에서, 그러니까 "이성의 시대를 열었다는 점에서 '사건적'이다"라고 평가한다.[56]

그러나 주자학은 공맹 원시유학이 이상으로 삼았던 요순의 대동적 천하태평의 세상을 단순히 반복하지 않는다. 어떤 점에서 성리학이 공맹의 대동유학의 계승자라고 볼 수 있는지를 천리의 논리적 귀결 중 하나인 도통론과 관련해 살펴보자. 배움을 통해 성인이 될 수 있다는 주장은 도학 즉 성리학이 바로 성인이 될 수 있는 올바른 학문의 계승자라는 도통론과 밀접하게 연관되어 있다.[57] 성리학이 공자와 맹자를 잇는 성인의 학을 회복해서 계승하고 있다는 주장으로 인해 천명론에서도 큰 변화가 발생하게 된다. 천명이 바뀌면 천자의 지위가 변동하여 유덕자 즉 덕이 있는 사람에 의해 새로운 왕조가 들어선다는 주장은 이제 그 성격이 크게 바뀌게 된다. 황제가 천명을 부여받았는지를 따지는 일보다도, 성인의 학문인 도학 혹은 성리학이 제대로 발휘될 수 있는지가 더 중요한 사안으로 부각된 것이다.

---

55) 나종석, 『대동 민주 유학과 21세기 실학』, 519쪽.
56) 미조구치 유조 외, 『중국의 예치시스템』(동국대 동양사연구실 옮김, 청계, 2001), 26쪽.
57) 이하 성리학의 대동사상과의 연관성은 나종석, 『대동 민주주의와 21세기 유가적 비판이론의 모색』, 제2장 5절과 제3장 5절을 중심으로 대폭 축약하고 수정한 것이다.

그리하여 유학자들은 올바른 성인의 학을 이어받은 성리학자들, 이를테면 사대부들이야말로 정치권력의 궁극적 정당성 여부를 판단할 수 있는 주체라는 점을 선언하기에 이른다. 피터 볼(Peter Bol)이 적절하게 지적하고 있듯이, 성리학의 등장과 더불어 "단순히 천명을 가졌다는 왕조의 주장이 틀렸다는 것이 아니라, 천명이 통치자에서 올바른 학을 수행하는 이들에게로 옮겨 왔다는 의미"가 결정적인 중요성을 지닌다.58)

천리론天理論과 결합된 성인가학론에 의해 천명의 주체가 통치자로부터 배움을 통해 공맹의 성학聖學을 이어받는 학인들 혹은 유학자들로 이동됨에 따라 천하위공의 기존 해석도 크게 변화한다. 선행 연구에 따르면 송나라 시기까지 천하위공은 천자 지위의 교체 방식에 한정되어 있었다. 천하위공이 천자 지위의 계승이라는 선양의 문제에 한정해서 이해되었다는 말이다. 이에 따라 공공성의 덕목은 지배자인 천자 한 개인의 덕성 문제로만 수렴된다. 물론 여기에서도 황제에게는 적어도 지배자에 어울리는 공적 덕성이 요구된다.59) 그리고 요순 선양의 방식을 본받아 새로이 왕조를 세운 천자의 자손은 그 왕조가 무너지지 않는 한 정통성과 권위를 인정받을 수 있었다. 상황이 이러했기에, 중국에서는 형식적으로나마 조광윤이 송나라를 세울 때까지 선양의 방식으로 왕조가 교체되었다. 달리 말해 위·진시기를 비롯하여 조광윤이 후주에서 선양을 통해 황제로 즉위할 때까지는 선양에 의한 역성혁명이 이루어졌다. 물론 대부분 형식상의 선양일 뿐 실질적으로는 폭력과 무력에 의해 이루어진 왕조 교체나 다름없었다. 그러나 적어도 표면적으로나마 천명을 받은 덕 있는 사람에게 왕위를 양보한다는 선양의 탈이 활용되었다고 한다.

그러나 송나라 시대 주자학의 등장과 더불어 이런 전통은 파괴된다. 성인의

---

58) 피터 볼, 『역사 속의 성리학』(김영민 옮김, 예문서원, 2010), 211쪽.
59) 미조구치 유조, 『중국의 공과 사』(정태섭 외 옮김, 신서원, 2004), 19쪽 참조.

학을 이어받았다고 자부하는 성리학의 견해에 의하면 "천자가 천자일 수 있는 것은 단순히 천명을 받은 자의 자손이기 때문이 아니라, 자기 자신이 뛰어난 인격자이기 때문이다." 달리 말하자면 하늘에 의해 부여받은 인간의 선한 본성인 천리天理가 보편성을 따듯이 각 개개의 황제도 그러한 천리天理에 따라 도덕적 인격자가 될 것을 요구받게 되는 것이다. 도덕적 인격자로서의 덕성을 지니지 않는다면 그 어떤 황제라도 정당한 통치의 권위를 제대로 확보하기 힘들게 된다.[60]

이처럼 타고난 도덕적 본성의 평등성과 보편성의 강조인 천리天理의 등장과 더불어 황제 개인에게만 한정해 이해되던 기존의 천하위공에 대한 인식이 내파되고 천하위공의 이념 역시 보편화되기에 이른다. 이제 원칙적으로 황제만이 아니라 모든 인간이 천리를 실현할 주체로 이해되기에 이르렀기 때문이다. 누가 성인이지 아닌지는 인간이 하늘로부터 부여받은 내재하는 도덕적 본질을 충실하게 발휘하는지에 의존해 있으며, 인간 본연의 도덕적 본성인 천리天理가 제대로 발현되느냐 그렇지 않으냐는 원칙적으로 각 개인의 노력과 수양에 달린 문제일 뿐이었다. 이제 인간이 신경을 써야 할 제일의 과제는 하늘이 내려준 인간의 도덕적 본성을 개인의 주체적 노력을 통해 얼마나 충실하게 구현할 수 있는가이다. 그리고 인간에 내재하는 보편적 본성이란 다름이 아니라 바로 인仁 즉 어진 마음이다. 이런 천리의 보편성과 평등주의에 대한 주자학적 강조는 뒤에서 보듯이 백성을 정치적 주체로 긍정하는 태도로까지 이어진다.


(b) 이윤伊尹의 뜻의 보편화를 통해 본 성리학의 성격

천리의 보편성과 평등주의를 바탕으로 하는 주자학이 정치적 주체에 관한

---

60) 미조구치 유조 외, 『중국제국을 움직인 네 가지 힘』(조영열 옮김, 글항아리, 2012), 154~155쪽 및 158쪽.

태도에서도 큰 변화를 보인다는 것도 주자학의 대동사상적 성격을 해명하는 데 적지 않은 의미를 지닌다. 필자는 이런 주자학의 성격을 맹자가 올바른 재상의 모델이라고 높이 평가한 이윤의 뜻의 백성화 혹은 보편화라는 측면에서 접근하는 것이 필요하다고 본다. 맹자가 말하듯이 "탕왕은 이윤에게 배운 뒤에 그를 신하로 삼았기 때문에 수고롭지 않게 왕 노릇"을 할 수 있었다.[61] 달리 말하자면 이윤은 원래 "밭을 갈면서 요순의 도를 좋아한" 평범한 백성이었다. 그런 이윤이 탕왕의 부름을 받아 정치 세계로 나가게 되었던 동기를 설명하는 부분을 보면 이윤의 뜻이 무엇인지가 명확하게 잘 드러난다.

> 탕왕湯王이 세 번이나 사람을 보내어 초빙하시니, 이윽고 번연幡然히 마음을 고쳐 생각하기를 '내가 견묘畎畝의 가운데 처해서 이대로 요순의 도를 즐기는 것이, 차라리 내 어찌 이 군주로 하여금 요순과 같은 군주를 만드는 것만 하겠고 이 백성으로 하여금 요순의 백성이 되게 하는 것만 하겠으며 내 몸에 직접 이것을 보는 것만 하겠는가라고 하였다.[62]

위 인용문에서 보듯이 이윤의 뜻은 "이 군주로 하여금 요순과 같은 군주를 만들고 이 백성으로 하여금 요순의 백성이 되게 하는" 것에 있다. 자신이 모시는 군주를 요순과 같은 성군으로 만들고 천하의 백성을 요순이 통치하는 세상의 백성으로 만든다는 이윤의 뜻은 정말로 후대 주희가 마음속 깊이 새기고 실현하고자 했던 숭고한 뜻이었다.

필자는 이미 주희의 사상 속에 들어 있는 대동 이념의 모습을 논증하면서 특히 주목한 부분 중의 하나는 『대학혹문人學或問』에 등장하는 이윤의 뜻에 대한

---

61) 『맹자집주』, 「공손추하」 2.
62) 『맹자집주』, 「만장상」 7.

급진적 해석이다.(63) 주희는 "치국평천하"(나라를 다스리고 천하를 평온하게 하는 것)는 일반 백성이 관여할 바가 아니라 오로지 천자나 제후의 일일 뿐이라고 보는 사람의 반론에 비판을 제기한다. 그런 반론에 따르면, 나라를 다스리고 천하를 편안하게 하는 일은 오로지 천자나 제후의 일이기 때문에 주희 등에 의해 사서의 하나로 숭앙된 『대학』의 가르침은 오류일 뿐만 아니라 월권을 정당화하는 위험한 주장이라는 것이다. 왜냐하면 『대학』은 모든 사람이 보편적으로 지닌 도덕적 본성을 천하에 밝히는 작업임을 강조하고 있기 때문이다. 이런 반론에 대해 주희는 다음과 같이 대답한다.

> 어떤 사람이 물었다. "'치국·평천하(나라를 다스리고 천하를 평온하게 하는 것)는 천자와 제후의 일이니, 경대부 이하의 사람들은 그 일에 관여할 수 없습니다. 그런데 지금 『대학』의 가르침에서는 으레 '명명덕어천하明明德於天下'로써 말을 하니, 어찌 그 지위(位)에서 벗어난 것을 생각하고 그 분수가 아닌 것을 범하는 것이 되지 않겠습니까? 그것이 어떻게 위기지학爲己之學이 될 수 있겠습니까?' 나는 아래와 같이 대답하였다. "하늘의 밝은 명은 태어날 적에 함께 얻는 것이지 나만 사사로이 얻는 것이 아닙니다. 그러므로 군자의 마음은 드넓게 크고 공정하여, 천하를 바라볼 때에는 어느 한 생명체라도 내 마음으로 사랑해야 할 대상 아닌 것이 없으며 어느 한 가지 일이라도 나의 직분상 해야 할 바가 아닌 것이 없습니다. 비록 형세상 비천한 신분의 일반인일지라도 자기 임금을 요임금이나 순임금 같은 분으로 만들고자 하고 자기 백성을 요순시대의 백성으로 만들고자 하는 포부가 그들 분수 안에 있지 않은 때가 없습니다."(64)

위 인용문에서 보듯이 주희는 일반 백성들도 천하의 일, 즉 이윤의 뜻이

---

(63) 나종석, 「주자학과 대동사상」, 『유교사상문화연구』 81(2020), 37~72쪽.
(64) 주희, 『대학혹문』; 『대학』(최석기 옮김, 한길사, 2014), 193쪽.

향한 바를 공유하고 있다고 강조하면서 이윤이 주장한 구절과 같은 내용을 반복하고 있다. 즉 "비록 형세상 비천한 신분의 일반인일지라도 자기 임금을 요임금이나 순임금 같은 분으로 만들고 자기 백성을 요순시대의 백성으로 만들고자 하는 포부가 그들 분수 안에 있지 않은 때가 없습니다"라고 말이다.

그런데 여기에서 우리가 주목해야 할 것은 이윤과 주희가 보여 주는 태도의 차이이다. 앞에서 보았듯이 이윤은 자신이 모시는 군주를 요순과 같은 군주로 만들고 자신이 통치하는 백성을 요순의 백성이 되게 하는 것이 자신의 본래 뜻이라고만 말했을 뿐이다. 그런데 이 명제를 확장시켜 '배우는 사람은 모두 다 그러해야 한다', '모든 사람이 다 그러해야만 한다'라는 명제로 보편화시킨 인물이 바로 주희다. 물론 맹자의 설명에 따르면 이윤이 재상으로 발탁되기 전에 그는 이름 없이 농사를 짓는 평범한 백성의 한 사람이었을 뿐이다. 여기에서 일종의 이윤이라는 모델의 보편화 가능성이 잠재해 있다 해도 좋을 듯하다.

필자의 해석에 따르면 이런 잠재성을 명시적으로 주장한 사람이 바로 주희라는 말이다. 그는 형세상 비천한 신분의 일반인일지라도 "자기 임금을 요임금이나 순임금 같은 분으로 만들고 자기 백성을 요순시대의 백성으로 만들고자 하는 포부"를 지닐 수 있으며, 그렇게 하는 것은 결코 그들의 '분수'를 넘어서는 월권이 아니라 자신의 본분에 충실한 행위라고 역설한다. 이런 견해를 지닌 사상가를 소강 유학자로 한정하거나 심지어 세습 전제 독재 체제의 정당화 이념을 제공한 사람이라고 평가절하하는 것은 수정되어야 할 것이다.

우리는 일반 백성들도 당당한 정치적 주체로서 천하의 일을 책임지는 사람임을 강조하는 주희의 모습을 통해 그가 공자와 맹자의 대동 이념을 이어받고 있음을 알 수 있다.

(c) 공론 정치와 대동 이념의 연계성

게다가 우리는 '나무꾼이나 소나 말에 먹이로 줄 풀을 베는 사람' 즉 사회에서 가장 하층에 속하는 사람들이 나라의 중요한 일에 대해 자신의 견해를 밝히고 이를 존중하여 정사를 처리하는 것, 바로 이것이야말로 군왕이나 정치 엘리트들이 지녀야 할 마땅한 도리라고 했던 고대 중국에서 기원한 유구한 대동적 이념이 주희에게도 면면히 이어지고 발전되고 있음을 발견하게 된다. 주희는 이런 공맹의 대동 이념을 이어받았을 뿐만 아니라, 그것을 천의 공공성 이론을 토대로 새로운 공론정치 이론으로 발전시키고 있기 때문이다.

물론 새로운 공론정치에 대한 주희의 이론도 천리天理의 보편성과 평등성에 대한 자각에 토대를 두고 있다. 앞에서 본 것처럼 주희는 천리를 정치의 궁극적 근거인 천하의 바른 이치이면서 인간에 내재하는 도덕적인 본성으로 이해한다. 그리하여 천리의 보편성과 평등주의적 개념에서부터 정치적 주체에 관한 새로운 사상이 움터 오른다는 점은 이미 강조하였다. 이제 하늘의 이치를 실현할 주체는 황제나 최고 권력자로 제한되지 않는다. 원칙적으로 모든 사람이 천리의 천하위공을 실현할 주체로 자임할 수 있기에 이른다. 이전까지 군주 한 개인의 정치적 덕성의 문제로 여겨졌던 공공성, 즉 공公이란 만인이 갖추어야 할 보편적 덕목으로 격상되고, 공의 보편화와 법칙화를 보여 주는 천리天理의 공공성은 하늘과 정치를 연계하는 유가적 민본주의 사상에서 일대 혁신을 가져온다.

이와 관련해 필자는 선행 연구에서 다음과 같이 주장한 바 있다.

따라서 천하위공天下爲公의 관념에서 보듯이 천하나 천리天理의 하늘은 규범적으로 국가나 황제보다 더 상위의 개념으로 이해될 뿐만 아니라 공의 발현이 군주 한 개인에 달려 있는 것이 아니라 원칙적으로 사대부와 백성의 노력에도

의존해 있는 것이다. 황제권력을 견제하고 비판하는 역할은 군주 개인에게만 해당되는 것이 아니라 관료, 사대부 그리고 백성들에게도 개방된다는 것이다. 달리 말하자면 천리의 공에 어긋나는 국가나 황제의 자의적 권력은 비판되고 견제되어야 할 사사로운 존재에 지나지 않는데, 이런 황제와 조정의 사사로운 권력 행사를 견제하고 비판하여 천리의 공공성을 실현하는 것은 사대부와 백성들의 몫으로 이해된다. 그래서 주희는 황제가 천하를 다른 사람에게 줄 수 없다는 맹자의 말에 대해 설명하면서 "천하는 천하 사람들의 천하요, 한 사람의 사유물이 아니"라고 말한다.[65] 선진유학先秦儒學에서도 천명의 소재를 정확하게 파악하기 위하여 '민심은 곧 천심'이라는 명제로 표현된 민심론이 요구되었으나, 주희는 이런 민심론을 계승하면서 민심의 공정성을 확보할 방법으로 공론의 정치를 내세워 전통적 유학사상에서의 민심론을 발전시키고 있다.[66] 이런 점에서 천리天理의 공공성은 공론公論정치를 매개로 해서 그 구체적 의미를 띠게 된다.[67]

위 인용문에서 보듯이 천리의 보편성과 평등성에 대한 자각에서 비롯된 천리의 공공성은 백성 일반을 정치적 주체로 승인하는 것을 정당화한다. 그리고 일반 백성을 정치적 주체로 승인한다는 점은 앞에서 본 것처럼 "비록 형세상 비천한 신분의 일반인일지라도 자기 임금을 요임금이나 순임금 같은 분으로 만들고자 하고 자기 백성을 요순시대의 백성으로 만들고자 하는 포부가 그들 분수 안에 있지 않은 때가 없습니다"라는 주장으로 응결되어 나타난다.

그런데 우리가 여기에서 주목해야 할 부분 중 하나는 정치적 주체에 대한 성리학의 사유가 공론정치 이론을 통해 그 구체성을 확보한다는 점이다. 이런

---

65) 『孟子集註』, 「萬章章句上」 5, 272쪽.
66) 이상익, 「송대 주자학에서의 민심과 공론」, 장현근 외 지음, 『민의와 의론』(이학사, 2012), 178쪽 이하 참조.
67) 나종석, 「주희 公 이론의 민주적 재구성의 가능성」, 『철학연구』 128(대한철학회, 2013), 146~147쪽.

맥락에서 이제 주희의 공론 이론을 좀 더 살펴보자.[68] 그는 공론公論을 국시國是와 같은 것으로 보면서 국시를 "천리를 따르고 인심을 화합하여 온 천하가 모두 옳다고 하는 것"이라고 규정한다.

> 오직 천하의 사람들이 옳다고 한 것에 화합하지 않고, 천하의 사람들로 옳게 여기도록 강요하기 때문에 상을 내걸어 화유하고 엄한 형벌로 독책한 연후에야 겨우 사대부들이 불평하는 입을 억지로 막을 수 있겠지만, 천하의 진정한 시비는 끝내 속일 수 없습니다. 오늘날 화의和議와 같은 일이 과연 천리에 따르고 인심에 화합하는 것인지 아닌지 모르겠습니다. 진실로 천리를 따르고 인심에 화합한다면 천하의 사람들이 옳다고 여길 것이니, 다른 이론異論들이 어디에서 생겨나겠습니까? 만약 그렇게 생각지 않고 편견을 주장하여 그 사이에 사심을 꿰어 넣고 억지로 국시國是라 이름 짓고, 임금의 위엄을 빌려서 천하의 모든 사람이 한결같이 말하는 공론과 다투려 한다면, 저는 옛사람들이 이른바 '덕만이 (사람의 마음을) 하나로 통일시킨다고 한 말과 다른 것 같습니다.[69]

천하 사람들의 공론에 화합하고 순응하는 것이야말로 통치권자인 군주가 해야 할 마땅한 도리라는 주장에서 보듯이 주희는 공론을 형성하는 주체에 관해서도 일종의 보편화를 감행한다. 그러니까 공론의 장은 국왕과 일부 관료로 이루어진 조정에서만 행해지는 것으로만 보지 않는다. 주희는 공론을 구성하는 주체를 왕, 사대부 그리고 백성 일반으로 설정한다. 백성의 뜻을 살피고 그들의 의사를 반영하는 정치, 그러니까 민의를 중시하는 유교적 민본주의의 전통은 주희의 성리학에 이르러 그 보편성이 뚜렷하게 드러난다. 물론 여기에

---

68) 이하 주희의 공론 이론에 대한 설명은 같은 글, 152~155쪽을 짧게 재구성한 것임.
69) 주희, 『주자대전』 5(주자대전번역연구단 옮김, 전남대학교 철학연구교육센터 · 대구 한의대학교 국제문화연구소, 2010), 444쪽 이하.

서 실제로 이른바 서구 근대와 조우하기 이전 전통 동아시아 사회에서 공론의 주체가 대개는 왕과 사대부에 한정되었다는 점도 부인할 수 없는 사실이다. 그러나 그런 상황에서도 천리에 대한 성리학의 보편성 주장은 정치 현실에서도 일반 백성의 뜻을 외면하지 못하도록 하는 비판적 견제력의 모습도 완전히 잃지 않았다는 점도 눈여겨보아야 할 터이다.

하여간 주희는 다음과 같이 말한다.

> 안으로 관료와 백공百工, 밖으로 백성들에 이르기까지 임금의 마음을 열어 일깨워 주시고 잘못된 정치를 지적하여 진술하는 이가 있다면, 친소귀천을 따지지 말고 모두 자신의 견해를 임금에게 밝힐 수 있게 하십시오.[70]

그리고 주희에 따르면 사람들이 공론의 장에서 사사로움이 없어야 공론장의 순기능이 제대로 발휘될 수 있다. 사사로움의 개입은 바로 공론장의 왜곡이자 변질을 초래할 것이기 때문이다.

더 나아가 주희는 공론정치가 "정치의 바탕"(治之體)이라고 보고 공론을 통한 공개성의 의미도 강조한다. 그에 따르면 공론의 결과를 일반 백성에게 널리 알리는 공개성을 통해 조정과 군주의 정치적 정당성이 더 확실하게 확보될 수 있다. 이와 관련해 주희의 다음과 같은 주장은 아주 중요하다.

> 군주는 제명制命이 직분이지만, 반드시 대신들과 의논하고, 급사給舍들과 참작하여 익숙하게 의논해서 공의公議의 소재를 구해야 합니다. 그런 다음에 왕정에 게시하고 명령을 밝게 내어 공평하게 시행하는 것입니다. 이런 까닭으로 조정은 존엄하고 명령은 자세해서, 비록 부당함이 있더라도 천하 또한 모두

---

70) 주희, 『朱子封事』(주자사상연구회 옮김, 혜안, 2011), 195쪽.

그 잘못이 어떤 사람에게서 나왔는지를 알게 되고, 인주도 홀로 그 책임을 뒤집어쓰지 않게 됩니다. 의논하려는 신하들도 자신의 뜻을 다해서 말을 다하면서 거리낌이 없어야 한다는 것은 고금의 불변하는 이치요 조종의 가법입니다.…… 가령 진실로 폐하의 독단에서 나왔고 일이 모두 이치에 합당하다 하더라도 정치의 바탕(治之體)은 아니어서 훗날의 폐단을 열어놓을 것이다.[71]

위 상소문에서 보듯이 주희에 따르면 황제의 독단적인 결정은 결코 올바른 정치적 결정이라고 존중받을 수 없다. 달리 말하자면 공론의 과정을 거치지 않고 이루어진 왕의 사사로운 독단은 설령 그 내용이 타당하다고 해도 그런 결정은 결코 정당성을 확보하기 힘들다는 것이다. 이는 매우 중요한 지적이다. 예를 들어 어떤 시대에 필요한 개혁정치라 하더라도 그것이 백성의 뜻을 구하는 절차 없이 이루어진다면 그런 개혁정치는 일반 백성들의 광범위한 이해에 기반한 실행력을 확보하기 힘들 것이기 때문이다. 이런 맥락에서 조정에서의 공론이 백성에게 공개되어야 함을 정치의 요체로 주장하는 주희의 이론은 오늘날의 심의 민주주의 이론과 관련해서도 생각해 볼 여지가 있는 것이다.

더 나아가 위 상소문에서 보듯이 공적 사안에 관한 논의 과정에서 신하는 황제에게 아무런 두려움이나 거리낌 없이 자신의 의견을 말할 수 있어야 함을 주희는 역설한다. 이런 맥락에서 주희가 논의의 과정에서 왕과 신하가 대등하고 수평적인 토의 주체로 인정되어야 함을 긍정한다고 해석해도 크게 그르지 않을 것으로 생각된다. 사실 주희는 백성의 의견 수렴과 조정에서 이루어지는 공론이 군주의 정치적 권력 행사의 사사로움과 독단을 막을 수 있는 중요한 제도적 틀임을 역설한다. 그러므로 공론公論의 이론에서도 주희는 일관되게

---

71) 주희, 『주자대전』 3(주자대전번역연구단 옮김, 전남대학교 철학연구교육센터 · 대구한의대학교 국제문화연구소, 2010), 365쪽 이하.

올바름과 천리 그리고 인(仁)을 실현할 방법으로 공공성(公)의 중요성을 강조한다. 주희는 상소문에서 다음과 같이 말한다.

가까운 사이가 아니더라도 현자이면 비록 멀더라도 빠뜨리지 마시고, 친한 사람일지라도 부적격한 사람이면 비록 가깝더라도 반드시 버리십시오. 벼슬에 먼저 들어온 사람의 의견만을 옹호해서 한쪽 말만 듣고(偏聽), 특정인에게만 일을 맡긴다(獨任)는 비난을 불러일으키지 마십시오. …… 나아가던지 물러나던지, 버리던지 택하던지 오직 공론의 소재를 돌아보시면 조정은 바르게 되고 내외·원근이 올바르게(正) 귀결되지 않음이 없을 것입니다.[72]

위 인용문에서 보듯이 주희에게 공론의 형성은 왕과 신하의 논의에 국한되어 있지 않다. 천하의 공론, 즉 일반 백성들의 목소리로서의 '공론의 소재'에 대한 경청이 없이는 공론(公論)이 기대하는 정치적 공공성과 공정성은 확보될 수 없다는 것을 주희는 주장하고 있다.

여기에서 상론할 수 없으나 필자는 유교적 민본주의와 민주주의 사이의 만남의 가능성에 주목하는 것을 넘어 주자학의 민본주의의 역사적 경험을 바탕으로 해서 한국 사회의 민주주의가 독특한 성격을 지닌 것으로 전개되었다는 견해를 견지한다. 간단하게 말해 한국 사회의 민주적 현대성(modernity)을 주자학의 보편화를 매개로 해 서구 근대의 민주 공화주의의 유교적 전환과 대동적 민본주의의 민주공화적 전환이라는 이중적 전환 과정으로 이해한다. 아울러 (조선의) 주자학 정신이 이런 변형 과정을 통해 우리나라 민주공화국의 제헌헌법 정신으로 이어진다고 본다. 이는 조소앙의 삼균주의 및 균등 이념에서 두드러지게 드러난다.

---

72) 주희, 『주자대전』 8(주자대전번역연구단 옮김, 전남대학교 철학연구교육센터·대구한의대학교 국제문화연구소, 2010), 34쪽.

그래서 필자는 선행 연구에서 18세기 이래 오늘에 이르는 역사를 '유교 전통의 민주적 변형과 민주주의의 유교적 전환이라는 이중 과장의 틀로 재해석할 것을 제안하였다. 유교적인 대동세계의 이상이 사회 전반에 걸쳐 대중화되는 18세기에서부터 "구한말 의병 전쟁, 일제식민지 시기 독립운동을 거쳐 민주공화국 대한민국에서의 민주주의 실현에 이르는 과정 전체를 일관된 역사로 인식"하려는 모색이 필요하다는 것이다.[73] 대한민국헌법도 '유교 전통의 민주적 변형과 민주주의의 유교적 전환이라는 이중 과정'의 역사에서 탄생했는데, 대한민국헌법의 탄생에 지대한 공헌을 한 조소앙의 삼균주의도 바로 '유교 전통의 민주적 변형과 민주주의의 유교적 전환이라는 이중 과정'을 보여 주는 대표적 사례로 평가받기에 손색이 없다. 대한민국헌법 전문에도 유교적 균등 이념이 실려 있다.

## 5. 21세기 생태 위기 시대와 성리학의 생태적 재규정의 길에 대한 불충분한 성찰

21세기 인류(여기에서 '인류'라는 개념이 지니는 이데올로기적 성격이나 모호성을 일단 논외로 하자.)는 중층적 위기, 그러니까 이를테면 생태 위기(ecological crisis), AI나 정보기술의 발전으로 상징되는 과학기술문명이 초래한 위기 그리고 신자유주의적 세계화 혹은 지구화(globalization)로 인해 초래된 불평등 심화와 사회 전반의 극단적 양극화 등과 같은 복합적이고 다차원적인 위기로 도전받고 있다. 이런 다양한 위기가 상호작용하면서 인류가 처한 위기는 더욱 복잡해지고 유례를

---

73) 나종석, 『대동 민주 유학과 21세기 실학』, 584쪽.

찾아볼 수 없는 대규모의 재앙적 상황으로 돌입하고 있다. 또한 이런 위기는 그 어느 지역이나 국가에 한정되어 있지 않고 전체 인류와 비인간 생명체 전체에 이르고 있다.

특히 생태 위기는 인류가 과거에 직면했던 위기와 근본적으로 차원이 다른 면모를 보인다. 한 가지만 예를 들자면 인류는 오늘날처럼 인간으로서의 '종' 자체가 종말에 이를지도 모르는 불확실성의 시대를 접해 본 적이 없다. 더구나 지구라는 행성 위에서 인류라는 생명체 자체가 완전히 사라질 수 있다는 생각이 단순한 상상이 아니라, 상당한 개연성을 띠고 있는데, 역설적이게도 이런 인류의 생존 위기 자체는 인간이 자연에 대해 무분별하게 개입하고 그것을 마음대로 지배하려는 시도의 파멸적인 부메랑으로 인해 초래된 결과라는 점도 예사롭지 않다. 일례로 지구온난화의 진행으로 인한 기후 변화나 코로나바이러스의 침입은 인간의 활동에 따른 결과이다.

따라서 오늘날의 생태 위기 시대는 인간 활동의 힘이 증가하여 지구 시스템 (Earth System)에 변동을 초래하여 행성으로서의 지구의 행로를 바꿀 수 있는 지질학적 변동의 행위자임이 드러난 시대라는 점에서 인류세(Anthropocene)[74]가 언급되고 있을 정도이다. 이런 상황에서 인류의 미래를 고민할 때 인간의 사회적이고 역사적 세계에만 초점을 두는 관점은 철저하게 재검토되어야 한다. 서구 근대의 화석연료에 기반한 "탄소 민주주의"(Carbon Democracy) 사회[75]가 자명한 것이라고 간주하는 자연과 인간의 이원론은 이제 지속할 수 없다. 자연을 저럼

---

74) 윌 스테픈·자크 그린발·파울 크뤼천·존 맥닐, 「인류세: 개념적, 역사적 관점」, 파울 크뤼천 외, 『인류세와 기후 위기의 대 가속』(김용우 외 옮김, 한울, 2022) 참조, 인류세 개념에 대한 설명과 그것을 둘러싼 논쟁점에 대해서는 얼 C. 엘리스, 『인류세』(김용진·박범순 옮김, 교유서가, 2021) 참조 바람.

75) 탄소 민주주의란 개념은 티머시 미첼에게서 기인한 것이다. 티머시 미첼, 『탄소 민주주의』(에너지기후정책연구소 옮김, 생각비행, 2017).

하고 무한하게 끝없이 착취되고 사용되고 버려질 싸구려 에너지 저장고로 보면서 이에 대한 지배에 기초하는 탄소 사회는 지속 불가능한 것으로 드러났다.

이처럼 생태 위기를 비롯한 인류사회가 직면한 중층적이고 복합적인 위기를 극복하려면 전 지구적 차원의 공존과 협력이 필요할 뿐만 아니라 인류와 자연의 상호의존이라는 사태를 다시 직시해야 한다. 그러려면 우리는 인간이 자연의 지배자라는 신화에서 벗어나 인간을 포함한 모든 생명체가 서로 유기적 관계를 맺고 거주하는 행성 지구를 새롭게 사유하는 세계관의 대전환이 요구된다. 그런데도 오늘날 주도적인 정치이론은 자유, 평등, 정의 그리고 민주주의에 대한 정치적 상상력과 사유를 여전히 철저하게 이성 중심적이며 인간 중심적 관점에 한정하고 있다.

어진 생명의 마음(仁)을 화두로 해 이루어지는 21세기 유가적 비판이론으로서 생명 대동사상은 서구 근대가 자신의 역사적 맥락에서 전개해 온 자율성과 민주주의 그리고 그와 연관된 핵심 어휘들을 기각하지 않고, 그것을 중요한 사상의 표준으로 삼으면서도 이를 비판적 대결의 맞수로 이해한다. 그러므로 생명 대동사상은 서구 근대를 이해하는 데 핵심적 지위를 차지하는 인권과 민주주의 혹은 자율성과 민주주의 등과 대화하면서 동아시아 사상 내에서 이와 통하는 공통의 지평을 발굴하는 작업에 그치지 않고, 동아시아 역사와 유가사상의 전통 속에 미발未發의 상태로 내장된 비서구적 자유 및 민주주의 이해를 명료화하여 서구적 자율성의 이해가 지니는 한계를 드러내는 작업으로 나간다.

요약해 보자면 동아시아 유교 전통의 핵심인 인仁을 '돌봄의 자유'(freedom as care) 혹은 '생명 속의 자유'(freedom in life)로 재정의하고 이를 바탕으로 하여 인정仁政의 이념을 지구적 비상사태인 생태 위기를 극복할 생태·대동 민주주의로 창신創新하는 작업은 술이부작述而不作과 법고창신法古創新이라는 유교 전통의 사유를 활용하여 그 자신의 재탄생을 알리는 선언서인 셈이다. 이하에서 성리학을 포함한 유가사상이 21세기 생태 위기 시대를 극복할 사상으로 거듭나기 위해서 어떤 길을 걸어야 할지에 관한 필자의 생각을 개괄적으로나마 그려 보고자 한다.76)

공자에게서 연원하는 유가 사상은 서구적인 주체성에 관한 사유 방식과 다른 면모를 보여 준다. 유가적 사상의 핵심을 구성하는 공자의 인(仁)에 대한 강조에는 사람 및 여타 생명체의 취약성에 대한 민감성이 깔려 있다. 공자가 인간을 홀로 독립해서 존재할 수 없는, 타자와의 관계를 벗어날 수 없는 존재임을 강조하는 것을 고려할 때, 삶의 취약성은 본디 관계적 존재의 본성에 뿌리박고 있는 것으로 이해되어야 한다. 그러니까 공자의 인(仁)사상은 인간이란 타자로부터 상처받을 수 있는 존재라는 점에 대한 자각과 긴밀하게 연결되어 있다. 서로에게 의존해 있다는 사태의 중요성은 그런 의존적 관계가 무릇 늘 조화롭기 때문만이 아니라, 인간의 삶(과 생명체)의 근본 사태인 상호의존적 관계 자체가 인간에게 심각한 해악을 가할 수 있다는 점과도 관련되어 있다. 달리 말해, 역설적으로 들릴지라도 죽임과 살해를 일삼는 사회적 관계야말로 인간의 삶의 취약성과 상처받을 수 있음의 본연의 장소라는 것이다. 이런 맥락에서 주디스 버틀러는 상호의존적 "관계의 한 속성으로서의 취약성"을 강조한다.77)

그렇기에 인간과 생명체가 상처받을 수 있는 취약한 존재라는 점에 관한 자각은 창조적이고 자유로운 인간의 생명 활동을 억누르는 온갖 사회적 관계에 맞서 생명을 소중하게 여기고 그런 생명의 역량을 잘 보살펴서 번영과 성공으로 이어질 수 있게 하는 도움, 즉 성공적인 돌봄 관계를 형성할 필요가 있다는

---

76) 이하 내용은 나종석, 『대동 민주주의와 21세기 유가적 비판이론의 모색』, 제12장 중 607~608쪽, 제15장 754~755쪽 그리고 제18장 900~907쪽을 토대로 재구성하면서 수정·보완한 것임.
77) 주디스 버틀러, 『비폭력의 힘: 윤리학—정치학 잇기』(김정아 옮김, 문학동네, 2021), 66쪽.

통찰과 밀접하게 연결되어 있다. 캐럴 길리건이 주장하듯이 사람들이 서로 연결되어 있다는 사실에서 우리는 타자에 대한 폭력이란 결국은 자신을 파괴하는 행위와 같음을 알게 된다.[78] 여기에서 우리는 돌봄 실천으로서의 자율성이 인간과 생명이 모두 다 소중하다는 평등 의식을 전제하고 있음을 깨닫게 된다.

달리 말하자면 삶과 생명체의 취약성에 터를 두고 있는 상호의존적 관계에 대한 유가적 강조는, 독립적인 주체 사이의 평등과는 다르면서도 인간과 생명체의 평등 개념을 포함하고 있음을 잊어서는 안 된다. 독립적이고 자율적인 주체 상호의 평등이 지니는 허구성과 한계를 반복할 필요는 없지만, 우리가 자율성을 함께 돌보는 행위로 재규정하는 것처럼 자유주의적(더 나가 서구적 평등관, 이를테면 공화주의적 평등관이나 마르크스의 '자유로운 생산자들의 연합체'라는 구상에서 보듯이 사회주의적 평등관을 포함하여) 평등관의 비판적 재규정이 요구된다. 타자의 돌봄 없이는 살아갈 수 없으며, 그렇기에 돌봄은 모든 생명체가 필요로 하는 보편적 요구라는 점에서 인간과 생명은 평등한 존재라는 인식이 새로운 평등 개념의 요체이다. 그러므로 우리는 대안적 평등관을 서로가 의존하고 있는 의존성의 사태에서 우러나는 상호의존적 평등관이라고 개념 정의해 봄 직도 할 것이다.

돌봄의 자율성 이론은 서양 근대에서 자유의 사회성을 가장 탁월하게 이론화하고 있다고 평가받는 헤겔적인 사회적 자유론의 한계도 넘어선다. 헤겔과 오늘날 호네트 등의 사회적 자유론은 근본적으로 대칭적 인간관계를 중심으로 자유를 바라보고 있을 뿐만 아니라, 생태적 사유가 모자란 인간중심주의적 사유 패러다임에 사로잡혀 있다. 따라서 서로 돌봄을 실천하는 행위를 통해서만 상호의존 관계 내에 구성적 요소로 작동하는 폭력성(타자의 생명에 해를 가하는 행위)은 극복 가능하며, 상호의존적 평등의 이상을 구현할 성공적인 상호의존적

---

78) 캐럴 길리건, 『침묵에서 말하기로』(이경미 옮김, 심심, 2020), 201쪽.

인간관계 자체가 존립할 수 있다.

이런 통찰은 차마 해치지 못하는 마음과 관계적 존재를 강조하는 공맹사상과 통한다. 인간은 처음부터 자율적이고 독립적인 주체로 태어나는 것이 아니라, 아무리 애를 써도 완전히 극복할 수 없는 상호의존성의 맥락에서 살아가는 존재이다. 따라서 서로가 함께 돌봄을 실천할 때만이 폭력적으로 강요된 예속적인 의존관계로부터 해방된 비예속적인 상호의존관계가 구성될 수 있으며, 이를 통해서만 인간의 인간다움을 실현할 수 있다. 필자가 보기에 공자는 인仁 개념을 통해 이런 점을 강조하고 있다. 그러므로 공자의 인仁 개념은 자신과 타자 모두의 생명의 소중함을 보호하면서 의미 있는 삶을 형성하기 위해 관계의 개선에 관심을 기울이는 돌봄 행위로서의 자율성을 함축하고 있다고 보아도 틀리지 않을 것이다.

그런데 인간, 더 나아가 뭇 생명의 근본 구조인 상호의존적 관계를 도외시하는 서구적 주체성에 대한 사유 방식은 은밀한 방식으로든 노골적인 방식으로든 능동적 주체성의 유지를 위해 의존적 관계를 타자화하여 이를 착취하거나 수탈하는 모습을 보여 준다. 서구 근대의 핵심적 체제이자 제도인 자본주의의 역사전 과정을 거쳐 그것은 늘 비서구 사회, 아프리카 흑인을 비롯한 비백인 인종, 여성, 자연을 착취하고 수탈해 왔다. 의존성의 사태에 관한 맹목성을 배경으로 하여 능동적인 주체성 실현을 자유의 실현으로 이해하는 서구적 자율성 사상과 연결된 서구 근대 자본주의 사회는 능동적 주체의 타자로 설정된 의존적 존재, 예를 들면 비서구 사회의 전통과 자연을 비롯하여 여성과 인종을 배제하고 지배하면서 자신을 유지할 수 있을 뿐이다. 그런 면에서 유럽 사회에 비해 열등한 문명으로 낙인찍힌 비서구 사회를 비롯하여 유색 인종과 여성 그리고 자연은 유럽적 근대의 자립적인 주체 형성의 구성적 타자이다. 그러면서 유럽적 주체성은 바로 자신의 자율성과 독립성을 가능하게 하는 구성적 타자를 오로지 자신의 주체성 향유를 위한 배제나 착취와 수탈의 대상으로 삼은 결과 자신의 존립 기반 그 자체를 스스로 파괴해 왔다. 그 결과가 바로 오늘날 우리가 직면하는 생태 위기와 극심한 경제적 불평등으로 인한 민주주의 위기라고 할 수 있다.

그러므로 유럽 근대의 자본주의 시스템 그리고 자유주의와 결합해 발전해 온 자유주의적 민주주의가 인간(부유한 유럽 백인 남성을 인간의 표상으로 설정하면서)을 자연의 정복자이자 지배자로 그리고 자연을 한갓 인간의 이익을 충족하기 위한 수단으로 바라보고 있다는 점에서, 그것은 본래 실현 불가능한 기획이었다고 볼 수 있을 것이다. 전 지구적 차원으로 성공적으로 확장되어 자신을 가능하게 해 주는 타자를 마음껏 포식한 신자유주의적 자본주의 체제의 작동 결과가 바로 인류문명 전체와 지구상의 생명공동체를 파멸로 몰고 가는 생태 위기로 드러나게 된 셈이다. 간단하게 말해 우리가 직면하고 있는 여러 심각한 위기를 초래하는 국가 폭력이나 비인간 생명체, 특히 동물을 포함한 자연, 여성 그리고 유색 인종에 가해지는 구조적 폭력은 바로 유럽적 주체성과 그 개인주의적 자율성 이념에 기반하고 있다. 미국식·유럽적 민주주의는 만능도 아니거니와 최선의 정치체제가 아니다. 이런 상황에서 서구 근대성의 규범적 이념의 토대라 할 민주주의와 자율에 대한 근본적 성찰이 진행되는 것도 자연스럽고, 이와 더불어 이른바 서구적인 자유민주주의 정치체제가 과연 인류가 당면한 생태 위기를 극복할 역량을 지니고 있는지에 대한 회의의 목소리가 등장하는 것도 이상한 일은 아니다.

그러나 더 바람직한 길은, 민주주의와 자율성의 이념을 전적으로 폐기하지 않은 채 생태사회로 전환하는 길을 모색하는 것일 터이다. 그러므로 우리는 자연, 생명, 인간을 한갓 부품이나 효율성 증대를 위한 자원으로만 취급하는 자본주의적 폭력을 제어할 방식과 더불어 생태주의적 문명사회로의 전환을 위해 민주주의와 인권의 소중함을 새롭게 규정할 필요가 있을 것이다. 좀 추상적이고 선언적이긴 하지만, 생태 민주주의적 관점에서, 그러니까 자연과 인간의 공생 관계를 형성하는 맥락에서 우리는 편협한 인간중심주의라는 시각에 사로잡힌 민주주의와 인권의 자율성 담론의 잠재성을 재구성할 필요가 있다.

생태 위기 시대에 적합한 민주주의 사회의 모색을 위해서는 생태적 사유로의 대전환이 필요하고, 생태적 사유로의 전환에는 기본적으로 자유민주적 질서의 기본 이념인 자유에 대한 새로운 대안적 사유가 필요하다. 새로운 대안적 자유 이론을 바탕으로 해서 우리는, 자연과 인간의 생태적 상호의존성에 대한 무관심으로 인해 자연과 인간을 파멸로 이끌어 가는 오늘날의 사회를 비판할 수 있는 도덕 및 정치의 근본 원칙이 무엇인지를 이해할 수 있게 된다. 필자는 이런 생태적 사유로의 전환에서 요구되는 자유론의 새로운 가능성을 생태적 자유론이자 돌봄의 자유론 혹은 생명자유론의 관점에서 모색하고 있다. 이런 대안적 자유론은 유가사상의 변형과 함께한다. 물론 이런 유가적 사유 전통에서 길어 낸 새로운 자유론, 이름하여 돌봄의 자유론에 관해서는 『유가적 비판이론』 제12장에서 상세하게 다루었다.

돌봄과 보살핌의 정신에서 출발하는 자유론, 돌봄 자유론은 유가적 자유론의 새로운 길이다. 이런 생각의 일단을 설명해 보자. 거칠게 말하자면 대안적 자유론으로서의 돌봄의 자유론이자 생태적 자유론은 헤겔의 '생명에서 정신으로의 이행'에서 자유를 이해하지 않고 생명 속의 자유를 지향한다. 생명과의 단절에서 자유로운 정신세계가 구축될 수 있다는 사유 방식과 단절하고 '생명'과 '인간의 역사적·사회적 세계'의 상호의존성 및 연속성을 중심으로 자유를 재규정하려는 것이다.

그러니까 돌봄의 자유론의 철학적 토대는 유가적 혹은 성리학적으로 재해석된 생명 사상인데, 이에 대해서는 『대동 민주주의와 21세기 유가적 비판이론의 모색』 제16장과 17장에서 상세하게 언급해 두었다. 유가적 생명 사상에 따르면 생명과 인은 내적으로 공속한다. 특히 성리학은 우주 내에서 약동하는 다양한 생명의 생성과 그 변함없는 지속적인 창조적 생명력을 천지가 만물을 낳은 마음인 인(仁)으로 해석했다. 간단하게 말해 천지가 만물을 낳은 마음을 인(仁)이라고 하는 성리학적 생명 사상은 사실상 인을 생명의 근본 원리로 보고 있는 셈이다. 그리고 생명의 근본적 힘이라고 할 이런 인(仁)을 성리학은 생의(生意)라고도 했다.

　필자가 구상하는 생명 속의 자유, 달리 말하자면 모든 생명체가 나름 자율적 존재라는 생각은 한스 요나스의 사상과도 통한다. 그는 자유를 인간 고유의 특성이 아니라, 생명체의 원리로 이해한다. 요나스에 따르면 "정신" 혹은 마음이 생명체에 깃들어 있는 것과 마찬가지로 자유도 그러하다. 그러니까 태양이나 행성들에서 자유의 원리를 발견할 수는 없지만, 생명체는 본래 자유로운 존재로 이해되어야 한다. 그러면서 그는 모든 생명체가 환경과의 상호 작용을 통해 역동적으로 자신을 보존하고 유지하는 데서 보듯이 "물질대사 자체가 자유의 가장 최초의 형태"라고 말한다. 그래서 요나스는 자유라는 개념이 "생명이라고 부르는 것을 밝혀내는 데 실제로 아리아드네의 실", 생명의 근본 현상을 해명해 줄 궁극적 실마리를 제공할 것이라고 결론짓는다.[79]

　요나스가 자유를 생명의 원리로 파악하는 데에는 그 자신의 고유한 생명 철학적 근본 의식이 깔려 있다. 그는 "생명체의 철학과 정신의 철학"을 모두 포함하는 생명철학이 필요함을 역설하면서 생명체와 정신적 현상은 깊게 결합되어 있다는 점을 논증하려고 한다. 달리 말하자면, 생명체는 그것이 가장 저차적인 형태라 할지라도 "정신적인 것"을 보여 주며, 정신적 현상을 매우 고차적

---

79) 한스 요나스, 『생명의 원리』(한정선 옮김, 아카넷, 2001), 21~22쪽.

방식으로 보여 주는 인간과 같은 이성적 존재 역시 궁극적으로는 "생명체의 일부분"이라는 사실을 넘어서지 못한다고 요나스는 역설한다.[80]

유가적인 생명 사상을 토대로 해 대동 민주주의의 자율성 이론이자 유가적 어짊에 대한 새로운 해석으로 제안된 돌봄의 자유론 혹은 생명 속 자유 개념은 오늘날 자본주의 사회에서 널리 퍼져 있는 인간관, 즉 개인주의적 인간관을 따르지 않는다. 개인주의적 인간관은 인간이 이기적인 욕망에 따라 행동하는 경제적 인간(호모 에코노미쿠스)의 형태로 나타나든, 선택의 자유를 지닌 소유 개인주의적 형태로 나타나든, 권리의 궁극적 담지자로서의 자율적인 개인주의의 형태로 나타나든, 그 근본적 성격에서 개인주의적이다. 이에 비해 돌봄의 자유론은 철저하게 사회적 자유론이나 관계적 자율성 관점을 수용하면서도 이를 생태적 상호의존성의 맥락으로 확장한다. 이 경우 우리의 길을 비춰 주는 실마리는 바로 성리학적 어짊의 개념, 즉 천지만물이 한 몸이라는 자각이야말로 인(仁)의 궁극적 경지라는 이론이다.

따라서 유가적 생명 사상은 자연과 인간 모두를 한갓 지배의 대상이자 다른 것으로 대체 가능한 부품으로 전락시켜 버리는 무시무시한 기술의 본질과 그에 연동해 있는 현대 자본주의적 과학기술문명의 세계를 극복하기 위해, 비유기체적인 자연과 생명 그리고 정신세계 사이의 상호의존성과 연속성에 대한 새로운 자각을 바탕으로 하는 사유를 모색하고자 한다. 물론 생태 위기를 극복할 철학적 대안은 응당 자유와 민주주의에 대한 발본적인 성찰도 동반하지 않으면 안 될 것이다. 기존의 개인의 자율성과 자유민주주의를 자유와 민주주의에 대한 최종적 답변으로 보는 태도를 넘어서서 자유와 민주주의에 대한 새로운 인식이 요구된다는 것이다.

---

80) 같은 책, 17쪽.

대동 민주주의와 돌봄의 자율성 이론에서 볼 때 자유와 민주주의에 대한 새로운 사유의 실마리는 인간 역시 상처받을 수 있는 생명체라는 점에 대한 자각이며 생명과 자유로운 정신세계 사이의 근본적 단절과 질적 전환을 강조하는 서구 근대의 인격과 물건의 이원론과의 작별이다. 물론 생태적 관심이 어떻게 민주주의와 잘 결합될 수 있는지를 이론적으로만이 아니라 실천적으로 보여주지 않는다면 21세기 민주주의의 미래는 무척 암울하다고 해도 지나치지 않을 것이다. 또한 민주주의를 생태적 사유의 틀로 재규정하는 작업은 오늘날의 민주주의의 한계를 넘어 민주주의에 새로운 생명력을 제공할 것이라고 믿는다.

그런데 이미 언급했듯이 생태 위기를 극복할 새로운 사유는 자연과 생명 너머에서 자유가 가능하리라는 관점을 통해서가 아니라, 오히려 자연과 생명에 대한 존중 속에서 비로소 자유가 꽃핀다는 관점을 통해서 가능할 것이다. 그렇다면 새로운 생태적 사유는 개인주의를 근간으로 하여 자유를 이해하는 태도를 넘어설 필요가 있다. 상호의존적 관계성을 구성 요소로 하지 않는, 관계성 밖에 존재하는 개인이 무엇인가를 선택할 수 있는 자유를 지닌 존재라는 관점은 허구에 불과하다. 그리하여 인간을 독립적이고 자율적인 이성적 개인으로 보는 인간관을 극복해야 한다. 그런 새로운 자유론은 비개인주의적, 그러니까 상호의존적 사태에 터를 둔 보편적인 돌봄 행위로서의 연대적 자유를 옹호할 것이다.

개인의 자유는 사회적 관계, 더 나아가 생태적 관계의 망 이전에 설정된 그 어떤 것일 수 없다. 자유로운 개인이 있은 다음에야 비로소 자유로운 타자와의 계약을 통해 협력해 갈 수 있다는 식의 개인주의적이고 자유주의적인 시각에서 본 자유관은 자유가 타자와의 관계 속에서 비로소 형성되고 발전할 수 있음을 망각한다는 점에서 치명적 오류를 보여 준다. 물론 타자와의 관계 자체가 저절로 관계 구성원 개개의 자유와 자발성 혹은 창조성을 보장하고 실현해 주는 것은 아니다. 관계 자체를 벗어난 유령적 자아는 자유의 관계성에 대한 그릇된 태도를 초래하는 협소하고 왜곡된 자유관을 양산한다는 점에서 비판받아야 하지만, 그렇다고 해서 모든 관계의 양식이 좋다는 결론이 도출될 수도 없다. 관계 속에서 모든 개인의 자발성과 창조성이 질식될 가능성을 보지 않으려는 태도 역시 옳지 못하다. 우리는 양극단을 피해야 한다.

여기에서 상호 돌봄과 배려를 통해 서로의 자기실현을 보장하고 북돋아주는 공동의 실천적 행위, 달리 말하자면 공동의 돌봄 행위로서의 민주적 자치가 개인의 자유 실현과 발전에 필수적 전제조건임을 알게 된다. 개인의 자유는 생태적이고 사회적인 관계를 서로의 민주적 공동 행위를 통해 성공적으로 형성하는 한에서만 실현될 수 있다. 그래서 대동 민주주의는 상호 돌봄 실천으로 재규정된 자유와 민주주의의 상호 연관성을 강조한다. 그러니까, 상호의존적 관계 바깥에 홀로 독립적으로 존재하는 개인을 설정하는 관점과는 달리, 상호의존적 관계의 잠재적 폭력성을 경계하면서도 인간과 비인간 생명체를 구성하는 상호의존적 관계의 맥락 속에서 자유는 새롭게 재규정되어야 한다. 그렇게 된다면 자유란 생명을 돌보고 보살피는 배려의 행위로 새롭게 규정될 수 있다는 것이 유가적 어짊을 현대적으로 재해석해 낸 돌봄의 자유론의 핵심 주장이다. 그런 돌봄의 자유가 실현된 대동 민주주의 사회란 분명 민주적인 공적 돌봄의 역량과 실천이 충분히 구현되는 사회일 것이다.

거듭 강조하지만, 유가의 어짊(仁) 이론은 생태적 사유의 모델을 제공하고 있다. 공자 이래 유가적인 인(仁)사상은 사람이나 동물 같은 모든 존재자에게 폭력과 해를 가하지 말라고 요청하는 잔인성의 금지 혹은 회피의 윤리학─정치학을 준비하고 있었다. 유가적인 인(仁)사상은 자연을 지배하면서도 해방과 자유가 실현될 수 있으리라 보는 태도와 작별을 고하고 상호의존성의 맥락에서 생명 속의 자유를 추구하도록 돕는다. 이런 생명 속의 자유란 결국 동고동락同苦同樂하는 삶의 공동 실천으로 이해되어야 할 것이다. 더불어 살아가는 연대적 행위이자 상호 돌봄의 행위야말로 생명 속의 자유의 핵심을 말해 주는 것이라고 보아야 한다.

이와 마찬가지로 민주주의 역시 생명 살림의 제도적 구현을 담당할 시민과 생명체의 상호의존적·연대적 공동 행위라는 측면에서 이해되어야 할 것이다. 간단하게 말해서 —비인간 동물은 물론이고 인간 역시 고통받고 상처받을 수 있는 생명체로서 상호의존성을 삶의 근본 조건으로 삼고 있다는 자각에서 출발하는— 생명에 대한 **따뜻한** 배려와 보살핌의 마음을 실마리로 삼아야만 민주주의와 자유에 대한 새로운 사유가 가능하고 또 민주주의에 대한 생태적 전환도 가능하리라는 것이 필자의 기본적인 문제의식이다.

# 제7장 2000년대 이래 주자학에 대한 역사적 연구의 조류*

## - 지성사 및 예학 연구를 중심으로

홍린

## 1. 머리말: 역사적 연구의 필요성

오늘날 한국에서 주자학을 연구한다는 것은 어떤 의미를 가질까? 외래 사상이었던 주자학은 500년 넘는 수용과 변용의 역사를 거치면서 토착사상으로 자리 잡았다. 주자학적 토대 위에서 조선의 유학자들이 품고 있던 철학적·정치적 문제들은 리기·심성론적 논의로 구성되고 표현되었다. 광복 이후 서양철학 및 현대 신유가의 영향 하에서 진행된 성리학 연구(주자학 연구를 포함한) 역시 리기·심성론을 중심으로 전개되어 왔다. 다만 연구의 문제는 달라졌다고 할 수 있다. 오늘날 성리학의 리기·심성론 연구는 서양철학의 형이상학, 존재론, 인식론의 틀에 맞추어 동아시아 전통에도 철학적 사유가 존재했음을 증명하고자 했던 현대 신유가의 노력의 연장선이라 할 수 있다. 특히 주자학 연구의

* 이 논문 또는 저서는 2021년 대한민국 교육부와 한국연구재단의 지원을 받아 수행된 연구임(NRF-2021S1A5C2A02089018)

본 논문은 성균관대 유교문화연구소 비판유학·현대경학 연구센터에서 개최한 학술회의 〈현대경학의 방법론적 모색 2〉(2023.2.10.)에서 발표하고 『대동철학』 제105집(2023. 12.31.)에 게재된 논문을 수정 보완한 것임.

경우 주희朱熹(1130~1200)가 사용한 개념과 명제의 의미 발굴 및 이들 간 관계를 분석하여, 서양철학의 틀 안에서[1] 재구성하는 방식은 여전히 주된 방법론으로 활용되고 있다.

철학이라는 분과학문에서 전통시대 지적 유산을 활용하여 이러한 작업을 수행하는 것은 당연한 일일 것이다. 다만 전통시대 사상가들의 개념과 명제를 형이상학과 인식론으로 구성함에 있어 그들의 의도와 맥락에 대한 이해가 충분하지 못하다면, 이러한 현대의 논의들은 전통시대 사상가들의 의도와 유리되거나 단장취의로 인해 오독하게 될 가능성이 높아진다. 이러한 불일치는 현대 학자들의 문제와 신유학의 사상가들의 문제가 다르기에 발생하는 것이다. 김영민은 모든 철학은 그 당시 상황 속에서 일정한 문제에 대한 답이었으며, 그 문제는 인간의 보편적 문제들이 당시 특수한 역사적 상황을 경유하여 표현되는 것이기에 그들의 문제를 이해하기 위해서는 역사적 연구가 불가결하다고 본다.[2] 우리가 전통사상 특히 주자학을 연구하는 것은 그들의 문제와 답이 오늘날 우리가 직면한 철학적 문제에 모종의 통찰을 제공해 줄 수 있기 때문일 것이다. 그러나 그들의 사상은 어디까지나 그들이 처한 맥락과 문제에 대한 답이었을 뿐 지금 우리가 고민하는 문제에 대한 답이 아니기에, 이러한 작업은 자칫 주자학의 특정 부분들을 발췌하고 편집하여, 그들의 사상적 맥락 및 의도에서 이탈한 철학 체계를 구성해 낼 위험이 있다.

이는 현재 주자학 개념 및 명제 분석 작업의 가치를 부정하는 것이 아니라 역사적 작업이 결합되었을 때 철학적 작업의 목적을 달성할 수 있음을 주장하는 것이다. 오늘날 우리의 철학적 문제를 해결하기 위해 전통사상에서 통찰을

---

1) 이찬, 「우리는 지금 어떻게 전통철학을 연구할 것인가?—미국 내 주자철학의 연구 현황과 전망」, 『동양철학』 제34집(한국동양철학회, 2010), 77~78쪽.
2) 김영민, 「한국철학사 방법론—한국철학사 연구와 인문학 교육」, 『오늘의 동양사상』 제12호(예문동양사상연구원, 2005), 219~226쪽.

구하는 이유는 전통과 현대를 관통하는 보편적 문제가 있기 때문이다. 따라서 과거의 사상가들과 오늘날 우리의 상황적 특수성을 넘어선 보편적 문제를 확인하는 작업이 진행되어야 하며, 이는 역사적 맥락을 배제하고 걸러 내는 것이 아니라 오히려 맥락에 대한 면밀한 관찰 속에서 그들의 의도, 목표, 난제, 현실과의 타협 방식 등을 파악함으로써 가능하다. 이러한 작업은 주희와 그의 후예들이 개념과 명제를 통해 제시했던 표면적인 의미뿐 아니라 이것들을 통해 표현했던 문제의식과 지향점을 확인할 수 있게 해 줄 것이라 기대할 수 있다.

논자는 주자학에 관한 철학적 작업과 병행되거나 최소한 배경이 되어야 하는 역사적 작업으로 지성사 연구와 예학 연구를 들고자 한다. 사실 주자학 연구 분야에서 지성사와 예학 연구는 역사적 연구라는 점을 제외하면 방법론과 동기 차원에서 거의 공통점을 찾을 수 없다고도 할 수 있다. 그럼에도 이들을 하나의 논문에서 다루는 이유는 이들이 각각 정주학의 "문제"와 "해법"에 주목하고 있기 때문이다. 거칠게 개괄하자면, 지성사 연구는 정주학의 문제의식과 담론이 형성되어 가는 정치·사회·문화적 맥락에 주목하며, 신유학의 담론과 이를 수행한 사대부들의 정신세계 간 연결 관계를 탐색한다. 예학 연구는 주희를 포함한 신유학자들의 예경 주석 및 이들이 찬술한 예서들을 연구 대상으로 하며, 주자학 이론의 실천적 전개 양상을 추적한다. 두 연구 방향이 상당히 이질적이지만 이들은 각각 주자학의 발생 맥락과 현실적 적용을 연구 대상으로 한다는 점에서 주자학의 문제와 답을 탐색하는 작업이라고 할 수 있다. 그리고 이러한 연구 성과가 바탕이 될 때 신유학 사상가들의 형이상학·인식론적 논의가 투철한 문제의식과 실천의지의 표현이었음이 드러날 수 있다.

중국의 북송오자와 주희 등 주요 성리학자와 이들의 경쟁자들, 조선에서 본격적인 성리학 담론을 개시한 퇴계와 고봉, 율곡에서 조선 후기의 실학자들과 한말의 위정척사파에 이르기까지, 철학적 연구의 대상이 되는 주요 학자들은 공히 자신이 속한 공동체의 지도자급 정치 사상가이면서 예제의 정비와 개혁을 주장했다. 이는 그들의 철학사상이 정치문화적 배경과 불가분의 관계 속에서 탄생했으며, 그러한 맥락 속에서 비롯된 문제의식과 이론적 고찰을 예제의 개혁을 통해 해결하고자 했음을 짐작할 수 있게 하는 대목이다.

이하 본문에서는 2000년 전후 이래 국내 주자학 관련 지성사 및 예학 분야 연구 성과를 소개할 것이다. 이를 통해 그동안 리기심성론 위주의 연구 경향으로 인해 주목받지 못했던 주자학의 전체 면모를 입체적으로 조망하려는 시도가 있음을 확인하고, 향후 주자학 연구의 방향성과 효용성을 고민하고자 한다.


## 2. 지성사적 연구의 필요성과 성과


주자학을 포함한 송명성리학의 연구가 리기심성론에 편중되어 있다는 문제의식은 어제오늘의 일이 아니다. 이러한 연구들의 암묵적 전제는 사상가들의 담론의 전개와 계승 과정을 그들의 정치·경제·문화적 조건과 분리해서 볼 수 있다는 것이다. 그러나 각 사상 주체들의 제반조건 및 이로부터 비롯되는 문제의식과 실천적 해결 방안과 유리된다면, 그 이론들의 의도를 추적하여 심층적 이해에 도달함에 있어 제약에 부딪힐 수밖에 없게 된다.

이러한 문제의식에서 영미권에서는 1960년대 이래 지성사적 방법이 제시되기 시작했다. 민병희는 지성사가 현실세계와 유리된 독립적 사상이나 관념의 실체가 존재한다는 것을 회의하며 그 사상 및 시대에 대한 "전체사全體史"를 지향한다고 소개하면서, 이것이 오히려 사상과 문화를 정치경제적 조건에 의한 필연적 결과로 보는 환원주의를 극복하려는 시도가 된다고 보았다. 송대 지성사 연구들은 사상가 개인의 사상보다는 그가 속한 집단이 공유한 정신문화를 강조하고, 사상가를 둘러싼 정치·사회·문화·경제적 배경을 종합적으로 분석하며, 정주학·육왕학 계보에서 소외된 학자들을 발굴하여 담론구조를 재건하는 방식으로 기존의 단선적이고 회고적인 철학사를 벗어나고자 시도했다.[3]

성리학에 대한 지성사적 접근으로 가장 대표적인 연구로 국내에 번역본으로도 소개된 피터 볼과 여영시의 저작이 있다. 볼은 당송변혁론에 기반하여 당대 귀족제 사회가 송대 사대부 사회를 이행해 가는 과정에서 "사士" 집단의 정체성 및 이들이 수행하는 학문의 변화를 송대 사회적 변화(예컨대 희박한 과거시험 합격률)와 결합해서 리를 내세운 도학 전통이 부상했던 배경을 고찰했다.[4] 여영시는 신유학의 연구 경향이 다소 협소한 철학적 주제에 한정되었음을 비판하며, 여러 문화적 맥락 중 정치문화에 집중한다. 정치문화는 정치적 조건뿐 아니라 그들의 학문까지 포함하는 의미로, 나아가 양자 간 불가분의 관계까지 함축하고 있다.[5] 이러한 정치문화사의 관점에서 여영시는 주희를 포함한 신유학 전통의 적대세력으로 간주되던 왕안석의 신학이 방법을 달리 했을 뿐 유가적 질서의 재수립과 내성외왕의 목표를 공유했으며, 주희 역시 왕안석의 포부와 이상을 긍정적으로 평가했음을 밝히기도 했다. 이들의 연구는 정주학이 발전되어 간 경로에 개입되었던 사회·경제·정치적 요소들을 폭넓게 분석함으로써, 송대 사회 전체의 지평 안에서 정주학의 양상을 고찰할 수 있도록 하였다.

주자학에 대한 국내 지성사 연구들 역시 이들과 동일한 문제의식을 공유하고 있다. 아래에서는 우선 정주학의 출현을 요청했던 사대부의 정체성을 통해 리기론적 논의의 동기를 분석한 국내 지성사 연구들을 검토하겠다.

민병희는 기존의 유가적 실천주의-도교적 형이상학의 결합으로 보던 관점

---

3) 민병희, 「1990년대 미국 송대 지성사 연구동향」, 『중국사연구』 제9집(중국학연구회, 2000), 193~199쪽.
4) Peter K. Bol 지음, 심의용 옮김, 『중국 지식인들과 정체성』(북스토리, 2008).
5) 余英時 지음, 이원석 옮김, 『주희의 역사세계』 上(글항아리, 2015), 29~31쪽.

에서 벗어나서 지성사적 관점에서 주희의 「태극도太極圖」 이해를 분석했다. 그는 「태극도」의 존재론적 이해에 기반한 "리일분수理一分殊" 해석에 주목하여, 이것을 중앙의 직접적이고 명시적인 개입 없이 개별적 존재(分殊)가 보편 원칙(理一)을 공유하면서 질서를 유지하는 방식으로 해석했다. 민병희는 이것이 당시 사대부들이 직면한 문제들의 양적 팽창과 관직 자리의 부족, 국가기구 규모의 지지부진한 확장 등으로 인해 지역화되어 있으면서도 천하지사天下之士로서의 정체성을 포기하지 않았던 사대부들의 참여 욕구를 반영하면서도 각자의 위치에 공공선과 질서를 추구할 수 있는 방식을 제시했다고 평가했다.[6] 주희의 「태극도」 해석에 실제로 이러한 의도가 반영되었는지에 대해서는 다소 의문이 남지만 주자학의 형이상적 구조의 보편−특수 및 생성의 문제를 사대부들의 정체성과 역할과 연결시킨 점은 흥미로운 시도였다고 볼 수 있다.

김영민 역시 '리理' 개념에 당시 도학자들의 정체성 차원의 요구가 반영되어 있다고 보았다. 남송대 엘리트들의 성격 변화를 설명하면서, 도학이 개인 도덕을 강조하는 것이 사회도덕이나 제도에 대한 외면이 아니라, 다만 제도, 문학, 사회적 도덕 등 모든 사안에서 개인 도덕을 전면에 내세웠던 것이라 설명한다. 즉 도학자들은 내면으로 침잠해 들어갔던 것이 아니라 개인의 갱신 가능성을 통해 세상에 대한 올바른 통치를 담당해 낼 수 있다고 보았던 것이다. 그럼에도 여전히 남는 개인 도덕과 사회 전체의 연결 문제는 바로 통일성 관념에 의해서 해소가 시도되었으며, 이를 대표하는 개념이 '리'라는 것이다.[7] 주희의 리 혹은 리기理氣와 관련된 논의를 다룬 대부분의 연구들이 이를 존재론적 층위에서 해명하거나 주희의 세계관과 관련지어 설명했던 것과 달리 김영민의 연구는

---

6) 민병희, 「朱熹에 있어서 形而上學과 經世의 관계—太極 개념과 太極圖의 해석을 중심으로」, 『역사문화연구』 제28집(한국외국어대학교 역사문화연구소, 2007), 67~100쪽.
7) 김영민, 『중국정치사상사』(사회평론아카데미, 2021), 401~426쪽.

리를 정치·문화적 정체성과 연결지었다는 점에서 희소성을 지닌다고 할 수 있다.

지성사 연구의 또 하나의 중요한 전제는 학문적 성과와 사회적 지위·정체성 간의 긴밀한 연결이다. 송재윤은 남송 유학자들[8]의 봉건담론과 이에 반영된 정치철학적 구상에 주목했으며, 이를 향촌사회 재건을 지향했던 지방 사대부의 공동체론으로 규정했다. 따라서 당시의 봉건론은 지방 엘리트로서의 사대부들의 위신과 직결될 수밖에 없었다는 것이다.[9]

비록 송대는 아니지만 김영민은 명청시기 지배층인 신사紳士에 대한 연구를 통해 정주학이 이들의 정체성 유지에 기여하는 방식을 연구했다. 그의 연구는 과거에 합격하지 못한 사들 즉 세족 출신도 아니고 관직에 진출하지도 못한 이들이 사로서의 정체성을 가지도록 하는 기제가 바로 성리학이라는 "학문"이라는 것에 초점을 맞추고 있다. 그래서 비록 이들의 활동 영역이 지방이고 지엽적인 업무를 담당했지만 여전히 성리학의 틀로 묶여 있으면서 자신들의 정체성과 활동이 보편적 이치의 실현에 기여하는 것으로 해석했기에 "활동은 지방적이되 의미는 지방에 국한되지 않는" 자세를 유지할 수 있었다고 본다. 그는 성리학의 존재가 비록 국가로부터의 종속과 영향력으로부터 자유로울 수는 없었지만, 신사들이 단순히 지방 엘리트로서 국가에 종속되어 지방 행정의 공백이나 메우는 이들로 볼 수 없도록 한다고 평가한다.[10]

이상의 연구들은 정주학과 이를 구축하고 신봉했던 사대부 계층의 정치·

---

8) 여기에는 주희도 포함된다. 송재윤은 주희가 자발적 사대부 중심의 향촌공동체가 전국적으로 확장하여 대통합을 이루어 내는 것으로 유가 경전의 봉건 이념을 재해석했다고 평가했다.(송재윤, 「經의 통치: 南宋代(1127-1279) 封建 논쟁」, 『공자학』 제48집, 한국공자학회, 2022, 272~274쪽)

9) 송재윤, 「經의 통치: 南宋代(1127-1279) 封建 논쟁」, 『공자학』 제48집, 255~291쪽.

10) 김영민, 「중국 후기 제국 시기 지배 엘리트의 정체성―사상사적 관점의 옹호」, 『아세아연구』 제56권 1호(고려대학교 아세아문제연구원, 2013), 119~153쪽.

문화적 입장 간 관계를 해명하는 실마리를 제공했다. 정주학을 주장하고 신봉했던 이들은 자신들의 학문이 "보편 학문" 혹은 보편 철학이라고 여겼겠지만, 이들의 학설이 사대부라는 계급적 특수성과 강력하게 결부되어 있음을 보여 주었다.

이처럼 학문은 특정한 목표(성인으로 대표되는 인격완성 혹은 과거급제)를 위한 수단일 뿐 아니라 사대부들의 정체성과 직결되는 문제였다. 이는 정주학에서 주장하는 학문의 목표인 "성인"에 대해서 새로운 설명의 가능성을 열어 준다. 정주학적 방법을 통해 성인이 되었다고 인정받는 이는 단 하나도 없기 때문에 이러한 목표를 설정하고 유지하는 이유는 해명이 필요한 부분이었다. 민병희는 주자학에서 학문이 지니는 의미를 결과(목표)보다 과정에 집중해서 분석했다. 지금까지 육왕의 진영에서는 주희의 격물치지공부와 주경공부가 지니는 문제점을 지적하며, 과연 이를 통해 성인이 된 사람이 누가 있는지 비판해 왔다. 민병희는 주희 역시 이 지점을 명확히 알고 있었으며, 주자학적 성학이 개인의 인격완성을 목표로 할 뿐만 아니라 성인이라는 동일한 목적을 지닌 사대부 집단이 이러한 학문을 통해 통치의 과정에 참여하도록 유도했다는 의미를 발굴했다.[11] 또한 그는 주희의 형이상학 구조가 단순히 기존의 질서와 규범을 옹호하기 위한 것이 아니라 그 자체가 곧 사회질서에 대한 논의라고 주장하면서, 『대학장구』를 통해 제시된 주희의 (격물공부 중심의) 학문 과정은 평생 관직 없이 지방에서 살아가야 하는 대다수의 사대부들이 전국적인 연결망 안에서 정치적 책임을 가지는 주체로서의 정체성을 보장한다고 평가했다.[12] 즉 주희의

---

11) Min Byounghee, "The Paradox of Learning to become a Sage: Zhu Xi's 朱熹 Reintegration of Sagehood and Governing the World", 『儒敎文化硏究』(中文版) 제23호(유교문화연구소, 2015), 53~75쪽.

12) 민병희, 「주희의 "대학"과 사대부의 사회·정치적 권력: 제도에서 심의 "학"으로」, 『중국사연구』 제55집(중국사학회, 2008), 77~108쪽.

학습 과정에 참여하는 것이 곧 사회와 정치에 참여하는 과정이라는 것이다.

주자학 관련 송대 지성사 연구에서 주목하는 것은 정주학의 발생 배경과 맥락이다. 지성사 연구들은 정주학의 구체적 내용까지 모두 그러한 배경과 맥락으로 환원된다고 보지는 않지만, 역사적 실재로서의 정주학의 담론과 구상을 역사적 맥락에서 복원하고자 시도한다. 비록 다수의 연구자들이 활발하게 연구 활동을 보이는 분야는 아니지만, 리기심성론에 집중된 주자학 연구들이 간과했던 부분을 조명하고 오해를 교정하는 역할을 담당하고 있다. 가장 대표적인 사례로 주자학의 리기론과 리일분수가 황제 중심의 수직적 신분질서를 정당화했다는 관점이 있다. 김영민의 지적처럼 이러한 관점은 나이토 고난을 포함해 송대 이래 중국의 왕조들을 전제주의적으로 이해하는 여러 연구에 근거한 것이다.[13] 후기 제국들에서 국가 이념으로 채택된 정주학이 전제주의에 복무할 것이라는 추론이 불가능한 것은 아니다. 그러나 선진시기 유학과 한 무제 이래 국교화된 유학의 성격을 구분해야 하듯 정주학이 처음 발생하여 사대부들의 지지를 얻어 가다가 현재 전해지는 형태로 자리 잡는 과정과 이후 관학으로 체제 강화에 복무하기 위해 작용하는 양상은 구분되어야 할 것이다.

이처럼 지성사 연구는 현재 진행되고 있는 다수의 주자학 연구들이 간과하고 있는 "누가 왜(무슨 문제로 인해, 무엇을 하기 위해)"라는 문제를 돌아볼 기회를 제공하고 있다는 점에서 국내에서도 활발한 연구가 요청된다. 지성사 연구 역시 철학적 논의에 기여하기 위해서는 사대부들의 정치·문화적 배경과 정주학의 철학적 논의들 간의 인과적 관계를 논증하는 것에 더욱 집중할 필요가 있다고 본다. 이는 지성사 연구 본연의 취지와도 긴밀하게 연결되는 문제라고 할 수 있다. 어떤 정치·문화적인 맥락이 어째서 하필 그러한 사상(본고에서는

---

13) 김영민, 「중국 후기 제국 시기 지배 엘리트의 정체성─사상사적 관점의 옹호」, 124~125쪽.

주로 정주학)의 발생으로 연결될 수밖에 없었는지 설명을 제시하는 것은 매우 난해한 일이기 때문이다. 이러한 고민에도 불구하고 지성사 연구들은 주자학을 포함한 송명성리학 담론이 위치한 특수한 맥락을 해명함으로써 철학적 논의의 실증적 토대를 확보해 주고 있음은 분명하다.

## 3. 예학 연구의 필요성과 성과

풍우란 이래 철학 분과에서 주자학 연구는 주로 존재론(리기론), 심성론, 공부론의 범주를 기본 틀로 하여 이루어졌다. 예학은 실천과 직결된다는 점에서 넓은 의미의 공부론에 포함되기는 하지만, 주자학 공부론 연구가 예학적 연구(예서 및 그 주해서에 대한 연구)의 토대 위에서 진행되어야 한다는 인식이 넓게 공유되고 있지는 않다.[14] 만약 주자 공부론 연구의 주제들 가령 존덕성과 도문학이 예서에 대한 주해나 의례 규범들과 무관한 것이라고 한다면 이러한 연구 관행이 문제되지 않을 것이다. 그러나 예학에 대한 몰이해는 공부론에 대한 이해의 측면에서 근본적인 문제를 야기할 수 있다.

주자학의 공부 목표와 공부 방법의 측면에서 말하자면 공부 목표는 "성인"이고, 공부 방법은 존덕성과 도문학이다. 성인은 도덕인식과 도덕실천이 완비된 인간형을 가리킨다. 즉 모든 상황에서 무엇이 옳은지 정확히 인식하고 그 아는 바대로 실천하는 인간이다. 게다가 주희는 "예는 천리가 문식에 절실하게

---

14) 이러한 의미에서 예학은 전형적인 "서구 근대 철학적 시야에 포착되지 않는 전통적이면서 유학적인 고민들"에 해당한다고 할 수 있다.(강경현, 「한국 주자학 연구의 두 시선—철학자 주희 혹은 유학자 주희」, 『한국학연구』 제49집, 인하대학교 한국학연구소, 2018, 11~40쪽)

들어맞은 것이다"15)라고 정의하여 보편원칙으로서의 리와 인간사회의 세부적 행위 규범 간 일관적 관계를 주장했다. 실천은 결국 천리지절문인 예에 부합하는 실천일 것이고, 이 실천의 근거가 되는 도덕인식은 그 상황에서 적절한 예에 대한 인식이 된다. 그렇다면 일반적으로 도덕인식능력을 완성시키는 공부로 여겨지는 도문학(격물치지)의 대상은 그 상황에 적절한 예(분수지리)에 대한 앎이 되고, 도덕실천능력을 연마하는 실천공부로 여겨지는 존덕성은 그 인식한 예를 실천에 옮기는 공부가 된다. 이처럼 공부론의 핵심축인 방법과 목표는 예와 불가분의 관계에 놓일 수밖에 없다.

　예학에 대한 배경지식 없이도 공부론의 구조와 형식에 대한 담론을 진행할 수는 있겠지만, 예학에 대한 이해 결핍은 결국 공부론 내용에 대한 심층적 이해에 도달하거나, 혹은 구조와 형식 측면에서 (내용의 문제에서 연원하여) 발생하는 이론적 충돌을 해결하는 것에는 취약할 수밖에 없다. 유권종은 예학 연구가 예설과 유학 전체와 맺는 관련성을 고찰하여 유교적 인격체 형성에 관련되는 원리와 방법 즉 공부론 연구로 나아가야 함을 주장하며, 퇴계 예학을 자기형성과 자기생산의 동태적 관점에서 조망했다.16) 한재훈은 퇴계 예학사상에 대한 연구에서 예의 실천적 수행에서 퇴계가 주목한 것은 "수기안인(修己安人)"이며, 주경공부의 목표인 심의 주재성 확립이 공허한 구호에 그치지 않으려면 예를 준거로 하는 실천적 수행이 반드시 필요하다고 보았다.17) 이들의 연구는 공히 주자학의 공부론과 그 구체적 실천 방법으로서의 예학이 불가분의 관계임을 강조했다.

　이는 퇴계학뿐 아니라 주자학 연구에도 동일하게 적용되는 관점이다. 주자

---

15) 『論語集注』, 「學而」, "禮者, 天理之節文; 人事之儀則也."
16) 유권종, 「퇴계예학 연구의 과제와 전망」, 『퇴계학보』 제109집(퇴계학연구원, 2001).
17) 한재훈, 「퇴계 예학사상 연구」(고려대학교 박사학위 논문, 2011), 105~118쪽.

철학의 궁극적 목표인 도덕적 사대부들에 의해 통치되는 사회는 결국 제 관계망 속에서 사대부들의 규범 및 의례 실천을 통해서만 실현될 수 있으므로, 주희가 제정한 규범 및 의례는 그가 구상한 완성된 인간상과 그들로 구성된 사회상을 제시한다고 볼 수 있다.

주희의 실천적 구상은『주자어류』나『주자대전』에서도 산발적으로 확인되지만, 지위와 상황에 대한 행위 세칙을 체계적으로 정리한 저서로는『가례家禮』와『의례경전통해儀禮經傳通解』를 들 수 있다. 아래에서는 두 저술을 중심으로 주자학적 예학의 취지와 성격, 조선으로의 전개에 관한 국내 연구들을 소개하겠다.[18]

### 1)『가례』연구

『주자가례』로도 불리는『가례』는 주희가 북송 유학자 사마광司馬光의『서의書儀』를 바탕으로 하되 번잡하고 광범위한 체계를 간소화하고, 정이程頤의 예설을 일부 수용한 저술이다.[19] 정경희는『가례』가 초기 주자 예학을 대표한다고 주장하면서, 정이 예학의 의리론적 성격을 지니고는 있지만 대체적으로 시의적 실용성을 대폭 수용했다고 주장했다.[20] 장동우는『가례』가 성리학과 경학적 토대 위에서 고례를 체계적으로 집성한『의례경전통해』와 달리 불교와 도교의

---

18) 다만 현실에서 통용되는 예법의 지침서의 측면이 강한『가례』와 달리『의례경전통해』는 고례에 대한 고증에 집중했다. 이러한 성격적 차이로 인해『가례』연구는 주로 전승과 보급, 응용에 초점이 맞추어진 반면,『통해』에 대한 연구는『통해』자체의 구성과 내용에 초점을 맞추고 있음을 미리 밝혀 둔다.

19)『서의』와『주자가례』의 내용적 비교에 관한 연구로는 김현수의「사마광의『書儀』,「冠儀」연구—『儀禮』·『주자가례』와 비교를 중심으로」(『율곡학연구』제31집 율곡학회, 2015)가 있다.

20) 정경희,「주자예학의 형성과『가례』」,『한국사론』제39집(서울대학교 국사학과, 1998).

의례를 대체한 현실적으로 시행 가능한 예제의 수립이라는 사회적 요구에 부응한, 다소 불완전한 저작일 가능성이 있다고 본다.[21] 정현정 역시 『가례』가 형식적으로 『서의』의 축소판인 것은 부정할 수 없다고 본다. 다만 이 저술 자체는 엄격하고 강력한 이념적 지향을 지니고 있으며, 간결한 형식과 시의성에 대한 인정 등은 오히려 여러 현실적 난점을 극복하고 종법宗法으로 대표되는 이념을 관철시키기 위한 것이라고 설명한다.[22] 실제로 관·혼·상·제를 사당과 종자 중심으로 설계하고 사대봉사를 주장한 『가례』의 구상은 이후 동아시아 소종 중심의 종법질서 구축과 강화에 결정적인 영향을 미쳤다.[23]

『가례』의 성격과 파급력을 다루기 전에 반드시 고려해야 할 것은 『가례』가 정말 주희의 저작인지의 문제이다. 『가례』와 주자학 전체 체계의 관계, 『가례』와 『의례경전통해』의 관계 등을 해명함에 있어 가장 먼저 해명되어야 하는 문제이다. 주희의 제자 이방자는 『가례』가 주희가 40대 초반 모친을 여읜 일을 계기로 지은 책이며, 이후 도둑맞았다가 주희 사후에 다시 세상에 나타났다고 주장했지만,[24] 여러 반론들이 제기되었으며 여전히 명료한 결론에 도출되지 못한 상태이다.[25] 이 문제에 관해 한국의 연구자들은 대체로 친작설을 지지한다. 정경희는 주자학의 의리론이 확립되어 가는 여정과 『가례』에서 『의례경전통해』로 이어지는 주희 예학의 발전 과정의 동질성에 근거하여 『가례』가 주희

---

21) 장동우, 「주희 예학에서 주자가례의 위상과 기획 의도」, 『정신문화연구』(현 한국학) 제23집 3호(한국정신문화연구원[한국학중앙연구원], 2000).

22) 정현정, 「주자 예학의 구조와 전개」(연세대학교 박사학위 논문, 2012), 156~164쪽.

23) 박례경, 「『주자가례』 속의 인간과 사회—새로운 종법 이해와 재구성의 고례적 맥락에 대한 성찰」, 『국학연구』 제16집(한국국학진흥원, 2010).

24) 『家禮』, 「付錄」, "李方子曰: 乾道五年九月, 先生丁母祝令人憂, 居喪盡禮, 參酌古今, 因成喪葬祭禮, 又推之於冠昏, 共爲一編, 命曰家禮."

25) 『四庫全書總目提要』 제22권에서는 원대 武林 應氏와 王懋竑 등의 주장을 인용하여 위작설에 무게를 싣고 있다. 정현정은 이들의 위작설과 더불어 夏炘(1789~1871), 현대학자 束景南의 반론을 상세히 소개했다.(「주자 예학의 구조와 전개」, 139~142쪽)

40대 초반에 저술되었다고 주장했다.26) 임민혁과 정현정은 보다 조심스러운 태도를 취했다. 임민혁은 이미 주자학의 계승자들로부터 주희의 친작이라는 믿음을 얻음으로써 권위를 획득하겠다고 평가했으며27) 정현정은 『가례』가 이상적 삶의 모습을 집안 단위의 일상 안에서 구현하고자 했던 주희의 실천적 목표와 일치한다는 점에서 의미를 부여했다. 이상의 논의들을 종합해 볼 때, 친작 여부와 상관없이 『가례』의 취지와 내용이 주자의 철학적 논의 및 『의례경전통해』로 대표되는 여타 예학적 작업과 큰 충돌이 없음을 확인할 수 있다.

『가례』의 주희 친작 위작 여부가 불명확하게 남아 있는 것과 별개로, 흔히 주자학의 시대라고 불리는 명청 왕조와 조선에서 『가례』가 막대한 영향을 끼쳤다는 것은 분명한 사실이다. "주자학의 시대"에는 주자학이 관학이 되어 과거시험의 유일한 기준이 되었다는 것 외에도 주자학적 행위규범 체계가 사회적 표준이 되었다는 의미를 함축한다. 후자의 의미에서 보았을 때 주희 예학의 핵심적 저술인 『가례』의 보급과 확산 정도는 주자학이 그 사회에 얼마나 뿌리내렸는지 가늠하는 척도가 될 수 있다. 양지강楊志剛에 따르면 명의 건국과 동시에 국가 차원에서 『가례』를 받아들여 사당제도와 관·혼·상·제례를 정비했으며, 시간이 흐르고 『가례』가 공간적으로 확장되어 감에 따라 『가례』를 현실에 맞게 적용하고자 하는 다양한 서적들이 출현했다. 아울러 그는 지방지에 대한 조사를 통해 민간 차원에서도 의례행위를 제정 및 조정함에 있어 지속적으로 『가례』를 참고했음을 보여 주었다.28)

『가례』를 현실에 적용하려는 노력 중 대표적인 것으로 구준丘濬(1420~1495)의 『가례의절家禮儀節』이 있다. 『가례의절』은 『의례』와 『예기』에 근거한 고증을

---

26) 정경희, 「주자예학의 형성과 『가례』」, 『한국사론』 제39집, 64~75쪽.

27) 주희 지음, 임민혁 옮김, 『주자가례, 유교공동체를 향한 주희의 설계』(1999), 11~13쪽.

28) 양지강, 「중국 명·청대 『주자가례』의 보급과 정착 과정」, 『국학연구』 제16집(한국국학진흥원, 2010).

통해 『가례』의 전통적 체제를 해체 및 재구성했는데, 장동우는 『가례의절』의 목적이 주희와 구준의 400년의 시간적 간극을 메우고 행례상의 편의를 염두에 둔 시속화라고 보았다.[29] 정현정은 『가례』를 실행하기 쉽게 간소화했다는 구준의 주장을 액면 그대로 받아들일 경우 오해가 발생할 수 있음을 지적했다. 그는 『가례의절』이 『가례』의 불합리하고 의심스러운 부분들을 과감하게 비판하고, 『가례』만으로는 현실적으로 완정한 의례를 구성하기에 불충분하다는 문제의식 하에 예를 행할 때의 절차 및 각종 상황에 대응할 지침 등을 총괄적으로 제시하고 있다고 『가례의절』의 특징을 규정했다.[30]

조선이 성리학을 국가 이념으로 하여 건국되었다는 것은 주지의 사실이지만, 건국 이후로도 오랜 기간 동안 조선은 불교적 색채를 유지했다. 그동안 철학 분과에서 조선성리학과 관련하여 최초로 주목하는 지점은 퇴계와 고봉의 사칠리기논쟁이며, 조선 전기는 "주자학에 대한 이해가 성숙되는 시기" 정도로만 설명을 하고 있다. 이는 리기·심성론의 개념과 명제들을 쟁점으로 한 논의가 개시된 시점을 기준으로 한 관점이라고 할 수 있다. 그렇다면 "주자학에 대한 이해"는 단지 리기·심성론에 대한 이해를 의미하게 되는데, 이는 조선유학의 전개 양상에 대한 지나치게 피상적인 이해이다. 논자는 그 간극을 메우는 것이 바로 주자 예학의 전개와 내재화라고 생각한다. 즉 주자학적 행례문화의 수행 및 이를 통해 의식 전반에 성리학적 가치관이 스며듦으로써 이후 성리논쟁을 가능하게 하는 토대가 형성되는 시기로 보아야 할 것이다.

이 과정은 『가례』의 전파 및 해석과 무관할 수 없다. 장동우는 『가례』가 조선으로 전파되는 과정을 판본을 중심으로 분석했다. 『가례』는 14세기 초

---

29) 장동우, 「『주자가례』의 수용과 보급 과정—東傳 版本 문제를 중심으로」, 『국학연구』 제16집(한국국학진흥원, 2010), 193~198쪽.
30) 정현정, 「丘濬 『家禮儀節』의 『家禮』 재구성에 대한 고찰」, 『대동문화연구』 제78집(대동문화연구원, 2012).

고려 말에 이미 본격적으로 전파되기 시작했으나, 초기에는 국가에서 가묘를 설치하라는 명령이 제대로 시행되지 않는 등 한동안 민간에서의 영향력은 미미했다. 그러다가 15세기 초 주자성서본과 성리대전본『가례』가 전래되어 판각되면서 확산되기 시작했다. 그 후 1550년대 말 하서河西 김인후金麟厚(1510~1560)의 『가례고오家禮考誤』를 시작으로 주석 작업이 활발히 전개된다. 이들은『가례의절』처럼『가례』의 체제 자체를 재구성하지는 않았지만, 문제의식을 계승하여 『가례』를 보완하고 고례와 시례 사이에서 모종의 적정점을 찾으려는 주석 작업이 전개되었다.[31)]

또한 장동우는 16세기에서 19세기 후반에 이르는 기간 동안『가례』주석서 편찬 양상의 변화에 대한 분석을 통해 그 동기를 추적했다. 그에 따르면 15~16세기 주석서들의 경우 예의 구체적인 수행(行禮)의 매뉴얼을 만들려는 시도와 변칙적 적용(變禮)들이 문답이나 고례에 근거한 고증考證을 통해 개진되었고, 17세기 주석서들에서는『가례』에 대한 심층적 이해와 지방으로의 확산 및『가례』에 등장하지 않는 변례들에 대해서도『가례』의 관점에서 고려하는 시도들이 나타났으며, 18세기에는 영남 및 기호학파를 넘어선 변례에 대한 관심을 토대로 이전 주석서들의 집대성하고 절요본을 내거나 독립적 예서를 편찬하는 방식으로 나아갔다.[32)] 이른바 조선의 주자학화가 리기심성론에 대한 이해의 심화보다는 주자학적 가치관 및 행위규범의 내재화라고 한다면,『가례』주석서의 발전 양상(『가례』적용에 대한 고민 → 보다 넓은 범위에의 적용 → 집대성)은 조선의 주자학 심화 과정과 일치된 모습을 보인다고 할 수 있다.[33)]

---

31) 장동우,「『주자가례』의 수용과 보급 과정─東傳 판본 문제를 중심으로」,『국학연구』 제16집, 183~206쪽.

32) 장동우,「『家禮』註釋書를 통해 본 朝鮮 禮學의 進展過程」,『동양철학』제34집(한국동양 철학회, 2010).

33) 이 밖에도 장동우는「조선시대『家禮』연구의 진전 과정」(『태동고전연구』제31집, 태

고례는 성인이 제정했다는 권위를 바탕으로 보편성을 주장하지만 시대의 변화와 지역의 확장은 고례의 적용이 불가능하게 했다. 따라서 조선과 중국을 막론하고 예학에서 항상 쟁점이 되는 것은 고례와 시례時禮·변례 간의 긴장이었다. 이는 『가례』의 성립에서부터 존재했던 고민으로, 『가례』의 편찬 목적 자체가 번잡하고 현실에 적용하기 어려운 『서의』를 간소화하는 것이었다. 그러나 상대적으로 현실성을 주장하는 시례와 변례는 원칙으로서의 고례에서 이탈하여 편의를 추구한다는 혐의에서 자유롭기가 힘들었다.

이는 시속과 시례를 중시한 퇴계의 예학을 기본적으로 속례라고 보는 관점에도 담긴 비판이다.[34] 이에 대해 한재훈은 퇴계가 속례를 무분별하게 인정한 것이 아니라고 반박했다. 그에 따르면 퇴계는 예의禮意와 관련해서 개별 의례 행위의 취지뿐 아니라 각 의례 간 유기적 연결 관계를 종합적으로 고찰했으며, 나아가 주자학적 의리관에 근거한 새로운 해석을 부여했다. 아울러 변례와 속례에 대해서도 주자학적 의리관을 기준으로 고찰했다. 그래서 퇴계는 정情에 근거한 후한 속례에 대해서는 긍정하면서도, 과도한 경향을 나타낼 수밖에 없다는 점에서 속례에 대해 기본적으로 비판적 태도를 취했다.[35] 즉 과례와 시례의 긴장 속에서 주자학적 의리관을 기준으로 균형점을 잡아 갔다는 분석이다. 이봉규 역시 퇴계의 『가례』 연구가 고례의 『예기』와 『의례경전통해』 등

---

동고전연구소, 2010, 209~255쪽)에서 16세기에서 20세기에 이르는 기간 동안 조선에서 간행된 『家禮』 연구들을 목적(행례, 주석, 변례), 학파별, 성향 별로 분류했다.

34) 정경희, 「16세기 중반 士林의 禮學」, 『한국사연구』 제110호(한국사연구회, 2000), 119~148쪽. 정경희는 이 논문에서 퇴계 예학이 『가례』에 치중되었고, 『의례경전통해』 등 여타 예서에 대한 그의 이해 수준에 의문을 표했다.

35) 한재훈, 「퇴계 예학사상 연구」, 141~162쪽. 아울러 한재훈은 퇴계가 廬墓, 墓祭의 문제를 논한 대목들을 다루면서, 體魄과 神魂 중 무엇을 중시할 것인지의 문제는 결국 예의 실행에 있어 감정과 의리 중 무엇을 우선할 것인지의 문제였으며, 퇴계는 의리를 중시하는 입장에서 神魂에 따른 조정이 필요하다고 주장했음을 밝혔다.(「퇴계 예학사상 연구」, 163~208쪽)

고례와 관련된 경전과 『가례의절』, 『가례집람보주家禮集覽補註』 등 시제와 관련된 연구들을 종합적으로 고찰했으며, 그가 선집한 『주자서절요朱子書節要』도 위학僞學과 관련된 의미뿐 아니라 『가례』를 보완하는 예서의 성격을 띤다고 보았다.[36)]

　　지금까지 『가례』의 구성, 친작 여부, 해석 및 전파 과정에 관한 대표성 있는 연구들을 살펴보았다. 『가례』는 기본적으로 일상생활에서의 의례실천을 다룬 지침서의 형식을 가지고 있지만, 보편적 도덕원칙으로서의 리가 구체적 상황 속에서 보편적 이치를 구현하는 의례행위를 통해 이루어질 수밖에 없다는 주자학적 관점을 담고 있다. 따라서 『가례』의 기획 의도는 성인이라는 성리학의 목표 및 "어떻게 살아야 옳은가"의 문제의식과 불가분의 관계였고, 『가례』 전승 및 주석의 과정은 각자의 시대적 상황과 문제의식의 투영을 거쳐 주자학적 가치와 이상을 현실에 실현하려는 노력을 반영한다고 볼 수 있다.

　　특히 조선사회에서 『가례』의 영향력은 절대적이었고, 이에 본 절에서는 『가례』의 구체적 내용에 관한 연구보다 조선조 『가례』의 영향력을 엿볼 수 있는 연구들을 집중적으로 소개했다. 『가례』주석서의 활발한 출간은 주자학을 현실에 적용하고자 하는 대대적인 노력을 반영한 것이라 할 수 있다. 향후 『가례』주석서들에 대한 연구는 조선의 주자철학 이해 및 현실 적용의 구체적 양상을 제시해 줄 것으로 기대된다.

　2) 『의례경전통해』 연구

　『가례』가 가족 관계 내에서의 일상적 실천과 관련된 의례행위를 규정했다

---

36) 이봉규, 「이황의 『가례』 연구와 전승」, 『퇴계학보』 제147집(퇴계학연구원, 2020), 5~48쪽.

면『의례경전통해』는 국가통치와 관련된 부분까지 확대된 영역을 다루고 있다. 『의례경전통해』의 근간은『의례』17편이다. 주희는 삼례三禮 중『의례』를 가장 중시했다. 이는 그가 왕안석의 과거시험 개혁의 대체적인 방향에는 동의하면서도『예기』만 중시하고『의례』를 배제했다는 이유로 강력히 비판했던 것에서도 확인될 수 있다.37) 주희는 기본적으로『의례』가 경문에 해당하고『예기』가 부차적이고 말단적인 전문에 해당한다고 보고서38) 이들을 통합한 체제를 구축했는데, 이것이 바로『의례경전통해』의 구상이다.『의례경전통해』는 7항목 66권으로 구성되어 있는데, 그 중 가례家禮 5권, 향례鄕禮 3권, 학례學禮 11권, 방국례邦國禮 4권 도합 23권은 주희 자신이 직접 완성한 것이고, 왕조례王朝禮 14권은 직접 탈고하지는 못한 것이었다. 제례 16권과 상례 13권은 주희 사망 후 제자인 황간黃幹과 양복楊復이 완성했다.

　『가례』의 내용과 의의 및 조선에서의 영향에 대한 연구가 상당히 진척된 것과 달리『의례경전통해』에 대한 국내 연구는 활발히 진행되지 못했다. 그 중에서 정현정은『의례경전통해』의 편찬 의도, 여조겸 등 학자들과의 토론 과정, 목차와 구성, 편찬 과정 및 이 과정에서 참고한 경전 등에 대해 비교적 상세한 논의를 진행했다. 정현정에 따르면 주희는『의례경전통해』를 통해 삼례를 포함한 여러 경전을 체계적으로 집성해서 이상적인 세계에 대한 구체적인 설계와 실천 지침을 만들고자 시도했다.39) 송재윤은『의례경전통해』의 궁극적

---

37) 『朱子大全』, 卷14, 「乞修三禮箚子」, "熙寧以來. 王安石變亂舊制, 廢罷儀禮, 而獨存禮記之科, 棄經任傳, 遺本宗末."『의례』는 각종 의례행위 상황에서의 고례의 세부적인 규칙과 기물을 정의한 반면『예기』는 원칙 및 형이상적 논의들을 다루는 측면이 있다. 전자를 근본으로 후자를 말단으로 규정한 것은 추상적인 이론적 논의보다 일상적 실천을 강조하는 실천 중시 경향을 보여 준다고 할 수 있다.

38) 『朱子語類』, 卷83, "曰: '禮非全書, 而禮記尤雜. 今合取儀禮爲正, 然後取禮記諸書之說以類相從, 更取諸儒剖擊之說各附其下, 庶便搜閱.' 又曰: '前此三禮同爲一經, 故有三禮學究. 王介甫廢了儀禮, 取禮記, 某以此知其無識.'"

39) 정현정, 「주자 예학의 구조와 전개」, 106~136쪽.

인 목표가 자율적인 도덕실천 공동체의 건설에 있으며, 예학의 정비는 이러한 공동체의 구성원들인 사대부들을 훈련시키는 프로그램을 구성하기 위한 것이라고 주장했다. 그는 『의례경전통해』의 내용에 대한 분석만으로는 그 편찬 의도를 알기 어려우며, 주희가 『가례』, 『소학』 등을 편찬한 의도를 종합적으로 고려했을 때 "일상 실천을 위한 긴요한 예서의 편찬"이라는 목적이 확인될 수 있다고 강조했다.[40]

　　정경희는 『가례』와의 비교를 통해 『의례경전통해』의 특징을 정리했다. 그는 의리론에 따라 시례를 강조했던 『가례』와 달리 『의례경전통해』는 고례를 대폭 수용하여 양자를 종합했으며, 사례를 중심으로 왕례를 포섭했던 『가례』와 달리 『의례경전통해』는 사례와 왕례의 관계를 종합적으로 고려한 보수적 성향이 드러난다고 보았다. 즉 시례와 사례 중심의 『가례』에서 고례와 왕례 및 한당대 훈고와 주소까지 포섭하는 예학 체계로 발전되어 나갔다는 것이다.[41] 주희가 현전하는 『의례』가 사례 위주이고 제후례(방국례)와 왕례와 관련된 내용이 부족한 것을 탄식하면서도 제후례와 왕례가 사례에 기반을 두고 있음을 추측하고 있다는 점은[42] 이러한 관점을 지지해 준다.

　　『의례경전통해』의 구성과 관련하여 박미라는 주희가 기본적으로 작은 범위에서 의례행위를 익히고 보다 넓은 범위로 확장하는 구조를 지녔다고 보았다는 점에서는 위의 설과 동일하지만, 주희가 고례를 강조하는 것은 어디까지나

---

40) 송재윤, 「가족, 의례, 선정― 주희(1130~1200) 예학의 형성과정」, 『국학연구』 제16집 (한국국학진흥원, 2010), 73~104쪽.

41) 정경희, 「주자예학의 변화와 『儀禮經傳通解』」, 『진단학보』 제86집(진단학회, 1998), 209~245쪽.

42) 『朱子語類』, 卷85, "今儀禮多是士禮, 天子諸侯喪祭之禮皆不存, 其中不過有些小朝聘燕饗之禮. 自漢以來, 凡天子之禮, 皆是將士禮來增加爲之. 河間獻王所得禮五十六篇, 卻有天子諸侯之禮, 故班固謂‘愈於推士禮以爲天子諸侯之禮者'. 班固作漢書時, 此禮猶在, 不知何代何年失了. 可惜! 可惜!"

시례를 제정하는 기준(源流)으로서의 의미이지 여전히 시례를 중시하는 의리적 입장을 견지하고 있다고 보았다는 점에서는 차이를 보였다.[43] 아울러 박미라는 『의례경전통해』의 구성이 기존의 고례와 비교했을 때 상당히 이질적이며, 특히 학례의 경우 가문과 향촌이라는 연고와 분리되어 사대부의 교학적이고 독자적인 공동체를 통해 유교질서를 구현하는 새로운 단위를 위한 의례 체제를 형성했다고 평가했다.[44] 그럼에도 『가례』가 다소 행례에, 『의례경전통해』가 고례에 초점을 맞추어져 있다는 점에는 큰 이견이 없어 보인다. 장동우는 『가례』의 시속적인 것에 대해서는 일일이 주를 달아 고례가 아님을 밝혀야 한다는 입장과 『가례』는 통용되는 것이고 『의례』는 그 상세한 내용을 갖춘 것이라 병행하는 것이 가능하다는 입장을 나란히 소개하면서 두 예서 및 이로 대변되는 시례와 고례에 대한 조선 유자들의 긴장 관계를 설명했다.[45]

『가례』와 비교했을 때 조선에서 『의례경전통해』의 간행과 주석은 상당히 늦은 시기에 매우 드물게 이루어졌다. 최경훈에 따르면 1412년 『의례경전통해』에 따른 제례의식이 등장하는 것으로 보아 조선 초에 전래된 것은 확실하지만, 정식 간행 및 보급은 1570년에 이르러서야 시작된 것으로 보인다. 또한 주석서 역시 한원진韓元震(1682~1751)의 『의례경전통해보儀禮經傳通解補』(1805년 간행) 한 편에 불과하다.[46] 이로 인해 조선시대 『의례경전통해』에 관한 국내의 예학 연구 역시 사실상 전무한 실정이다. 중국에서 『의례경전통해』와 『가례』가 간행된

---

43) 박미라, 「『儀禮經傳通解』에 나타난 주자의 예학사상」, 『종교와 문화』 제3집(서울대학교 종교문제연구소, 1997), 217~240쪽.
44) 박미라, 「『儀禮經傳通解』에 나타난 주자의 예학사상」, 『종교와 문화』 제3집, 231쪽.
45) 장동우, 「『주자가례』의 수용과 보급 과정—東傳 판본 문제를 중심으로」, 『국학연구』 제16집, 197쪽.
46) 최경훈, 「조선시대 간행의 주자저술과 주석서의 편찬」(경북대학교 석사논문, 2009), 27~28 · 81쪽. 한재훈은 1567년 11월 고봉 기대승이 경연에서 『의례경전통해』의 간행과 반포를 주청했다는 기록을 제시했다.(「퇴계 예학사상 연구」, 123쪽)

연도가 각각 1223년과 1211년으로 크게 차이가 나지 않음에도, 조선에서 『가례』에 대한 관심과 연구가 압도적이었던 이유는 앞으로 고민할 여지가 있어 보인다.[47]

## 4. 결론

지금까지 논자는 2000년대 이래 주자학 영역에서 진행된 국내 지성사와 예학 연구들을 소개 및 분석했다. 오랜 기간 주자학 연구는 주제 측면에서는 존재론(리기론)·심성론·공부론을 중심으로, 방법론적으로는 명제 및 개념 분석을 중심으로 전개되었다. 이상의 지성사와 예학 연구들은 전체 주자학 연구에서 양적으로 큰 비중을 차지하지는 않지만 결코 외면할 수 없는 문제들에서 의미 있는 기여를 하고 있다. 주자학은 "누가" "왜" 제기했으며, "어떻게" 하자고 주장했는가의 질문에 대한 답을 모색했기 때문이다. 즉 주자학을 구축해 나갔던 사대부들의 문제 상황과 이러한 학문을 통해 추구한 목적은 무엇이었으며, 그 구체적·실천적 해결 방안이 무엇이었는지를 탐색했던 것이다. 지성사가 주자학이 어째서 그러한 이론구조와 지향을 가지게 되었는지 해명해 왔다면, 『가례』와 『의례경전통해』를 중심으로 한 예학 연구는 주희와 계승자들이 개인의 도덕수양과 국가적 차원의 교화를 통해 도달하고자 했던 이상적 공동체의 구상을 탐색해 왔다.

본고는 앞으로의 주자학 연구가 지성사와 예학을 중심으로 전개되어야

---

47) 『의례경전통해』는 주희가 고례와 시례를 종합하여 자신의 철학적 이상을 구체적 현실 속에서 실현하기 위한 설계였다. 그러나 예경들에 대한 주석의 방식으로 이루어진 방대한 체계는 현대 연구자들에게도 상당한 진입장벽이 되고 있다.

함을 주장하는 것이 아니라, 주자학 개념과 명제에 대한 분석이 역사적 연구 성과의 기반 위에서 진행될 필요가 있음을 강조했다. 역사적 연구들은 두 가지 기여를 할 것으로 기대된다. 첫째, 추상적·형이상적 개념들에 논의를 구체적·현실적인 문제의식과의 연관 속에 진행함으로써 과잉해석과 자의적 관계 설정을 피하고 사상의 원의에 접근할 수 있다.[48] 둘째, 전통사상의 문제와 답을 명확히 드러낼 수 있다. 전통사상이 우리의 철학적 고민에 적용될 수 있을지 알기 위해서는 그들이 도출한 답에 앞서 우선 문제를 분명히 해야 한다.[49] 그들의 문제는 그들이 처했던 정치·사회·문화적 맥락의 복원을 통해 파악될 수 있다. 철학 연구의 목적과 동기는 다양할 수 있지만 주자학의 현대적 재구성을 목표로 한다면 그들이 제기했던 문제와 답에 초점을 맞추어야 하며, 이러한 작업은 반드시 역사적 연구의 토대 위에 진행되어야 할 것이다.

이러한 취지에서 본 논문은 2000년도 이래 주자학 분야에서 진행된 역사적 연구를 지성사와 예학 연구의 방면에서 소개하고 의의를 분석했다. 역사적 연구의 중요성이 계속 지적되어 왔고 연구가 점증하고 있기는 하지만 여전히 양적으로 부족한 상황이다. 하지만 그보다 심각한 문제는 각 연구 분야 간 고립이라 할 수 있다. 이 문제는 특히 예학 연구의 성과가 철학적 연구에 활용되는 사례가 극히 적다는 것에서 두드러진다. 이는 현재 주자학 연구의 일반적 문제의식과 예학의 주제 간 접점이 희소하기 때문인 것으로 보인다. 예학은 전통적인 가족제도 및 사회제도에 관한 문헌적 기록을 소재로 삼고 있지만, 이들이 표방하는 전통적 가치 역시 예학 연구의 대상이 될 수 있다. 이러한 전통적 가치가 타 담론들과 적극적으로 연결될 때 예학과 타 분야의 소통이

---

48) 물론 이는 주자학을 포함한 성리학의 모든 개념과 명제가 일대일로 대응하는 정치적·제도적 상황이나 의도를 가짐을 의미하는 것은 결코 아니다.
49) 김영민, 「한국철학사 방법론—한국철학사 연구와 인문학 교육」, 223쪽.

활성화될 수 있을 것이다. 특히 지성사와 예학 연구에서 다룰 수 있는 가족, 공동체, 공공선의 실현, 수양(자기 관리)의 문제는 주자학의 일반적인 문제의식과도 접점이 존재할 뿐 아니라 현대적 담론과도 충분히 연결 가능한 보편적 문제들이라고 생각한다.

엮은이

### 김도일金渡鎰

서울대학교 철학과를 졸업하고, 캐나다 토론토대학교 철학과에서 순자의 윤리사상과 도덕심리에 대한 논문으로 철학박사학위를 받았다. 현재 성균관대학교 유학대학 부교수로서, 유교문화연구소장, 비판유학·현대경학연구센터장(한국연구재단 인문사회연구소 지원사업), 유학동양한국철학과 4단계 두뇌한국 21 교육연구단장(교육부 지원사업)을 맡고 있다. 주요 연구 분야는 동양철학, 윤리학, 그리고 도덕심리학이다.

### 홍린洪麟

고려대학교 철학과를 졸업하고, 같은 대학교 대학원에서 「주륙성학비교연구」로 석사학위를 취득했으며, 북경대학교에서 철학박사학위를 취득했다. 현재 유교문화연구소에서 선임연구원으로 근무하고 있다. 주요 연구 분야는 중국 송명철학이다. 역서로는 『공자의 仁, 타자의 윤리로 다시 읽다』(공역), 『유가철학, 감정으로 이성을 말하다』(공역, 2020년 세종도서 선정), 『대륙신유가──21세기 중국의 유학 담론』(공역, 2020년 세종도서 선정), 『중국, 문화강국을 꿈꾸다』 등이 있다.

필진(게재순)

### 정상봉鄭相峯

서울대학교 철학과를 졸업하고, 국립대만대학교 철학과에서 주자의 심론心論에 대한 논문으로 철학박사학위를 받았다. 한국철학사연구회 회장, 한국철학연구회 회장, 중국현대철학연구회 회장, 한국주자학회 회장을 역임했고, 현재 건국대학교 교수로 재직 중이다. 주요 연구 분야는 중국철학, 한국철학, 동서비교철학 그리고 유교윤리학 등이다.

### 황갑연黃甲淵

전북대학교 철학과를 졸업하고, 중화민국 철학연구소에서 석사 및 박사 학위를 취득하였다. 국립 순천대학교 철학과 부교수를 역임했으며, 현재 국립 전북대학교 철학교 교수로 재직 중이다. 주요 저서로는 『리학·심학 논쟁』(2015년 학술원 우수도서), 『중국현대철학』(2017년 세종우수도서), 『제자백가 사상』(2019년 세종우수도서) 등이 있다.

### 김세서리아金世緒利亞

성균관대학교 대학원에서 「유가 철학의 실체화가 여성관에 미친 영향 및 그 비판」으로 박사학위를 받았다. 성신여자대학교 교육문제연구소 연구교수를 역임하였고, 현재 성균관대학교 유교문화연구소에 재직하고 있다. 저서로 『동양여성철학에세이』(2006), 『공자, 페미니즘을 상상하다』(2010), 『신사임당, 하이테크놀로지를 만나다』(2014) 등이 있다. 그 외 『여성주의 철학』(2005), 『권력의 정신적 삶』(2019) 등의 공역과 유교적 맥락에서 여성과 가족 문제를 다룬 다수의 공저와 연구 논문이 있다.

### 김결金玦

건국대학교 철학과를 졸업하고, 국립대만대학 철학과에서 석사 및 박사 학위 취득 후 현재 한국학중앙연구원 신집현전 태학사 과정에 있다. 저서로는 『理與上帝之間 朱熹與丁若鏞道心人心論之比較研究』(2020)가 있으며 중국철학, 한국철학, 한중비교철학 관련 연구를 진행 중이다.

### 조경란趙京蘭

성균관대학교에서 동양철학 전공으로 박사학위를 취득하였으며, 현재 연세대학교 국학연구원 연구교수로 재직하고 있다. 주전공은 중국현대사상, 동아시아 현대사상이며, 중앙일보, 주간동아 칼럼니스트, 국무총리 산하 경제 인문사회연구회 인문정책특별위원회 위원, 동북아역사재단 자문위원 등을 역임했다.

### 나종석羅鍾奭

연세대학교 철학과를 졸업하고, 독일에서 헤겔과 비코에 대한 논문으로 철학박사 학위를 받았다. 사회와철학연구회 회장과 한국헤겔학회 회장을 역임했고 현재 대한철학회 부회장으로 있으며 연세대학교 문과대학 및 한국학협동과정 교수로 재직 중이다. 주요 연구 분야는 독일 관념론, 현대 서구 정치철학, 동아시아 유학사상 그리고 한국 현대사상 등이다. 저서로 『차이와 연대: 현대 세계와 헤겔의 사회·정치철학』(2007), 『대동민주유학과 21세기 실학: 한국민주주의론의 재정립』(2017), 『대동민주주의와 21세기 유가적 비판이론의 모색』(2023) 등이 있으며, 역서로는 비토리오 회슬레의 『비토리오 회슬레, 21세기의 객관적 관념론』(2007), 기무라 에이이치의 『공자와 ≪논어≫』(2020) 등이 있다.